On the Portraits of English Authors on Gardening

With Biographical Notices of Them, 2. Auflage, mit erheblichen Ergänzungen

Samuel Felton

Writat

Diese Ausgabe erschien im Jahr 2023

ISBN: 9789359251455

Herausgegeben von
Writat
E-Mail: info@writat.com

VORWORT.

Die folgenden Seiten gelten nur für die verstorbenen englischen Autoren zum Thema Gartenarbeit. Es besteht kein Zweifel daran, dass Porträts von *einigen* der neunundsechzig englischen Schriftsteller gemacht wurden , deren Namen erstmals auf den folgenden Seiten auftauchen. und diese Porträts befinden sich möglicherweise noch bei ihren überlebenden Verwandten oder Nachkommen. Ich bin nicht so anmaßend, mich auf die folgenden sehr unbedeutenden Denkmäler zu beziehen, von denen sich einige auf sehr unbekannte Personen beziehen, die weder „die Prahlerei der Heraldik noch den Prunk der Macht" beanspruchten, sondern deren

————nützliche Leinwand,
Ihre heimeligen Freuden und ihr Schicksal sind im Dunkeln

haben der Gesellschaft durch ihre ehrliche Arbeit einen Nutzen gebracht; – Ich bin nicht so eitel, auf diese auch nur einen Teil des hohen Zeugnisses anzuwenden, das Sir Walter Scott so zu Recht für die Verdienste von Mr. Lodges wahrhaft prächtiger Arbeit an Porträts berühmter Persönlichkeiten abgelegt hat Englische Geschichte. Ich kann mir nur gestatten, einige seiner Worte zu zerlegen, zu verschieben oder zu kopieren und sie auf die folgenden spärlichen Seiten anzuwenden, da es interessant sein muss, unsere Väter vor Augen zu haben, wie sie lebten *und* begleiteten mit solchen Denkmälern ihres Lebens und Charakters, die es uns ermöglichen, ihre Personen und Grafen mit ihren Gefühlen zu vergleichen: – Porträts, die uns zeigen, wie „unsere Vorfahren aussahen, sich bewegten und kleideten" – wie die Feder uns mitteilt, „wie sie dachten und handelten". , lebte und starb." Man kann nicht umhin, Mitgefühl für die Erinnerungen derer zu empfinden, deren Schriften uns gefallen haben. [1]

Was aus der Grafschaft Hereford stammt, möchte aber, dass sein Rathaus mit einem lebensspendenden Porträt von Dr. Beale geschmückt wird, das sozusagen die Ähnlichkeit des Individuums verkörpert (um die Worte eines Mostes zu verwenden). eine eloquente Person bei einer anderen Gelegenheit), „seinen Geist, seine Gefühle und seinen Charakter?" Oder welcher elegante Gelehrte würde sich nicht wünschen, die Ähnlichkeit des fast unbekannten Thomas Whately, Esq., oder die des Rev. zu sehen? William Gilpin, dessen lebendige Feder (wie die des verstorbenen Sir Uvedale Price) „die Malerei verwirklicht" und seine Leser an die reichen Szenen der Natur gekettet hat?

Dr. Johnson nennt Porträtmalerei „die Kunst, die dazu dient, Freundschaft zu verbreiten, Zärtlichkeit wiederzubeleben, die Zuneigung der Abwesenden zu wecken und die Gegenwart der Toten aufrechtzuerhalten."

Gartenbaus genannt wird) , wurden ausgewählt und graviert; denn viele ihrer Porträts wurden noch nie graviert. Wenn dieser Auswahl ein paar kurze Hinweise auf sie und ihre Werke beigefügt wären, würde dies viele in diesem Land dazu veranlassen, einige der faszinierendsten Produktionen zu lesen, die jemals von der Presse veröffentlicht wurden. Unter so vielen, deren Porträts und Memoiren uns interessieren würden, möchte ich diejenigen von Champier erwähnen, der sich in der Schlacht von Aignadel auszeichnete und 1533 in Lyon veröffentlichte: Campus Elisius Galliæ amenitate referens; Charles Etienne, der 1529 sein Prædium Rusticum vorlegte; und der mit Leibault das Maison Rustique herausgab, von dem mehr als dreißig Auflagen erschienen sind (und das unser Gervase Markham *ein Werk von unendlicher Exzellenz nennt*); Paulmier de Grenlemesnil, ein äußerst geschätzter Mann, Arzt von Karl IX., der 1588 in Caen starb und eine Abhandlung über Vino et Pomaceo schrieb; und der einzige Akt, dessen langes Leben man bedauert, ist, dass sein großes Können dazu diente, die Gesundheit von Charles wiederherzustellen, der zusammen mit seiner Mutter das schreckliche Massaker von St. Bartholomäus anführte; Cousin, der im Gefängnis von Besançon starb und De Hortorum laudibus schrieb; dieser Patriarch der Landwirtschaft und des Gartenbaus, Olivier de Serres, dessen weiser und philosophischer Geist ein Werk voller tiefgründiger Überlegungen verfasste und dessen Genie und Verdienst von „le bon Henri" und nicht weniger von Sully so herzlich gefördert wurden; [2] Boyceau, Intendant der Gärten Ludwigs André Mollet, der „Der Garten der Freude" schrieb, &c.; Claude Mollet, Obergärtner Heinrichs IV. und Ludwig XIII., der 1595 die Gärten von Saint Germain-en-laye, Monceau und Fontainbleau anlegte und dessen Name und Andenken (wie Herr Loudon bemerkt) zu sehr in Vergessenheit geraten ist; Bornefond, Autor von Jardinier François und Delights de la Campagne; Louis Liger, der über umfassende Erfahrung in der Kunst des Floristen verfügt, „Autor einer großen Anzahl von Werken über Landwirtschaft und Gartenbau", und eines seiner Werke wurde für nicht unwürdig gehalten, von London und Wise überarbeitet zu werden, und von dessen interessanten Werken die Biographie Universelle ist (in 52 Bänden) gibt eine lange Liste und erwähnt den großen Verkauf, den sein Jardinier fleuriste einst hatte; Morin, der von Evelyn erwähnte Blumenhändler, in dessen Garten zehntausend Tulpen standen; der zu Recht gefeierte Jean de la Quintinye, dessen Gebote, sagt Voltaire, von ganz Europa befolgt wurden und dessen Fähigkeiten von Ludwig prächtig belohnt wurden; Le Nôtre, der berühmteste Gärtner (um Mr. Loudons Worte zu verwenden), der vielleicht nie existierte und von dem die Biographie Univer. stellt fest, dass unabhängig von den Veränderungen, die Le Nôtre angebaut hat, „es schwierig wäre, mehr Größe und Adel zu erreichen"; [3] Charles Riviere du Fresnoy, „den er mit einer allgemeinen Vorliebe für alle Künste, besonderen Talenten für Musik und Design verband. Er zeichnete sich vor allem durch die Kunst aus,

Gärten zuzuordnen. Er veröffentlichte mehrere Lieder und die Serious *and Comical Amusemens* : a kleines Werk, das oft nachgedruckt wird und voller lebendiger und angenehmer Gemälde der meisten Lebenszustände ist. Wir bemerken in all seinen Produktionen eine spielerische und einzigartige Fantasie; Pontchasteau, der über den Anbau von Obstbäumen schrieb, dessen Reue und Hingabe so streng waren und dessen einzigartige Geschichte uns in den interessanten „Lettres de Madame la Comtesse de la Riviere" erzählt wird; Linant, für den Voltaire ein herzlicher Beschützer und Freund war und der 1745 sein Gedicht „Sur la Perfection des Jardins, sous la Reign de Louis XIV." schrieb; und von dem wurde gesagt, dass „die Eigenschaften des Herzens ihn nicht weniger charakterisierten als die des Geistes"; Pater Rapin; [4] D'Argenville; Le Maistre, Pfarrer von Joinville, der 1719 zu seinem „Fruitier de la France" hinzufügte: „Eine historische Dissertation über den Ursprung und Fortschritt der Gärten; Vaniere, der das Prædium Rusticum schrieb; [5] Arnauld d'Andilli ، in so viele Ehre erwiesen, der sich in das Kloster von Port Royal zurückzog (diese göttliche Einsamkeit, wo das ganze Land eine Meile lang die Luft der Tugend und Heiligkeit atmete, um Mad. de Sevignés Worte zu zitieren) und der jedes Jahr schickte der Königin einige dieser erlesenen Früchte, die er dort mit so viel Eifer kultivierte und die Mazarin „lachende Früchte gesegnet" nannte. Dieser gute Mann starb im Alter von sechsundachtzig Jahren, und der Brief von Mad. de Sevigné enthält dieses Datum vom 23. September 1671 allein wird ihn der Achtung künftiger Zeitalter preisgeben; [6] Jean Paul de Ardenne, Oberer der Kongregation des Oratoriums von Marseille, einer der berühmtesten Floristen der Zeit, in der er lebte, und der einen großen Teil seiner Zeit wohltätigen Taten widmete; Francis Bertrand, der 1757 Ruris delicæ veröffentlichte, Gedichte von Tibull, Claudian, Horaz und vielen französischen Schriftstellern über die Vergnügungen des Landes; Mons. aus Chabanon; Morel, der beim Entwurf von Ermenonville mitwirkte und unter anderem „Théorie des Jardins, ou l'art des Jardins de la Nature" schrieb; der lebhafte Prevost; Gouges de Cessières, der „Les Jardins d'Ornament, ou les Georgiques Francoises" schrieb; auch er, den der Prinz von Ligne nennt

———— *bezauberndes* Lille!
O moderner Vergil !

und dessen großzügige Anrufung des Andenkens an Kapitän Cook seinen Namen bei jedem Engländer beliebt machen muss; [7] der Viscount Girardin, der „De la Composition des Paysages" schrieb, der Rousseau in seinem Garten in Ermenonville beerdigte und der eine Gruppe von Musikern unterhielt, die dieses bezaubernde Gelände durchstreiften und manchmal Konzerte im Wald und manchmal auf dem Gelände gaben Wasser und nachts in einem Raum neben seinem Gesellschaftssaal; [8] der ehrwürdige Malherbes, der unerschrockene Verteidiger der Unterdrückten, der sein ganzes Leben lang keine Gelegenheit ausließ, die Tränen der Betrübten zu trocknen, und nie eine zum Fließen brachte; dessen ganzes Leben dem Glück seiner Mitmenschen und der Würde seines Landes gewidmet war, dessen makelloser Ruf ihn jedoch im Alter von zweiundsiebzig Jahren nicht vor der Guillotine retten konnte; [9] Schabol; Latapie, der Whatelys „Observations on Modern Gardening" übersetzte, zu dem er einen Diskurs über den Ursprung der Kunst hinzufügte, usw.; Watelet, der Essai sur les Jardins schrieb und dessen Name einige der bezauberndsten Zeilen in De Lilles Gedicht hervorgebracht hat und dessen Biographie interessanterweise im Biog. Universum.; Lezay de Marnesia, dessen Gedichte „de la Nature Champêtre" und „le Bonheur dans les Campagnes" viele Auflagen durchlaufen haben und der in der obigen Biografie erfreulicherweise erwähnt wird. Universum.; M. de Fontaine, Autor von Le Verger; Masson de Blamont, der Übersetzer von Mason's Garden und Whately's Observations; François Rosier; Bertholan, der Freund von Franklin.

Die obige Liste französischer Autoren verdanke ich zu einem großen Teil der riesigen Sammlung diffuser und ausführlicher Informationen, der Encyclopædia of Gardening von Herrn Loudon.

Diejenigen, die mit der Literatur Frankreichs besser vertraut sind als meine sehr begrenzten Nachforschungen, können ohne Zweifel viele sehr angesehene Persönlichkeiten dieses Landes aufzählen, viele talentierte Männer, die vielleicht nicht über das Thema geschrieben haben Gärten, verdrängte jedoch eine leidenschaftliche Bindung zu ihnen und wurde ihre großzügigen Gönner. Lassen Sie uns also den Namen Karls des Großen oder Karls des Großen nicht außer Acht lassen, in einem seiner Kapitularien finden sich *Anweisungen zu Gärten und zu den Pflanzen, die man am besten darin anpflanzen sollte* . Er starb im Jahr 814, nachdem er 47 Jahre lang über Frankreich geherrscht hatte: „Obwohl er nicht schreiben konnte (sagt das Nouv. Diet. Hist.), ließ er die Wissenschaften aufblühen. Ebenso groß durch seine Eroberungen wie durch Liebesbriefe, und war sein Beschützer und Wiederhersteller. Sein Palast war das Asyl der Wissenschaften. Der Name dieses Eroberers und dieses Gesetzgebers erfüllte die Erde. Alles wurde durch die Kraft seines Genies vereint." De Sismondi nennt ihn „einen strahlenden Stern an diesem dunklen Firmament". Herr Loudon, auf S. 40 seiner Encyclopædia heißt es: „Der Abbé Schmidt teilt uns (*Mag. Encyc.*) mit, dass dieser Monarch, der in allen Teilen Frankreichs Herrschaftsgebiete besaß, die Abholzung der Wälder und die Ersetzung durch Obstgärten und Weinberge am meisten gefördert hat." . Er pflegte eine Freundschaft mit dem sarazenischen Prinzen Haroun al Raschid und beschaffte dadurch für Frankreich die besten Hülsenfrüchte, Melonen, Pfirsiche, Feigen und andere Früchte."

Als Franz I. seinen Palast in Fontainebleau baute, ließ er vieles von dem, was er in den Gärten Italiens gesehen hatte, in seine Gärten einbauen, und als er St. Germains fertigstellte, lässt sich der prachtvolle Stil der Anlage anhand der Felsen, Wasserfälle und Terrassen erahnen und unterirdische Grotten.

Die Verbundenheit Heinrichs IV. mit der Landwirtschaft und den Gärten ist bekannt. Die großartigen Verbesserungen, die er in St. Germains vornahm, und die Aufmerksamkeit, die er seinen Gärten in La Fleche, Vendome und den Thuilleries schenkte, zeigen dies. Tatsächlich sind seine Beschäftigungen mit Claude Mollet und Jean Robin ausreichende Beweise. [10]

Ludwig XIV. La Quintinye, dieser ursprüngliche Schriftsteller, der die schönen Gärten von Tambourneau leitete und dessen Gebote Mons. de Voltaire erzählt uns, dass ihnen ganz Europa gefolgt sei. Der Eifer Ludwigs für die Dekoration von Gärten traf auf einen fähigen Assistenten, als er Le Nôtre betreute. Um dessen Namen gerecht zu werden, kann ich meinen Leser nur auf den prägnanten, aber reichhaltigen Bericht über die großartigen Bemühungen dieses einzigartigen Genies verweisen sie sind in p bemerkt. 35 von Mr. Loudons Encyclopædia, und die „jede Klasse von Beobachtern verblüffte und verzauberte". [11]

Madame de Sevignés Freude an Gärten spiegelt sich in vielen ihrer Briefe wider: In ihrem Brief vom Juli 1677 wird der Charme geschildert, den ihr einer in Paris verlieh: „Ich wurde auf die freundlichste Art und Weise eingeladen, bei Gourville mit Mad. de Scomberg und Mad. de Frontenac zu Abend zu essen." , Mad. de Coulanges, der Herzog, M. de la Rochefoucault, Barillon, Briole, Coulanges, Sevigné, in einem Garten des Hotel de Condé; es gab Wasserwerke, Lauben, Terrassen, sechs Hauteboys, sechs Violinen und die höchst melodische Flöten; ein Abendessen, das wie durch einen Zauber zubereitet schien, eine bewundernswerte Bassgambe und ein strahlender Mond, der all unsere Freuden bezeugte." Über ihren eigenen Garten, der von ihrem eigenen reinen Geschmack gestaltet wurde, spricht M. de Coulanges so: „Ich habe hier höchst entzückende vierzehn Tage verbracht. Es ist unmöglich, die Gärten der Felsen genug zu loben; sie hätten ihre Schönheit sogar in Versailles . " was alles sagt. Und dass sie sich über das freute, was sie zu beschreiben wusste, geht aus ihrem Brief von *Chaulnes hervor* : „Dies ist ein sehr schönes Haus, das einen Hauch von Erhabenheit mit sich bringt, obwohl es teilweise unmöbliert ist und die Gärten vernachlässigt sind. Dort." kaum Grün ist zu sehen und keine Nachtigall zu hören; kurz, es ist noch Winter, am siebzehnten April. Aber man kann sich leicht die Schönheit dieser Spaziergänge vorstellen; alles ist regelmäßig und großartig; a geräumiges Parterre davor, Bowling-Greens gegenüber den Flügeln, ein großer Spielbrunnen im Parterre, zwei auf den Bowling-Greens und ein weiterer in einiger Entfernung in der Mitte eines Feldes, das zu Recht das einsame Feld genannt wird; ein schönes *Land* , schöne Wohnungen und eine angenehme Aussicht, wenn auch flach. Sie sagt in einem anderen Brief von *Chaulnes* : „Neulich bin ich alleine durch diese wunderschönen Gassen gelaufen." Und in einem weiteren Kommentar sagt sie: „Es ist schade, einen so schönen und bezaubernden Ort verlassen zu müssen." Ihre häufige Erwähnung *meiner hübschen Spaziergänge* an den *Felsen* in ihren Briefen bringt deutlich zum Ausdruck, wie sehr sie sich über ihren eigenen Garten freut. Als Kompliment an diese Dame kann ich nicht umhin, auf sie genau die Worte anzuwenden, die Petrarca auf Laura anwendet: *eine hohe Intelligenz, ein reines Herz, das die Weisheit fortgeschrittenen Alters besitzt, den Glanz schöner Jugend* .

Nur wenige verbrachten glücklichere Stunden in ihrem Garten in *Baville* als der berühmte Lamignon, von dem gesagt wurde: „Seine Seele war seinem Genie ebenbürtig; einfach in seinen Sitten, streng in seinem Verhalten, er war der sanfteste aller Männer, als er Witwe war." und Waisen lagen ihm zu Füßen, *Boileau* , *Racine* , *Bourdaloue* , *Rapin* bildeten seinen kleinen Hof" – und den Rapin nicht nur in seinem Gedicht über Gärten anruft,

Meine Blumen, die um deine Stirn streben, werden sich winden,
und in unsterblichen Kränzen werden sich alle ihre Schönheiten vereinen;

aber in seinen Briefen, die zusammen mit denen von Rabutin de Bussy aufbewahrt werden, erwähnt er in großen Worten den Namen Lamavoine und verweilt häufig auf seinem Rückzugsort in *Baville* . Mons. Rab. de Bussy sagt in einem Brief an Rapin: „Wie glücklich finde ich Sie, zwei Monate in *Baville bei Mons. dem Präsidenten* verbringen zu können ! Er ist bewundernswert in Paris; aber er ist liebenswürdig in seinem Landhaus, und Sie wissen schon." dass es mehr Freude bereitet, zu lieben als zu bewundern." Anlässlich seines Todes spricht Rapin folgendermaßen über ihn: „Es gab nie eine schönere Seele, die mit einem schöneren Geist verbunden war." Das größte aller Loblieder ist, dass die Menschen um ihn trauerten und jeder seinen Tod als den Verlust eines beklagte Freund oder das eines Wohltäters.

Der Name Boileau ist zu interessant, um ihn zu übersehen. Viele seiner Briefe und Seiten zeigen die Freude, die er an seinem Garten in *Auteuil hatte* . In seinem Brief an *Lamignon* beschreibt er seinen Sitz dort als seinen „gesegneten Wohnsitz", seine „lieben köstlichen Schatten", und dann beschreibt er die Freuden seines Landsitzes:

Gib mir diese Schatten, diese Wälder und diese Felder
und die sanften Süßigkeiten, die die ländliche Stille hervorbringt;
Oh, überlass mich der frischen, duftenden Brise
und lass mich hier sein, während ich meine Leichtigkeit genieße.
Lass mich Pomonas reichlichen Segen ernten
und sehe, wie die reife Last des reichen Herbstes fällt,
bis Bacchus mit vollen Trauben das Jahr krönt
und mit seiner Last den Winzer erfreut.

Sein berühmter Brief an *Antonius* , seinen alten Gärtner, zeigt nicht nur den freundlichen Herrn, sondern auch seine eigene Liebe zu seinem Garten. Ich kann nicht umhin, ein paar Zeilen von Lempriere zu zitieren: „Als Dichter hat Boilieu verdientermaßen den Beifall jedes genialen und geschmackvollen Mannes erhalten. Nicht nur seine Landsleute rühmen sich der überragenden Ergüsse seiner Muse, auch Ausländer spüren und bewundern die Anmut." , die Kraft und Harmonie seiner Verse und die Feinheit der Satire und Energie des Stils, durch die er sich zur Unsterblichkeit erhoben hat. Ein anderer seiner Biographen sagt: „Die Religion, die seine letzten Augenblicke erleuchtete, hatte sein ganzes Leben beseelt." Der Autor von Pursuits of Literature spricht von ihm: „Der vollkommenste aller modernen Schriftsteller, was wahren Geschmack und Urteilsvermögen angeht. Seine Scharfsinnigkeit war unfehlbar; er vereinte alle antiken Exzellenzen und erscheint selbst in der Übernahme anerkannter Gedanken und Anspielungen originell." . Er ist der gerechte und angemessene Vertreter von Horaz, Juvenal und Perseus, vereint, ohne einen einzigen unanständigen Makel; und ich für meinen Teil habe ihn immer als den vollendetsten Herrn angesehen, der jemals geschrieben hat." In seinem von Ozell übersetzten Leben heißt es: „Er war voller Gefühle der Menschlichkeit, Milde und Gerechtigkeit. Er tadelte das Laster und griff den schlechten Geschmack seiner Zeit scharf an, ohne einen Funken Neid oder Verleumdung." Was auch immer die Wahrheit schockierte, erweckte in ihm eine Empörung, die er nicht beherrschen konnte und die die Energie und das Feuer erklärt, die seine Satiren durchdringen. Der Anblick eines gelehrten Mannes in Not machte ihn so unruhig, dass er es nicht lassen konnte, Geld zu leihen. Seine Gutmütigkeit und Gerechtigkeit zeigten sich auch in der Art und Weise, wie er seine Hausangestellten belohnte, und in seiner Großzügigkeit gegenüber den Armen. Durch sein Testament schenkte er fünfzigtausend Livres den kleinen Pfarreien, die an die Kirche Notre-Dame angrenzten, zehntausend Livres seinem Kammerdiener Schlafzimmer und fünftausend für eine alte Frau, die ihm lange gedient hatte. Aber er gab sich nicht damit zufrieden, bei seinem Tod sein Wohlwollen zu erweisen, und als er nicht mehr in der Lage war, sein Anwesen selbst zu genießen, gehörte er ganz ihm lebenslang, eifrig auf der Suche nach Möglichkeiten, gute Dienste zu leisten. Ein anderer Biograph bestätigt dies zum Teil: „Eine aufrichtige Frömmigkeit, ein lebendiger Glaube und eine so große Nächstenliebe, dass er fast keine anderen Erben als die Armen anerkennen musste." Die Briefe von Mad. Die Comtesse de la Riviere und die von Sevigné erwähnen häufig den Charme, der mit den Besuchen von Boileau einherging. [12] So spricht Rabutin du Bussy in einem Brief an den Pere Rapin über ihn, nachdem er Moliere gepriesen hat: „Despréaux ist immer noch wunderbar; niemand schreibt mit mehr Reinheit; seine Gedanken sind stark, und das gefällt mir an ihnen, sie sind immer wahr." ."

Das Obige ist eine sehr oberflächliche und kurze Anspielung auf das, was man über diese herrlichen Gärten in Frankreich zusammentragen könnte, deren kostspielige und prachtvolle Verzierungen viele unserer englischen Adligen und Adligen auf ihren Reisen während der Zeit von Karl II. und Jakob II. so sehr bezauberten ., William, Anne und während der nachfolgenden Regierungszeiten. Man muss nur auf sehr wenige zurückgreifen, beispielsweise auf Rose, die von Lord Essex dorthin geschickt wurde, um Versailles zu besichtigen; an George London, der nicht nur von derselben Rose den Auftrag erhalten hatte, dorthin zu gehen, sondern der später auch den Earl of Portland, den Botschafter von König William, begleitete; aber an Evelyn, Addison, Dr. Lister, Kent, als er Lord Burlington durch Frankreich nach Italien begleitete; an den Earl of Cork und Orrery (den Übersetzer von Plinius' Briefen), dessen Gärten in *Marston* und *Caledon* und dessen Briefe aus Italien alle den Eifer zeigen, mit dem er die Gärten Frankreichs auf seiner Reise durch die Provinzen betrachtet haben muss Richtung Florenz; an Ray, Lady MW Montague, Bolingbroke, Peterborough, Smollet, John Wilks, John Horne (als er Mr. Sterne in Toulouse traf oder sich mit ihm treffen wollte), an Gray, Walpole, RP Knight, die durch die Gegend gegangen *sein* müssen reichen Provinzen Frankreichs, wie er in seinem Werk über den Geschmack von „Terrassen und Rabatten, die mit Weinreben und Blumen durchsetzt sind" spricht (wie ich sie in italienischen Villen und in einigen alten englischen Gärten im gleichen Stil *gesehen habe)*, *wo die* Mischung aus Pracht, Reichtum und Ordentlichkeit war im höchsten Maße schön und angenehm;" und an den verstorbenen Sir U. Price, der ebenfalls durch Frankreich gereist sein muss, um (mit dem Eifer, mit dem er es betrachtete) die reichen und prächtig dekorierten Gärten Italiens zu besichtigen, „unterstützt von der Pracht und Pracht der Kunst", ihren Balustraden, ihre Brunnen, Becken, Vasen und Statuen, auf die er in seinen Essays mit der gleichen Begeisterung eingeht wie damals, als er dort die Werke von Tizian, Paul Veronese und anderen großen Meistern betrachtete. In der Tat sind jene Seiten, auf denen er die Zerstörung vieler unserer alten englischen Gärten bedauert, und wenn er auf die Wahrscheinlichkeit eingeht, dass sogar Raffael, Giulio Romano und M. Angelo (der zuletzt die berühmten Zypressen im Garten der Villa d. pflanzte) 'Este) wurden zu den Dekorationen einiger der alten italienischen konsultiert; Diese Seiten zeigen sofort den faszinierenden Charme seiner klassischen Feder. [13]

England kann sich auch sehr großer Namen rühmen, die dieser Kunst verbunden waren und sie mit größtem Eifer förderten, obwohl sie nicht über das Thema geschrieben haben: Lord Burleigh, Lord Hudson, Sir Walter Raleigh, Lord Capell, der sich selbst ehrte mehrjährige Korrespondenz mit La Quintinye; Wilhelm der Dritte – denn Switzer erzählt uns, dass „die Gartenarbeit in der geringsten Zeit der Leichtigkeit einen größeren Teil seiner Zeit in Anspruch nahm, wobei er nicht nur ein Vergnügen, sondern auch ein großer Richter war" – der Graf von Essex , von dem der milde und gütige Lord William Russell sagte, er sei „der würdigste, gerechteste, aufrichtigste und am meisten um die Öffentlichkeit besorgte Mann, den er je kannte"; Auch Lord William Russell selbst, über den Thomson sagt:

Bringt alle süßesten Blumen und lasst mich
das Grab bestreuen, in dem Russell liegt .

dessen Sturz Switzer gefühlvoll beklagt, als einer der besten Meister und Förderer der Künste und Wissenschaften, insbesondere der Gartenarbeit, die dieses Zeitalter hervorgebracht hat, und der „Stratton, etwa sieben Meilen von Winchester entfernt, zu seinem Sitz und seinen dortigen Gärten gemacht hat ". das Beste, was in jenen frühen Tagen geschaffen wurde, und in der Tat einige, die seitdem gemacht wurden, verspottet haben; und die Gärten von Southampton House am Bloomsbury Square stammen ebenfalls von ihm;" der großzügige Freund dieses Lord William Russell, des männlichen und patriotischen Herzogs von Devonshire, der *Chatsworth* errichtete , dieses edle Exemplar eines großartigen Geistes; [14] Henry Earl of Danby, der Herzog von Argyle, wurde 1685 enthauptet, weil er den Aufstand von Monmouth unterstützt hatte; der Earl of Halifax, der Freund von Addison, Swift, Pope und Steele, und über den ein Trauergedicht so spricht,

In der reichen Ausstattung seines hellen Geistes
erstrahlten diese schillernden intellektuellen Anmut,
die die Liebe und Huldigung der Menschheit auf sich zogen. [15]

Lord Weymouth; Dr. Sherard aus Eltham; Collinson, „mit dessen Namen all der Respekt verbunden ist, der Wohlwollen und Tugend gebührt"; Grindal, Bischof von London, der mit großem Erfolg Wein und andere Produkte seines Gartens in Fulham anbaute; Compton, Bischof von London, berühmt, wie Mr. Falconer in seinem Buch „Fulham" bemerkt, für seine grenzenlose Nächstenliebe und Wohltätigkeit, und der vom Genie, der Gelehrsamkeit und der Redlichkeit von Mr. Ray so beeindruckt war, dass er fast am Ende war Auftrag zur Errichtung des Denkmals für ihn; der Earl of Scarborough, ein versierter Adliger, verewigt durch die bezaubernde Feder von Pope und die feine Feder von Chesterfield; der Graf von Gainsborough; der große Chatham, dessen Geschmack für die Verschönerung der ländlichen Natur von Herrn Walpole und George Mason überschwänglich gewürdigt wurde; [16] mit zahlreichen anderen Männern von Rang und Wissenschaft. [17] Diese haben sehr dazu beigetragen, die Gartenarbeit auf den Rang zu heben, den sie seit langem innehat, und haben Scharen für diese entzückende Wissenschaft angezogen: – Kein Wunder, als *Homer* **schreibe wie** *Laertes* **Der alte Mann pflegte mit seiner Arbeit in seinen Obstgärten die Trauer über die Abwesenheit seines Sohnes aus seinem Kopf zu verdrängen** . Wenn der alte Gerarde seine *höflichen und wohlwollenden Leser* fragt: „Wohin wandeln alle Menschen zu ihrer ehrlichen Erholung, wohin aber hat die Erde ihr Gesicht am wohltuendsten mit blühenden Farben geschmückt? Und welche Jahreszeit ersehnte man mehr als den Frühling?" Wessen sanfter Atem lockt die freundlichen Süßigkeiten hervor und lässt sie ihre wohlriechenden Düfte verströmen?" Wenn der Lordkanzler Bacon erklärt, dass ein Garten „das reinste menschliche Vergnügen ist; er ist die größte Erfrischung für den Geist des Menschen" und wenn dieser wunderbar begabte Mann so liebevoll bei einem Teil seiner Verlockungen verweilt – „ist der Atem der Blumen." viel süßer in der Luft (wo es kommt und geht wie das Trällern der Musik) als in der Hand; daher ist nichts geeigneter für diese Freude, als zu wissen, welche Blumen und Pflanzen die Luft am besten parfümieren; die Die Blume, die vor allen anderen den süßesten Duft in der Luft verströmt, ist das Veilchen; [18] daneben die Moschusrose, dann die Erdbeerblätter, die mit einem herrlich herzhaften Duft sterben; dann der süße Dornbusch, dann die Mauer -Blumen, die sehr schön unter ein Wohnzimmer oder ein unteres Kammerfenster gestellt werden; aber diejenigen, die die Luft am herrlichsten parfümieren und nicht wie die anderen vorbeigehen, sondern mit Füßen getreten und zertreten werden, sind drei – nämlich Pimpernelle, wilder Thymian und Wasserminzen; deshalb sollt ihr ganze Alleen davon anlegen, damit ihr beim Gehen oder Treten Freude daran habt." [19] Oder als Mr. Evelyn in der Freude über seine Begeisterung jubelnd von Vergil übertrug: –

O glückliches Nimium, gut, dass deine norint
Horticulas !

und der erklärte, dass die Beschäftigung und das Glück eines hervorragenden Gärtners allen anderen Zerstreuungen vorzuziehen seien. Wenn Herr Addison sagt, dass ein Garten „den Geist mit Ruhe und Gelassenheit erfüllt und all seine turbulenten Leidenschaften zur Ruhe bringt." Wenn Sir William Temple (der in seine Schriften die Anmut einiger der besten Schriftsteller der Antike einfließen ließ) seine Leser folgendermaßen lockt: „ *Epikur* , dessen bewundernswerter Witz, glücklicher Ausdruck, vorzügliche Natur, süße Gespräche, Mäßigkeit des Lebens." und die Beständigkeit des Todes machten ihn bei seinen Freunden so beliebt, bei seinen Gelehrten bewundert und bei den Athenern verehrt, er verbrachte seine Zeit ausschließlich in seinem Garten; dort studierte er, dort übte er, dort lehrte er seine Philosophie; und tatsächlich nein Eine andere Art von Aufenthalt scheint so viel zur Ruhe des Geistes und zur Trägheit des Körpers beizutragen , die er zu seinen Hauptzielen machte. Die Süße der Luft, die Angenehmheit der Gerüche, das Grün der Pflanzen, die Reinheit und Leichtigkeit der Nahrung, Die Übungen des Arbeitens oder Gehens, aber vor allem die Befreiung von Sorgen und Einsamkeit scheinen sowohl die Kontemplation als auch die Gesundheit, den Genuss von Sinnen und Vorstellungskraft und damit die

Ruhe und Entspannung von Körper und Geist gleichermaßen zu fördern und zu verbessern. Wenn der fleißige Schweizer sagt: „Im stillen Genuss ländlicher Freuden, der erfrischenden und duftenden Brise der Gartenluft, werden die Flut von Dämpfen und die Schrecken des Hypochondrismus, die den Kopf bedrängen und bedrücken, vertrieben." Wenn der fleißige und philosophische Bradley bemerkt, dass „obwohl die Unordnung des Geistes die Konstitution selbst des gesündesten Körpers zermürbt und zerstört, alle Arten von Gärten zur Gesundheit beitragen." Als Pope, [20] der es liebte, die süße und duftende Luft von Gärten einzuatmen, in einem seiner Briefe sagt: „Ich bin in meinem Garten, amüsiert und entspannt; das ist eine Szene, in der man keine Enttäuschung findet." Als dieser „überall geschätzte und geliebte Mann", der Prinz von Ligne, erklärte: „Ich möchte das ganze Universum mit meiner Vorliebe für Gärten inspirieren. Es scheint mir, dass es unmöglich ist, dass ein Bösewicht sie haben könnte. Es gibt sie." Keine Tugenden, die ich nicht denjenigen verleihe, die gerne darüber reden und Gärten anlegen. Familienväter, inspirieren Sie Ihre Kinder zum Gärtnern. [21] Wenn eine Vorliebe für Gartenarbeit (wie Mr. Cobbet bemerkt) „viel unschuldiger ist, mehr." angenehm, freier von der Versuchung, Kosten zu verursachen, als alles andere; an sich schon so angenehm! Es fördert die Gesundheit durch die unwiderstehliche Versuchung, die es dem Frühaufstehen bietet; Es neigt dazu, den Geist der Jugend von Vergnügungen und Anhänglichkeiten frivoler oder bösartiger Natur abzubringen; es ist ein Geschmack, dem man zu Hause frönt; Es neigt dazu, das Zuhause angenehm zu machen und uns an dem Ort beliebt zu machen, an dem es unser Los ist, zu leben." Wenn Mr. Johnson die Verlockungen einer Liebe zu dieser Kunst eindringlich malt, indem er seinen energiegeladenen Band über Gartenarbeit mit einem Zitat aus beendet Sokrates, dass „es die Quelle von Gesundheit, Kraft, Fülle, Reichtum und tausend nüchternen Freuden und ehrlichen Freuden ist." – Und von Lord Verulam, dass inmitten seiner Szenen und Beschäftigungen „das Leben reiner und das Herz noch reiner fließt." ruhig schlägt." Und wenn M. le VH de Thury, Präsident der Société d'Horticulture de Paris, in seiner Installationsrede sagt: „Zu allen Zeiten und in allen Ländern waren die berühmtesten Männer, die größten Kapitäne, Fürsten, und Könige widmeten sich mit Freude und oft auch Leidenschaft der Kultivierung von Pflanzen und Gärten." Und unter anderem zitiert er „Descartes, der sich mit gleichem Eifer der Wissenschaft der Sterne und der Züchtung von Blumen in seinem Garten widmete.", und der oft nachts seine Himmelsbeobachtungen aufgab, um den Schlaf und das Blühen seiner Pflanzen vor Sonnenaufgang zu studieren." [22] Auch Petrarca, der von seinem geliebten Vaucluse aus jede Nation und jedes Zeitalter verzaubert hat, spricht so von seinem Garten: „Ich habe zwei gebildet; Ich kann mir nicht vorstellen, dass sie auf der ganzen Welt ihresgleichen haben: Ich würde mich geneigt fühlen, über das Glück wütend zu sein, wenn es so schöne aus Italien gäbe. Ich besitze schöne Spaziergänge im Grünen, mit Bäumen, die ihnen einen wunderbaren Schatten spenden." In der Tat könnte das, was Cicero auf eine andere Wissenschaft anwendet, durchaus auch auf den Gartenbau zutreffen: „nihil est *agriculturæ* melius, nihil uberius, nihil dulcius, nihil homine, nihil libero dignius." „Lassen Sie mich mit einem höchst brillanten Namen schließen: – die letzte Ressource im *Candide* von Voltaire ist: – Bewirtschaften Sie *Ihren Garten* .

In meinem flüchtigen Überblick über die Gärten der Antike, zu Beginn der folgenden Arbeit, habe ich nicht einmal einen Blick auf die Gärten der *Sachsen* auf dieser Insel geworfen; obwohl man hätte denken sollen, dass allein der majestätische Name ALFRED eine Suche dieser interessanten Art ausgelöst hätte, selbst wenn diese Suche erfolglos geblieben wäre. Ich habe auch versehentlich jede Anspielung auf die *Dänen* und *Normannen weggelassen* . Ich muss jetzt nur sagen, dass Herrn Johnsons Forschungen zu diesen Gärten auf den Seiten ... 31, 37, 38, 39 und 40 seiner kürzlich veröffentlichten „History of English Gardening", mit seiner eleganten Sprache und dem Gefühlsfluss, der diese Seiten durchdringt, würden jede Suche oder Rezension von mir anmaßend erscheinen lassen. Auf diesen Seiten geht er auf die Tendenz ein, die die damalige Einführung der christlichen Religion mit sich brachte, um die Manieren der Menschen zu mildern, und indem sie sie dadurch häuslicher machten, wurde die Gartenarbeit zu einer Kunst, die ihren Gefühlen entgegenkam; und während das ganze Land durch den Krieg verwüstet wurde, wurde das Eigentum der religiösen Einrichtungen heilig gehalten und Gemüsesorten konserviert, die andernfalls bald ausgestorben wären, wenn sie auf weniger heiligem Boden angebaut würden. Anschließend untersucht er die Existenz vieler Gärten, Obstgärten und Weinberge, die zu unseren Klöstern gehörten, und beweist, dass der Gartenbau selbst zur Zeit der *Dänen* „stillschweigend voranschritt" und dass zur Zeit der Ankunft der *Normannen* Gärten befanden sich im Allgemeinen sowohl im Besitz der Laien als auch der Geistlichen; und er bezieht sich für seine Behauptung auf das Doomsday Book, dass „es keinen Grund gibt, daran zu zweifeln, dass zu dieser Zeit jedes Haus, vom Palast bis zum Cottage, einen Garten von einigermaßen großer Größe besaß." Er schließt mit interessanten Hinweisen auf die Gärten, Weinberge und Obstgärten des Abtes von Ely und anderer Mönche.

Die obige Arbeit von Herrn Johnson ist das Ergebnis origineller Überlegungen und einer leidenschaftlichen und ausgedehnten wissenschaftlichen Forschung. Bei mir handelt es sich um eine Zusammenstellung, „mit einer Schere erstellt", um die Worte von Herrn Mathias zu kopieren, die er auf eine bestimmte Ausgabe von Pope anwendet. Ich begnüge mich jedoch mit der Überlegung von Herrn Walpole, dass

„diejenigen, die selbst keine großen Dinge leisten können, dennoch eine Genugtuung darin finden können, denjenigen gerecht zu werden, die es können.“

Nachdem ich auf S. angedeutet habe: 71 und 120 an Dr. Alison und nach Angabe auf S. 211 Dr. Dibdins Hommage an ihn, ich kann es nicht unterlassen, meinen Leser daran zu erinnern, dass die anmutige Sprache, die erhabenen und feierlichen Gedanken, die dieser bewundernswerte Geistliche in viele seiner Predigten über die Jahreszeiten einfließen ließ, einem die Wahrheit und Anstand doppelt spüren lassen worüber er Mr. Whately's *Observations on Modern Gardening* so großzügig rezensiert hat .

ÜBER DIE PORTRAITS
Englischer Autoren zum Thema Gartenarbeit.

Die frühesten uns vorliegenden Berichte über Gärten stammen aus der Heiligen Schrift; ihr Alter scheint daher zeitgleich mit dem der Zeit selbst zu sein. Im Garten Eden gab es jeden Baum, der gut zum Essen war oder ein angenehmer Anblick war. Noah pflanzte auf dem Weinberg. Salomo sagt im wahren Geist des gärtnerischen Eifers: „ *Ich habe mir Weinberge gepflanzt, ich habe mir Gärten und Obstgärten angelegt und ich habe darin Bäume mit allen Arten von Früchten gepflanzt* .“ Wir alle haben von der Großartigkeit der Gärten Nebukadnezars gehört.

Ob das des Alkinoos fabelhaft war oder nicht, es führte zu Homers hochtrabenden Sätzen:

Der milde Geist des ewigen westlichen Sturms
atmet auf Blumen, denen man nicht beigebracht hat, zu vergehen; Die gleiche milde Jahreszeit lässt die Blüten blühen, die Knospen werden hart und die Früchte wachsen. [23]

Dass Homer die reiche Landschaft der Natur voll und ganz wahrnahm, geht sogar aus seiner Calypso-Höhle hervor:

Überall im Höhlenfelsen sprießt eine Rebe, die
reife Büschel hervorbringt. Daher verliefen vier klare Quellen, nah beieinander, in klaren Bächen, die sich zusammen mit manchen verspielten Labyrinthen drängten. Um sie herum blühten die weichen Wiesen üppig, mit frischen Veilchen und Melissen. [24]

Die Ägypter, die Perser und andere entlegene Nationen waren stolz auf ihre prächtigen Gärten. Diodorus Siculus erwähnt einen „bereichert mit Palmen und Weinreben und jeder Art von köstlichen Früchten, mit blühenden Rasenflächen und Platanen und Zypressen von erstaunlicher Größe, mit Myrten-, Lorbeer- und Lorbeerdickicht.“ Er beschreibt auch die Verbundenheit einiger Menschen der Antike mit Landschaftslandschaften:

Keines der Kunstwerke, sondern verschwenderisch übersät
von der Natur mit ihrer göttlichen Nachlässigkeit.

Die prächtigen Gärten in Damaskus wurden von einem gebürtigen Málaga beaufsichtigt, der „die brennenden Sande Afrikas durchquerte, um solche Gemüsesorten zu beschreiben, die die glühende Hitze dieses Klimas aushalten konnten". Die Städte Samarkand, Balckd, Isfahan und Bagdad waren von luxuriösen und prächtigen Gärten umgeben. Kein Wunder, wenn diese Länder teilweise von so berühmten Männern wie Haroun-al-Raschid und seinem Sohn Al-Mamoun regiert wurden, den großzügigen Beschützern der arabischen Literatur , und dessen Sohn (um das Jahr 813) zu Recht *Augustus* von Bagdad genannt wurde . „Studieren, Bücher und Literaten (ich zitiere die beredten Seiten von De Sismondi *über die Literatur der Araber*) fesselten seine Aufmerksamkeit fast vollständig. Hunderte von Kamelen konnte man sehen, wie sie Bagdad betraten, beladen mit nichts als Manuskripten und Papieren. Meister, Ausbilder, Übersetzer und Kommentatoren bildeten den Hof von Al-Mamoun, der eher wie eine Gelehrtenakademie als das Regierungszentrum eines kriegerischen Reiches wirkte."

Die Gärten von Epikur sowie von Pisistratus, Kimon und Theophrastus waren die berühmtesten im gesamten griechischen Reich. Die von Herculaneum sind im 2. Band zu sehen. der dort gefundenen Gemälde. Die luxuriösen Gärten des Nebenflusses Seneca und die Freude, mit der Cicero von seinem väterlichen Sitz spricht (der seinen Freund Atticus mit seiner Schönheit faszinierte) und die romantischen Gärten von Adrian in Tivoli und von Lucullus, von Sallust Der reiche und mächtige Crassus und Pompeius zeigen die Freude, die die die alten Römer an ihnen hatten. Das kann man auch Livius entnehmen; und Virgils Energie der Sprache malt das warm

– blühender Stolz
Von Wiesen und Bächen, die durch die Täler gleiten. Ein Landhaus in der Nähe einer kristallklaren Flut, Ein gewundenes Tal und ein hoher Wald.

Muße und Ruhe in Wäldern und kühlenden Tälern;
Grotten und plätschernde Bäche und dunkle Täler.

Messalina (sagt eine Übersetzung von Tacitus) hegte eine große Leidenschaft für die Gärten des Lucullus, die er prächtig verschönerte und denen, die sie von ihrem ersten Meister erhalten hatten, jeden Tag neue Schönheit hinzufügte.

Wir werden auf einer magischen Seite an unseren eigenen unsterblichen Dichter, an die von Julius Cæsar und an erinnert

——— *seine* Spaziergänge,
seine privaten Lauben und neu gepflanzten Obstgärten,

als der edle Antonius die Römer dazu auffordert

– küsse die Wunden des toten Cäsar
und tauche ihre Servietten in sein heiliges Blut.

Horaces unvergleichliche Zeilen über das Glück und die Freuden des Landlebens, seine Gutshöfe, seine Wälder, seinen Garten und seinen Hain;

und viele der anderen römischen Schriftsteller zeigen deutlich ihre Vorliebe für Gärten als Ergänzung zu ihren prächtigen Villen. Es gab kaum ein romantisches Tal, in dem es nicht viele Villen gab.

Martial und Juvenal machen sich über die beschnittenen Buchsbäume, beschnittenen Drachen und ähnliche groteske Fantasien in einigen ihrer Villen lustig und bewundern beide die edlere Anmut, mit der die Natur jeden Ort schmückte. [25]

Die Römer waren vielleicht die ersten, die diese Kunst in Großbritannien einführten, auch wenn sie sie nur spärlich einführten. Der früheste Bericht, den ich über einen englischen Autor zum Thema Gartenarbeit finden kann, lautet:

Alfred, ein *Engländer* mit dem Spitznamen „Philosoph", der in Rom sehr geschätzt wurde. Er starb 1270 und hinterließ vier Bücher über die Meteore des Aristoteles; außerdem eines über *Gemüse* und fünf über die Tröstungen des Boethius. Es ist unwahrscheinlich, dass wir *sein Porträt* entdecken werden . Auch nicht das Folgende: –

HENRY DANIEL , ein Dominikanermönch, der angeblich über große Kenntnisse der Naturphilosophie und Physik seiner Zeit verfügte, hinterließ ein Manuskript mit der Aufschrift „ *Aaron Danielis* ". Darin behandelt er De re Herbaria, de Arboribus, *Fructibus* usw. Seine Blütezeit begann um das Jahr 1379. – Hinweis: Ich habe diesen Artikel aus Dr. Pulteney's Sketches, Bd. 1, kopiert. 1, Seite 23. [26]

Ich glaube, dass von den folgenden neunundsechzig Personen keine Porträts eingraviert oder vielleicht noch entdeckt wurden; zumindest kenne ich keine:—

RICHARD ARNOLDE , der in seiner 1502 gedruckten Chronik ein Kapitel über „Das Handwerk von Graffynge, Plantyne und Alterynge von Früchten, sowohl in den Farben als auch im Geschmack" hat. Das berühmte Gedicht von der nussbraunen Magd erschien erstmals in dieser Chronik. Sir E. Brydges, in Bd. 6 seiner Censura Literaria, hat das gesamte Gedicht so transkribiert, wie es in Arnolde erscheint.

THOMAS TUSSER , dessen Andenken das Glück hatte, die Aufmerksamkeit von Herrn Warton in seiner Geschichte der englischen Poesie zu verdienen, da er sein Gedicht „A Hundreth good Pointes of Husbandrie, gedruckt in London, in Flete strete, innerhalb von Temple" veröffentlicht hat Barre, an der Syne von Hand und Starre, von Richard Totell, An. 1577. Ein Exemplar dieser Erstausgabe (wahrscheinlich einzigartig) wird im British Museum aufbewahrt. Ein Nachdruck dieser einzigartigen literarischen Rarität ist in Mr. Hazlewoods British Bibliographer enthalten. Die nachfolgenden Ausgaben dieses merkwürdigen Buches werden interessanterweise von

Herrn Mavor in seiner Ausgabe von Tusser aufgezählt. Von diesem gütigen Mann, dessen gesunder Menschenverstand, beeindruckende Maximen, aufgeklärte und philosophische Geisteshaltung und sein Mitgefühl für die Armen auf den meisten Seiten seines Gedichts durchscheinen, wurde meiner Meinung nach kein Porträt entdeckt:

Gibt es ein besseres Bett als ein gutes Gewissen, um die Nacht mit Schlaf zu verbringen?
Welche bessere Arbeit gibt es als die tägliche Sorge, sich selbst von der Sünde fernzuhalten? Welchen besseren Gedanken gibt es, als an Gott zu denken und ihm täglich zu dienen? Welche bessere Gabe gibt es als an die Armen? , das bereit zu sein, um zu sterben?

Seine Einschätzung des Lebens ist prägnant:

Bis zum Tod müssen wir uns beugen, seien wir hoch, seien wir niedrig, aber wie und wie plötzlich wissen nur wenige, was wir dann außer einem Laken ins Grab tragen (um diesen Kadaver zu bedecken) von allem, was wir haben?

Sein gastfreundliches Herz setzt sich während der Weihnachtsfeierlichkeiten für die Trostlosen ein, und seine Liebe zu „Fröhlichkeit und Fröhlichkeit" lässt ihn das Ernteheim nicht vergessen:

Zu Weihnachten wütet die Härte des Winters,
der alle Dinge und vor allem das Alter erfasst; dann werden traurige arme Menschen, die Jungen und die Alten, am schlimmsten von Hunger und Kälte bedrückt.

Zu Weihnachten gibt es durch die Arbeit wenig zu bekommen. Wenn es ihnen fehlt, werden die Ärmsten in Gefahr gebracht. Zu welcher Jahreszeit ist es besser, das ganze Jahr über, deinen bedürftigen, armen Nachbarn zu trösten und aufzumuntern.

Seid zu Weihnachten fröhlich und dankbar und feiert eure armen Nachbarn, die Großen mit den Kleinen. Ja, das ganze Jahr über lasst uns den Armen Gottes Segen geben, uns zu folgen, solange wir leben.

In der Erntezeit sollten Ernteleute, Diener und alle zusammen für gute Laune in der Halle sorgen und die schwarze Schale mit Blythe zu ihrem Lied füllen und sie die ganze Erntezeit über fröhlich sein lassen.

Sobald deine Ernte beendet ist, lass niemanden schuldig sein. Bitte diejenigen, die dir geholfen haben – Mann, Frau und Kind – und indem du immer so viel Hilfe tust, wie sie können, gewinnst du das Lob des arbeitenden Mannes.

Nun blicke auf zu Gott, lass die Zunge niemals aufhören, ihm zu danken für sein mächtiges Wachstum, nimm meinen guten Willen an – als Beweis geh und versuche es; je besser es dir geht, desto froher bin ich.

Tusser starb etwa im Jahr 1583 im Alter von etwa fünfundsechzig Jahren und ist in der St. Mildred-Kirche im Poultry begraben. Sein Epitaph ist in Stowes Survey of London erhalten; und (wie Herr Mavor bemerkt) es passt perfekt zum Charakter des Mannes und seiner Schriften; und wenn Vermutungen erlaubt sind, wurde er von ihm selbst verfasst:

Hier liegt Thomas Tusser, in Erde gehüllt,
der manchmal die Punkte der Viehwirtschaft festlegte. Von ihm kannst du dann lernen. Hier müssen wir lernen: Wenn alles erledigt ist, schlafen wir und verwandeln uns in Staub. Und doch hoffen wir, durch Christus in den Himmel zu gelangen: Wer seine Bücher liest, wird feststellen, dass sein Glaube so war.

Sein Buch bietet ein authentisches Bild des Zustands des Gartenbaus zur Zeit Marias und Elisabeths; und wie Herr Warton bemerkt, ist sein Werk „wertvoll als authentisches Bild der Landwirtschaft, der ländlichen Künste sowie der häuslichen Wirtschaft und Bräuche unserer fleißigen Vorfahren".

Walter Blith sagt über ihn: „Was Meister Tusser betrifft, der sich aus seiner Erfahrung reimt, wenn Sie daran Freude haben, werden Sie vielleicht Dinge finden, die Ihrer Beobachtung würdig sind."

Sir John Hawkins schreibt in seiner Geschichte der Musik: „Das Leben dieses armen Mannes war eine Reihe von Unglücken; und es ist ein Beweis für die Wahrheit des Sprichworts in der Heiligen Schrift, dass ‚der Kampf nicht den Starken gehört'." , noch der Wettlauf zum Mauersegler.' Was die Punkte der Tierhaltung betrifft, so ist es in vertrauten Versen verfasst und enthält viele merkwürdige Einzelheiten, die die Sitten, Bräuche und Lebensweisen des Landes vom Jahr 1520 bis etwa ein halbes Jahrhundert danach beschreiben Darin erkennt man beim Autor ein solches Maß an wirtschaftlicher Weisheit, eine so eifrige Aufmerksamkeit für die ehrlichen Künste des Gedeihens, eine so allgemeine Liebe zur Menschheit, eine solche Rücksichtnahme auf Gerechtigkeit und eine solche Ehrfurcht vor der Religion, dass wir nicht nur klagen über sein Unglück, aber wundern sich darüber; und sind nicht in der Lage, seine sterbenden Armen zu erklären, die die Methode, reich zu werden, so gut verstanden haben.

Aus dem „Literarischen Leben und ausgewählten Werken von Benjamin Stillingfleet" wähle ich einen kleinen Teil dessen aus, was dieser würdige Mann über Tusser sagt: „Er scheint ein gutmütiger, fröhlicher Mann gewesen zu sein, und obwohl er die Wirtschaft liebte, war er weit davon entfernt

Gemeinheit, wie sie in vielen seiner Gebote zum Ausdruck kommt, worin er seine Missbilligung jenes erbärmlichen Geistes zum Ausdruck bringt, der Bauern dazu bringt, ihr Vieh, ihr Land und alles, was ihnen gehört, verhungern zu lassen, indem er lieber ein Pfund verliert, als einen Schilling auszugeben Insgesamt zeigt sein Buch alle Qualitäten eines wohlgesonnenen Mannes sowie eines fähigen Bauern. Er schrieb in den Anfängen der Landwirtschaft, und deshalb werde ich einen vollständigen Bericht über seine Praxis geben, insbesondere im Hinblick auf das Verständnis seiner Vorschriften in einem engen Rahmen und als eine Art Gerechtigkeit, die ihm als originellem Schriftsteller zuteil wird.

ein so hohes Maß an frommer Ergebenheit gegenüber dem Willen des Höchsten, der christlichen Nächstenliebe und dem Guten besessen zu haben." Humor, trotz all seiner Fehlgeburten, dass sein Charakter in unserer Wertschätzung hoch steigt, unabhängig von seinen Verdiensten als Schriftsteller. Der kultivierte und liberale Geist von Tusser scheint weder zu seinem Vermögen noch zu seiner Berufung gepasst zu haben. Eine Liebe zu Gastfreundschaft hielt ihn wahrscheinlich von der Unabhängigkeit ab; doch wenn er unvorsichtig war, können wir nicht umhin, den Mann zu lieben und die Richtigkeit seiner Gefühle zu jedem Thema zu bewundern, das mit Leben und Moral zu tun hat."

Fuller sagt in seinen *Worthies of Essex* : „Er bestrich sein Brot mit allerlei Butter, doch keine klebte daran. Dennoch höre ich niemanden, der ihn irgendeiner bösartigen Extravaganz oder sichtbaren Nachlässigkeit bezichtigt und seinen schlechten Erfolg einigen zuschreibt." okkulte Ursache im Rat Gottes."

Zu einem gewissen Grad verdanke ich diese verschiedenen Zeugnisse Herrn Mavors lebhafter Ausgabe dieses Buches, die er mit einer biografischen Skizze von Tusser und vielen interessanten Illustrationen seines Gedichts bereichert hat. In seinen abschließenden Bemerkungen auf der letzten Seite seines Werkes zeigt er ein weiteres Beispiel für den privaten Charakter von Tusser: „Das moralische Gefühl und die fromme Resignation, die in den Schlussstrophen dieses Gedichts atmen, hinterlassen einen starken Eindruck auf den Geist; und welche Wechselfälle im Leben der Herausgeber oder seine Leser auch erleben mögen, er wünscht sich für sich und für sie die gleiche philosophische und christliche Komposition, einen Rückblick auf die Vergangenheit und die vorweggenommene Sicht auf die Zukunft.

Über Mr. Wartons Bemerkungen zu Tusser äußert sich Mr. Mavor teilweise wie folgt: „Für die persönliche Freundlichkeit Wartons zu mir in einem frühen Lebensabschnitt werde ich immer eine liebevolle Erinnerung an ihn und für sein Genie und seine hohen Leistungen bewahren." in der Literatur spüre ich all die Ehrerbietung und den Respekt, die seinen leidenschaftlichsten Bewunderern entgegengebracht werden können; aber kein Mensch war weniger ein Richter über die Vorzüge eines Buches über Ackerbau und Huswifry."

Herr Warton bemerkt, dass „Tussers allgemeine Grundsätze oft von ausdrucksstarker Kürze sind und manchmal durch eine epigrammatische Wendung und kluge Anspielungen deutlich werden."

In Tussers poetischer Darstellung seines eigenen erfolglosen Lebens

Wie meine Jugendjahre durch das Dornengestrüpp
gelaufen sind , –

wie er als kleiner Junge aus dem Haus seines Vaters vertrieben und wie ein POSTPFERD vertrieben wurde, um am Wallingford College als Chorsänger zu singen; sein Elend dort und das *alte Brot*, das sie ihm gaben; die dreiundfünfzig Streifen, die der arme Junge in Eton erhielt, als er Latein lernte; sein glücklicher Wechsel zum Trinity College, der für ihn wie ein Rückzug aus der Hölle in den Himmel schien; die Großzügigkeit von Lord Paget,

Wessen Seele ich vertraue, ist bei den Gerechten ;

dann seines

——— *Gute Eltern starben*
einer nach dem anderen, bis beide verschwunden waren,
deren Seelen in Glückseligkeit noch lange auf sich warten lassen.

Seine verbleibenden zehn Jahre am Hof, wo

Karten und Würfel, mit dem Laster der Venus
und dem mürrischen Stolz, der von der Tugend weit verbreitet war,
mit einigen, die so verärgert waren,
dass das Tyburn-Spiel sie wegmachte,
oder Bettler sagen.

Sein Wohnsitz in *Suffolk* , als Bauer,

Für mich und meine Mühe,
mit Verlust und Schmerz, zu wenig Gewinn,
um Sir Knave zu stopfen ;

sein Umzug in die Nähe der Abtei von Dereham, die er (obwohl er mit Fleisch und Fisch gelagert war) verließ, um den Streitereien und Schlägereien von *Lord mit Lord zu entgehen* ; der Tod des würdigen Sir Richard Southwell,

– dieses große Juwel,
das Reichen und Armen
so großzügig seine Tür öffnete –

versinken oder schwimmen musste ; sein Umzug nach Salisbury als Sänger; von dort

Von der Krankheit ertragen, wie ein Verlassener,

er zog in ein Pfarrhaus in Essex, um auf seine *schmutzige Art den Zehnten zu sammeln* ; er ahnte den Tod des Pfarrers und sah neue Anklagen wegen der Zahlung des Zehnten voraus,

———— Ich habe gespürt, wenn Pfarrer sterben würde
(alle Hoffnung umsonst), um auf Gewinn zu hoffen,
würde ich vielleicht tanzen gehen;
Nachdem ich meine Hand von Pars'nage-Land befreit hatte,
ging ich nach und nach
direkt nach London, um
auf mehr Glück zu hoffen und zu warten.

Von diesem Ort trieb ihn die Pest nach Cambridge, dorthin

Das College, das beste von allen anderen.
Dank dir, o Dreifaltigkeit!
Durch dich und dein, für mich und meins,
habe ich etwas Bleibe bekommen.

Er schließt mit einer frommen Hingabe an Gott. [27]

DIDYMUS MOUNTAIN , der 1571 im Jahr 4to „Das Labyrinth des Gärtners" schrieb. „Darin sind verschiedene Knoten und Labyrinthe angelegt, die zur Verschönerung von Gärten geschickt gehandhabt werden." Und im Jahr 1577 erschien ein zweiter Teil, „mit der witzigen Anordnung anderer köstlicher Köstlichkeiten, köstlicher Blumen, angenehmer Früchte und feiner Wurzeln, wie es bisher noch niemandem gegeben wurde." Weitere Ausgaben in 4to. 1608 und im Folio 1652.

BARNABY GOOCHE veröffentlichte „The Whole Art and Trade of Husbandry", enthalten in vier Büchern, *erweitert* durch Barnaby Googe, Esq. 4to. schwarze Schrift, 1578. Die beiden späteren Ausgaben von 1614 und 1631, beide in schwarzer Schrift und in 4to. sollen laut Weston von Gervaise Markham nachgedruckt worden sein. Das zweite Buch behandelt „Von Gärten, Obstgärten und Wäldern".

Im 2. Bd. der *Censura Litt. Es gibt einige Informationen über B. Gooche, und sein Brief an den Leser zeigt seinen eigenen liberalen Geist: „Ich dachte, es wäre für Sie (guter*

Leser), zu Ihrem weiteren Nutzen und Vergnügen, diese vier Bücher der Tierhaltung, gesammelt und gesammelt, ins Englische zu bringen *dargelegt von Meister Conrade Heresbatch* , einem großen und gelehrten Ratgeber des Herzogs von *Cleues* : Ich halte es nicht für vernünftig, obwohl ich seine Arbeit geändert und erweitert habe, *mit meinen eigenen Lesungen und Beobachtungen* , verbunden mit der Erfahrung verschiedener meiner Freunde, Ihm die Ehre und den Ruhm seines eigenen Traumas zu nehmen (wie es in einem ähnlichen Fall geschehen ist): Ich habe auch nicht vor, dass dies seine oder meine Taten verunstalten oder das gute Unternehmen auf irgendeine Weise verdunkeln sollte, oder Die schmerzlichen Leiden unserer Landsleute in England, wie wir ausführlich über diese Angelegenheit geschrieben haben, aber sie haben es immer getan und geben ihnen den Respekt und die Ehre, die so tugendhaften und wohlgesonnenen Herren gebührt, nämlich Master Fitzherbert und Master *Tusser* : *vvvhose* vvorkes kann meiner Meinung nach ohne jede Vermutung mit jedem verglichen werden, sei es *Varro* , *Columella* oder *Palladius* von *Rom* ."

SIR HUGH PLATT , „dieser gelehrte und große Beobachter", von dem wir aber so wenig wissen, war, wie uns Herr Weston in seinem Catalogue of English Authors mitteilt, „der genialste Landwirt der Zeit, in der er lebte: bisher." Seine Bescheidenheit war so groß, dass alle seine Werke posthum zu sein scheinen, mit Ausnahme des *Paradieses der Flora* , das im Jahr 1600 erschien, als er wahrscheinlich lebte. Er verbrachte einen Teil seiner Zeit in Copt-Hall, in Essex, oder in Bishop's-Hall in Middlesex, an jedem dieser Orte hatte er einen Landsitz; aber sein Stadtwohnsitz war Lincoln's Inn. Er führte einen Briefwechsel mit allen Liebhabern der Landwirtschaft und des Gartenbaus in ganz England; und das war seine Gerechtigkeit und Bescheidenheit Temperament, dass er stets den Urheber jeder ihm mitgeteilten Entdeckung nannte. Im Jahr 1606 ließ er einen Garten in der St. Martin's Lane anlegen. Eine Liste seiner Werke erscheint im mühsamsten Werk des verstorbenen Dr. Watts, der Bibl. Brit. in 4 Bänden. 4to. In seinem „Floraes Paradise, verschönert und geschmückt mit verschiedenen Arten zarter Früchte und Blumen, die im Zeichen des Heiligen Geistes auf Paules Kirchhof verkauft werden sollten, 1608", 12 Monate. Damit schließt er seine Ansprache an den fleißigen und gebildeten Leser ab: „ *Und so, lieber Leser, habe ich Sie mit meinen langen, kostspieligen und mühsamen Sammlungen bekannt gemacht, die nicht auf Abenteuer oder durch eine eingebildete Einbildung in Schollers privatem Arbeitszimmer geschrieben wurden, aber der Erde entrissen durch die schmerzliche Hand der Erfahrung; und um dir auch eine Berührung der Natur zu geben, die noch nie ein Mensch ohne ihr Veyle nackt in die Welt zu schicken wagte; und in der Erwartung, dass du durch deine gute Unterhaltung mit diesen, Etwas Ermutigung für spätere höhere und tiefere Entdeckungen überlasse ich dir dem Gott der Natur, von dem alles wahre Licht der Natur ausgeht.* Bednall-Greene, *in der Nähe von London* , *diesen 2. Juli 1608* .

In seinem Kapitel „Ein Angebot einiger neuer, seltener und gewinnbringender Erfindungen" erwähnt er, nachdem er von „der seltensten und unvergleichlichsten Pflanze von allen anderen, ich meine die Traube", die Bekömmlichkeit des Weins erwähnt, aus dem er damals hergestellt hat sein Garten in *Bednall-Greene*, *in der Nähe von London* : – „Und wenn irgendeine Ausnahme gegen die Rasse und die Delikatessen dieser Tiere gemacht werden sollte, bin ich zufrieden damit, sie der Kritik der besten Münder zu unterwerfen, die bekennen, dass sie wirklich fähig sind, sie zu beurteilen." Weine aus dem Hochland: Allerdings könnte ich zu ihrer besseren Anerkennung hier den französischen Botschafter hinzuziehen, der (der nun vor fast zwei Jahren in mein Bestimmungshaus kam, um diese Weine zu probieren) diesen Satz über sie ausgesprochen hat: dass er nie besser getrunken habe nevv Wein in Frankreich. Und *Sir Francis Vere* , dieser kriegerische Spiegel unserer Zeit, der an seinem Tisch selten oder nie ohne eine Tasse exzellenten Weins ist, versicherte mir, dass er nie etwas Ähnliches wie ich getrunken habe, sondern nur einmal, und das in Frankreich. So dass ich jetzt denke, dass ich in meinen Unterstützern etwas stärker werde; und deshalb habe ich einige Zweifel, ob ich die berühmte Lady *Arabella* , die Gräfin von *Cumberland* , die Lady *Anne Clifford* , die Lady *Hastings* , die Lady *Candish* und die meisten Ehrendamen mit ihren Lords und Rittern hinzuziehen muss , und Herren von gutem Stand, die im Allgemeinen dasselbe applaudierten; oder lassen Sie es hier, um zu gegebener Zeit sein eigenes Guthaben auszugleichen, denn es ist reichhaltig und von starker kochender Natur.

nicht weniger als dreiundzwanzig Mal auf einen Gärtner namens Maister *Andrew Hill oder auf seinen Garten an;* und häufig an einen der Namen Maister *Pointer*, [28] *von Twickenham* . Auch zu einem der Namen *Colborne* ; und an einen Pfarrer *Simson* . Er schließt dieses Kapitel folgendermaßen ab: „Hier möchte ich mit einer hübschen Einbildung dieses zarten Ritters, Sir *Francis Carew* , schließen, der zur besseren Erfüllung seiner königlichen Bewirtung unsere verstorbene Königin glücklicher Erinnerung in seinem Haus in *Beddington* führte." Ihre Majestät an einen Kirschbaum, dessen Früchte er absichtlich vor dem Reifen bewahrt hatte, mindestens einen Monat, nachdem alle Kirschen von England Abschied genommen hatten. Dieses Geheimnis wahrte er, indem er ein Zelt oder eine Plane aus Segeltuch oder den ganzen Baum abspannte Sie befeuchteten sie ab und zu mit einer Schaufel oder einem Horn, je nachdem, wie heiß das Wetter war; und indem sie die Sonnenstrahlen daran hinderten, sich auf den Beeren zu spiegeln, wuchsen sie beide groß und waren ihnen sehr lange voraus hatten ihre perfekte Kirschfarbe bekommen: und als ihm versichert wurde, dass ihre Majestäten kommen würden, entfernte er das Zelt, und ein paar sonnige Tage brachten sie zu ihrer vollen Reife."

Im 2. Bd. der *Censura Litt.* sind einige Informationen über Sir Hugh.

GABRIEL PLATTES , der (sagt Harte) „eine mutige, abenteuerlustige Einstellung hatte". Der Autor von „Herefordshire Orchards" nennt ihn „einen außergewöhnlich ehrlichen Mann". Herr Weston sagt: „Dieser Autor kann als ein originelles Genie in der Landwirtschaft angesehen werden. Dieser geniale Schriftsteller, dessen Arbeit anderen Fülle und Reichtum bescherte, war so arm an den gemeinsamen Lebensbedürfnissen, dass er an Hunger und Elend zugrunde ging." . Er wurde tot auf der Straße aufgefunden, ohne ein Hemd, das ihn bedecken konnte, zur ewigen Schande der Regierung, unter der er lebte. Er vermachte seine Papiere S. Hartlib, den ein zeitgenössischer Autor folgendermaßen anspricht: „Keiner (außer dir selbst). , der nicht ein vergrößertes Herz, sondern eine vollere Hand haben möchte, um den Mangel der Welt zu beheben), der zusammen mit einigen wenigen anderen dazu gefunden wurde, einem Mann von seinen großen Verdiensten irgendeine Erleichterung zu verschaffen." Ein anderer Freund von Hartlib gibt Plattes den folgenden Charakter: „Dieser Mann hatte sicherlich ein ebenso hervorragendes Genie in der Landwirtschaft wie jeder andere, der jemals in dieser Nation vor ihm gelebt hat, und war der treueste Sucher nach dem Wohl seines undankbaren Landes. Daran denke ich nie." Ich bewundere das große Urteilsvermögen, den reinen Eifer und die treuen Absichten dieses Mannes sowie seine seltsamen Leiden und die Art seines Todes, aber ich bin erstaunt darüber, dass ein solcher Mann aus Mangel an Nahrung tot auf der Straße umfallen musste , dessen Studien nicht weniger als die Bereitstellung und Konservierung von Nahrungsmitteln für ganze Nationen zum Ziel hatten, und das mit ebenso viel Geschick und Fleiß, also ohne Stolz oder Arroganz gegenüber Gott oder den Menschen. – Eine Liste seiner zahlreichen Werke erscheint in Watts' Bibl. Brit. und auch in Westons intelligentem Katalog; und viele Informationen über Plattes werden in Band 2 der Censura Litteraria gegeben. Zwei seiner Werke scheinen zu sein:

1. Abhandlung über die Tierhaltung; 1633, 4to.

2. Diskurs über den unendlichen Schatz, der seit Anbeginn der Welt in der Art der Landwirtschaft verborgen war; 1632, 1653, 1656, 4to. [29]

WILLIAM LAWSON veröffentlichte 1597 „A New Orchard and Garden" in 4to. Andere Ausgaben, in 4to., 1623 und 1626. Seine einzigartigen Behauptungen werden vom Autor von *Herefordshire Orchards mit großer Offenheit behandelt* – „denn ich dachte, ich würde viele Zeichen von Ehrlichkeit und Integrität in dem Mann finden, einen gesunden, klaren, Mutterwitz."

SIMON HARWARD veröffentlichte 1597 eine Abhandlung über die Kunst der Gemüsevermehrung; und angegliedert an Lawsons New Orchard and Garden,

THOMAS JOHNSON , der gelehrte Herausgeber der erweiterten und wertvollen Ausgabe von Gerarde. Wood nennt ihn „den besten Kräuterkundigen seiner Zeit". Herr Weston berichtet in seinem Katalog mit großer Freude von den heiteren und interessanten Touren, die Herr Johnson und einige Freunde in verschiedenen Landkreisen unternahmen, um die einheimischen botanischen Schönheiten seines eigenen Landes zu untersuchen.

Wood teilt uns weiter mit, dass er bei der Belagerung von Basinghouse „einen Schuss in die Schulter erhielt, an dem er vierzehn Tage später starb; zu diesem Zeitpunkt forderte seine Arbeit die Trauertränen zu Recht heraus; er war damals in der Garnison nicht weniger bedeutend." seine Tapferkeit und sein Verhalten als Soldat, dann berühmt im ganzen Königreich für seine hervorragenden Leistungen als Kräuterkundler und Arzt. Ich habe unten in einer Anmerkung seine Zustimmung zu Parkinsons Arbeit gegeben, lediglich um Mr. Johnsons liberalen Geist zu zeigen. [30]

RALPH AUSTEN veröffentlichte seine Abhandlung über Obstbäume, in der er die Art des Pfropfens, Pflanzens usw. zeigte. mit der spirituellen Nutzung eines Obstgartens oder Gartens in verschiedenen Ähnlichkeiten. *Oxford* , 1653 und 1657, 4to. Er scheint in Oxford gelebt und gestorben zu sein. Er widmet es seinem Freund S. Hartlib, Esq. Worlidge sagt, dass Austen in dieser Abhandlung „sehr ausführlich den großen Beifall, die Würde, die Vorteile und die Vielfalt der Freuden und Inhalte beim Pflanzen und Genießen von Obstbäumen dargelegt hat".

FRANCIS AUSTEN , veröffentlicht 1631, Beobachtungen zur Naturgeschichte von Sir Francis Bacon, soweit es Obstbäume betrifft, 4to. Eine weitere Ausgabe, 4to., 1657.

JOHN BONFEIL veröffentlichte Anweisungen zum Pflanzen und Behandeln von Weinreben usw. und um Wein zu machen usw. Gedruckt mit seiner Art of making Silk, 4to., 1622.

STEPHEN BLAKE , veröffentlicht 1664, The Complete Gardener's Practice, 4to.

WILLIAM HUGHES veröffentlicht

1, Der komplette Weinberg, 8vo. 1670 und 1683.

2, Der amerikanische Arzt oder eine Abhandlung über die Wurzeln, Pflanzen usw. wächst auf den englischen Plantagen; 12 Monate. 1672.

3, Der Blumengarten, 12 Monate. 1672 und 1734.

Samuel Hartlib, Esq. veröffentlichte Sir Richard Westons „Diskurs über die Viehhaltung in Brabant und Flandern, der die wunderbare Verbesserung des Landes dort zeigt und als Muster für unsere Praxis in diesem Commonwealth dient." *London.* 1645, 4to. 24 Seiten. Herr Weston sagt in seinem interessanten Katalog: „In der Phil. Trans. wird bemerkt, dass England in der Landwirtschaft in der Höhe von vielen Millionen profitiert hat, weil die flämische Landwirtschaft durch diese kleine Abhandlung bekannt gemacht wurde. " In einer anderen Ausgabe (ich glaube 1655) fügte Hartlib Dr. Beaties Anmerkungen bei, um sie zu erweitern und besser zu erklären. Herr Hartlib veröffentlichte auch:

1, Vermächtnis; oder eine Erweiterung des Diskurses über die Tierhaltung; 4to. 1650. Eine zweite Auflage im Jahr 1651 und eine dritte im Jahr 1655.

2, Über die Mängel und Abhilfemaßnahmen der englischen Tierhaltung, in einem Brief an Dr. Beale; 4to. 1651.

3, A Designe for Plentie, durch eine universelle Pflanzung von *Obstbäumen* ; von einigen Gratulanten an die Öffentlichkeit ausgeschrieben. *London.* ohne Datum, aber wahrscheinlich (wie Mr. Loudon bemerkt) 1652, 4to. „Herausgegeben von Hartlib, der das MS vom Hon. Colonel John Barkstead, Lieutenant of the Tower, hatte. Der Autor war ein alter Prediger des Evangeliums in Lovingland, in der Nähe von Yarmouth."

4, The Commonwealth of Bees, 1657.

Herr Weston gibt viele Informationen über Herrn Hartlib. Ich wähle nur Folgendes aus:

„Er war ein gebürtiger deutscher Gentleman, ein großer Förderer der Landwirtschaft während der Zeit des Commonwealth und wurde von allen genialen Männern jener Zeit sehr geschätzt, insbesondere von Milton, der seine Abhandlung über Bildung an ihn richtete; Sir William Petty schrieb ebenfalls eine Inschrift zwei Briefe an ihn zum gleichen Thema. *Lond.* 4to. 1647 und 1648. Cromwell, der ein großer Befürworter der Landwirtschaft war, gewährte Hartlib infolge dieser bewundernswerten Leistung eine Rente von 100 Pfund pro Jahr; und Hartlib danach die Um die Absichten seines Wohltäters besser erfüllen zu können, beschaffte er Dr. Beaties hervorragende Anmerkungen zum Vermächtnis sowie weitere wertvolle Stücke von seinen zahlreichen Korrespondenten. Dieses berühmte Werk, das Hartlib zugeschrieben wird und den Titel „Vermächtnis" trägt, wurde nur auf seine Bitte hin verfasst , das seine Korrektur und Überarbeitung durchlief, wurde von ihm veröffentlicht. Sein Name wird immer in Ehren bleiben, da Milton ihm sein *Traktat über Bildung* gewidmet hat und weil er in diesem Traktat den Charakter von Herrn Hartlib liebevoll und mit warmen und satten Farben dargestellt hat. [31]

Dr. JOHN BEALE , Autor des berühmten kleinen Traktats „Herefordshire Orchards, ein Muster für ganz England". *London* 1657, 12 Monate; 1724, 8vo. Er richtet dies an Herrn Hartlib und beginnt damit: „Ihre fleißigen Bemühungen zum Wohle aller Menschen und insbesondere zum Wohl dieser Nation haben die dankbare Anerkennung aller guten Männer und meiner selbst verdient." Besonderes; dafür habe ich in meiner ländlichen Zurückgezogenheit einen gewissen Gewinn und sehr unschuldige und erfrischende Freuden bei der Lektüre dieser Abhandlungen erhalten, die durch Ihre fleißige Hand der Öffentlichkeit zugänglich gemacht werden." Er schließt es liebevoll ab: „Ich weise Sie kurz darauf hin, welche Wertschätzung wir Ihrer Arbeit wirklich schulden. Ich bitte den Herrn, sich an Ihren Fleiß am großen Tag seines Erscheinens in Herrlichkeit zu erinnern. Ihr herzlicher Gratulant." In Bd. Sechs der Werke des ehrenwerten Robert Boyle sind viele Briefe von Dr. Beale. Das Datum vom 26. Oktober zeigt deutlich seine Verbundenheit mit den Früchten von Herefordshire oder was auch immer dieser Grafschaft zugute kommen könnte. Herr Boyle sagt über ihn: „Es gibt keinen Menschen im Leben, weder auf dieser ganzen Insel noch auf den Kontinenten jenseits der Meere, der universeller nützlich sein könnte, um allen Gutes zu tun." Und Herr Gough dokumentiert in seiner Topographie die Vorteile, die er dieser Grafschaft verschaffte. Ein solches Zeugnis wie das obige von einem Mann wie Mr. Boyle ist in der Tat ehrenhaft. Der gelehrte Boerhaave erzählt uns, wer Mr. Boyle war: „Boyle, die Zierde seiner Zeit und seines Landes, trat die Nachfolge des Genies und der Forschungen des großen Verulam an. Welche von Boyles Schriften soll ich empfehlen? Alle. Ihm haben wir etwas zu verdanken." die Geheimnisse des Feuers, der Luft, des Wassers, der Tiere, der Pflanzen und der Fossilien, damit aus seinen Werken das gesamte System des Naturwissens abgeleitet werden kann. Seine Wohltätigkeitsorganisationen beliefen sich auf 1000 Pfund. jährlich. Dr. Beale lebte hauptsächlich in Hereford (1660), als er zum Rektor von Yeovil, Somersetshire, ernannt wurde, wo er 1683 im Alter von achtzig Jahren starb. Seine anderen Werke sind in Mr. Loudons Encyclopædia of Gardening aufgeführt. Mr. Evelyn fügt in seinem größten Werk (seiner Sylva) Dr. Beales Werbung für Cyder hinzu.

William Brome, ein Hauptor der Christ Church, gebürtig aus Herefordshire, und der später im Ruhestand in Ewithington in dieser Grafschaft lebte, „fasste den Plan (sagt der verstorbene Mr. Dunster in seiner Ausgabe von Phillips' Cyder), das Provincial zu schreiben Geschichte seines Heimatlandes, ein Werk, für das er nicht nur aufgrund seiner großen und allgemeinen Gelehrsamkeit hervorragend geeignet war, sondern vor allem als ausgezeichneter Naturforscher und Altertumsforscher. Nachdem er beträchtliche Fortschritte gemacht hatte, gab er seinen Entwurf auf, und das ist so noch mehr zu beklagen, zerstörte er die wertvollen Materialien, die er gesammelt hatte. Ich führe dies lediglich ein, um darauf hinzuweisen, dass von Mr. Brome aller Wahrscheinlichkeit nach viele Informationen über Dr. Beale gesammelt werden konnten. Wir müssen bedauern, dass Zeit und Sterblichkeit nun jede verblassende Spur der zeitgenössischen Erinnerung an einen Mann ausgelöscht haben, der zu seiner Zeit so hoch geschätzt wurde. [32]

ROBERT SHARROCK , Erzdiakon von Winchester und Rektor von Bishop's Waltham und Horewood. Wood sagt in seinen Athenen: „Er galt als gebildet in der Göttlichkeit, im Zivil- und Gewohnheitsrecht und sehr gut informiert über Gemüse und alles, was damit zusammenhängt. Er veröffentlichte die Geschichte der Vermehrung und Verbesserung von Gemüse im Wettbewerb von Kunst und Natur. *Oxford* , 1660, 8 Bände, und 1672, 8 Bände: Ein Bericht darüber, welches Buch Sie im Phil. Trans. Nr. 84, Seite 5002 finden können. Er veröffentlichte auch Improvements to the Art of Gardening; oder eine genaue Abhandlung über Pflanzen. *London* , 1694; Folio. Dies muss ein posthumes Werk gewesen sein, da er 1684 starb.

---- ILIFFE , 1670, veröffentlicht in 12 Monaten. Der komplette Weinberg.

JOHN REA , der Autor von „Flora, Ceres und Pomona". Es wird durch ein von D. Loggan gestochenes Frontispiz bereichert. Er widmet das obige Folio im Jahr 1665 Lord Gerard aus Gerards Bromley. Seine Lordschaft war offenbar zu dieser Zeit entschlossen, das edle Herrenhaus zu errichten, von dem Plot uns ein Bild gegeben hat; und Rea zählt in diesem Folio die Pflanzen, Früchte und Blumen auf, mit denen dieser damals geplante Garten seiner Meinung nach ausgestattet werden sollte; und ein kleines Stück, oder ein Stück oder Grundstück, von dem einst prächtigsten Garten, den uns Plot schenkt. „Obwohl' (sagt Rea) sich unser Land nicht mit der Güte dieses wunderschönen Planeten rühmen kann, der seine Früchte in Italien, Frankreich und Spanien hervorbringt; doch wenn wir über gute Spaziergänge, gut gepflasterte Spaziergänge und die Auswahl geeigneter Arten nachdenken, können wir das in Hülle und Fülle tun." Nehmen Sie am Vergnügen teil und genießen Sie jedes Jahr den Nutzen vieler köstlicher Früchte: ebenso wie die Bewunderung und Freude an der unendlichen Vielfalt eleganter Formen, verschiedener Farben und zahlreicher Arten edler Pflanzen und wunderschöner Blumen, von denen einige bisher von uns behandelt wurden eine berühmte Person Ihres Namens; aber seit seiner Zeit hat die Natur viele neue Sorten entdeckt, von denen man nicht weiß, dass sie sich seit Ewigkeiten bilden, wie ich hoffe, dass sie bald in Ihren eigenen Sammlungen auftauchen und Ihren weitläufigen Garten prachtvoll schmücken, dem ich wünschte, dass er sowohl in... Mode und Möbel, mit der edlen Struktur, zu der es gehört. Nehmen Sie dann, mein verehrter Herr, dieses bescheidene Opfer an, das möglicherweise noch leben wird, um Ihnen zu dienen, wenn ich Staub und Asche bin und gemäß meinem höchsten Ehrgeiz so bleibe ein Zeugnis meiner aufrichtigen Dankbarkeit für die vielen Gefälligkeiten, die ich von Ihrer verehrten Dame und der edlen Familie, aus der sie stammt, erhalten habe. Ich sollte hier meine Gebete für die Bewahrung Ihrer Ehre hinzufügen, wenn ich sie nicht für mein Morgenopfer reserviert hätte, das täglich von ihm, Ihrem bescheidensten und hingebungsvollsten Diener, John Rea, den unsterblichen Gottheiten dargebracht wird." Er wendet sich auch an a langes Gedicht an Lady Gerard, in dem Flora sie zu einem Spaziergang in diesem Garten einlädt, in dem er ihre „strahlende Schönheit" feiert.

Der selbstgeliebte *Narziss* , wenn er
auf deine schönen Augen blickt, wird den Bach verlassen, und unvertäuscht
wird er bald bereuen. Er hat nie jemanden außer dir geliebt. Wenn du dich
der *Hyazinthe* zuwendest,
lächelt er und vergisst ganz zu trauern. Der verliebte *Heliotrop* wird es tun
Lauf
zu deinen hellen Sternen und verlasse die Sonne. Unsere *Lilien* hier machen
keinen Eindruck,
sie wachsen weißer an deiner Brust,
und *Veilchen* erscheinen nur als Flecken,
verglichen mit deinen blaueren Adern.

Frisch erblühte Knospen, alle Düfte hervorragend.
Wenn Sie vorbeigehen, laden Sie zum Riechen ein.

Merke, wie die prächtigen *Tulpen* in verschiedenen Gewändern aufsteigen ,
um deine Augen zu fesseln, und wie die Schönsten und alle anderen
streben, die auf deiner Brust triumphieren werden.

So übertreffen Ihre reiche Schönheit und Ihre seltenen Teile
alle Blumen und übertreffen alle Künste. Lebe dann, süße Dame, um das
Vermögen und den Geist deines Vaters, das Gesicht und den tugendhaften
Geist deiner Mutter zu erben. [33]

In diesem langen Gedicht übertrifft die Wärme von John Rea die der romantischsten Liebenden bei weitem. Einer der Letzteren bemerkt nur, dass die Blumen den Schritt des Fußes seiner Schönen umschmeichelten; dass der Himmel in ihrer Gegenwart schöner wurde und dass die Atmosphäre von ihren Augen neuen Glanz erhielt. Reas Leidenschaft scheint noch wärmer zu sein. In seiner Ansprache an den Leser sagt er: „Ich habe meine Zuneigung zu dieser ehrlichen Freizeitbeschäftigung beibehalten, ohne Begleiter oder Ermutigung; und jetzt, in meinem hohen Alter (müde und von anderen Freuden entwöhnt), fühle ich mich in dieser zurückgezogenen Einsamkeit glücklicher. als in all der Hektik und geschäftigen Arbeit meiner vergangenen Tage. Er schließt sein Buch damit ab:

– das ist alles, wonach ich mich sehne:
Eine sanfte Hand mit Blumen streut mein Grab, und mit einem
Lorbeerzweig freunde ich mich an, wenn mein Leben, wie jetzt mein Buch,
zu Ende geht.

Laus Deo.

Rea gibt uns auch ein weiteres sehr langes Gedicht, nämlich „Flora to the Ladies", das er wie folgt abschließt:

Still wie die Blumen mögen deine Tugenden wachsen, bis die reißende Zeit
dich fit zum Blasen macht, dann lange gedeihen und
zahlreiche Nachkommen deiner zierlichen Art
säen ;
Und wenn das Schicksal ruft, haben Sie nichts zu bereuen, sondern sterben
Sie wie Blumen, tugendhaft und unschuldig. Dann werden alle Ihre
Mitblumen, sowohl schön als auch süß, mit Tränen kommen, um Ihr
Wickeltuch zu schmücken. Hängen Sie sie nieder Nachdenkliche Köpfe
sind so betaut und sehnen sich danach, in dein parfümiertes Grab
verpflanzt zu werden.

Diese Liebesgedichte scheinen alle in seinem hohen Alter geschrieben worden zu sein; und diese Leidenschaft veranlasst ihn, sein erstes Buch so zu öffnen: „Die Liebe war das Inventar jeder edlen Wissenschaft und ist es noch immer. Sie ist hauptsächlich das, was meine Blumen und Bäume zum Blühen gebracht hat, obwohl sie in einer kargen Wüste gepflanzt wurden." , und hat mich zu dem Wissen geführt, das ich jetzt über Pflanzen und Pflanzen habe; denn in der Tat ist es für einen Menschen unmöglich, eine beträchtliche Sammlung von Pflanzen zu haben, um zu gedeihen, es sei denn, er liebt sie: weder wegen der Güte des Bodens noch wegen des Vorteils Sie werden es ohne die Zuneigung des Herrn tun; es ist das, was sie stark und kraftvoll macht; ohne das werden sie durch Vernachlässigung schmachten und verfallen und bald aufhören, ihm zu dienen. Ich habe viele Gärten des neuen Modells gesehen , in den Händen ungeschickter Personen, mit guten Mauern,

Wegen und Rasenflächen; aber in den wesentlichsten Verzierungen so mangelhaft, dass eine grüne Wiese ein entzückenderer Gegenstand ist; dort breitet die Natur allein, ohne die Hilfe der Kunst, ihr Grün aus Teppiche, spontan bestickt mit vielen hübschen Pflanzen und angenehmen Blumen, weitaus einladender als solch ein eingemauertes Nichts. Und als edle Brunnen, Grotten, Statuen usw. sind ausgezeichnete Verzierungen und Zeichen der Pracht, daher sind alle derartigen toten Werke in Gärten, schlecht gemacht, kaum besser als Blockaden im Weg, um den Anblick abzufangen, aber keineswegs, um den Verstand zu befriedigen. Eine erlesene Sammlung lebender Schönheiten, seltener Pflanzen, Blumen und Früchte sind in der Tat der Reichtum, die Herrlichkeit und die Freude eines Gartens." Er scheint in Tulpen verliebt zu sein. Er beschreibt nicht weniger als einhundertneunzig verschiedene Sorten. Er nennt sie „ Die erlesensten Juwelen der Flora und die prächtigsten Ornamente der besten Gärten. Ihre Seltenheit und Exzellenz ist so groß, und die Vielfalt ist so zahlreich, dass es unmöglich ist, dass irgendein Mensch auf der Welt in der Lage sein sollte, die Hälfte davon auszudrücken oder zu verstehen, wobei auch jeder neue Frühling viele neue, noch nie zuvor beobachtete Vielfalten entdeckt entstehen aus den Samen einiger ausgewählter Arten, durch die Veränderung von Offsets oder durch die geschäftige und geheime Einwirkung der Natur auf verschiedene Eigenfarben, in verschiedenen Böden und Situationen, zusammen mit der Hilfe der Kunst." [34] Sagt Switzer „Die praktische und schlichte Art und Weise, wie er seine Gebote dargelegt hat, ist bewundernswert." Es gibt eine zweite Ausgabe der Flora *mit Ergänzungen* . Welche das sind, weiß ich nicht; es sei denn, es handelt sich um Teilstücke von Parterres, die weggelassen wurden in der Erstausgabe. Es gibt eine Ausgabe im Jahr 1696.

JOHN WORLIDGE veröffentlichte 1668 sein Systema Agriculturæ im Folioformat; zweite Auflage 1675, Folio: vierte Auflage 1687, Folio. Eine Oktavausgabe von 1716 mit dem englischen Titel „A Complete System of Husbandry and Gardening, or the Gentleman's Companion in the Business and Pleasures of a Country Life". Im Vorwort dazu und in allen seinen Werken lässt sich seine Vorliebe für Gärten nachzeichnen. Die große Vielfalt der in diesem Buch behandelten ländlichen Themen ist im Index oder in der vollständigen Analyse ersichtlich. In seinem zweiten Abschnitt „Von den Gewinnen und Freuden der Obstbäume" fordert er nachdrücklich die Anpflanzung von Weinbergen.

Sein Systema Horticulturæ oder die Kunst des Gartenbaus wurde 1677, 8 Bände, veröffentlicht; eine dritte Auflage 1688; eine vierte Auflage 1719.

Vinetum Britannicum oder eine Abhandlung über Cyder und andere aus Früchten gewonnene Weine und Getränke; dazu kommt eine Abhandlung über Bienen; 8vo., *zweiter Druck, stark vergrößert* , 1678. Darin schildert er die

Freuden eines Gartens: „Die Übungen des Pflanzens, Pfropfens, Beschneidens und Gehens in ihnen tragen sehr zur Gesundheit bei, ebenso wie die wohltuende Luft, die man findet." in ihnen, die nachweislich nicht nur mehrere in unserer Natur auftretende Staupe heilen, sondern auch dazu beitragen, das Leben zu verlängern. Denn nichts kann mehr zu Gesundheit und langem Leben beitragen als ein ruhiger, ruhiger Geist, begleitet von diesen ländlichen Freuden , eine gesunde Luft und mäßige Bewegung, die man hier zu jeder Jahreszeit finden kann."

Er veröffentlichte auch The Second Parts of Systema Agriculturæ, 8vo. 1689.

Der zweite Teil von Vinetum Britannicum, 8vo. 1689. Dies ist normalerweise mit dem oben Gesagten verbunden.

Seine Verbundenheit mit allem, was das Leben auf dem Land betrifft, spiegelt sich auf den meisten seiner Seiten wider. Nehmen Sie die folgenden Exemplare als Muster:

In seiner Beschreibung des Monats *April* sagt er: „In diesem Monat erscheint Ihr Garten in seiner größten Schönheit, die Blüten der Obstbäume verkünden die Fülle an Früchten für alle folgenden Sommermonate, sofern sie nicht durch vorzeitigen Frost oder Seuchen verhindert werden." Die Bienen summen jetzt in jeder Ecke Ihres Gartens auf der Suche nach Nahrung; die Vögel singen in jedem Busch, und die süße Nachtigall stimmt ihre trillernden Töne auf Ihren einsamen Spaziergängen an, während die anderen Vögel ruhen. Die Tiere des Waldes schauen hinaus in die Ebenen, und die Fische der Tiefe vergnügen sich in den seichten Gewässern. Die Luft ist gesund und die Erde angenehm, sie fängt jetzt an, sich in die beste Pracht der Natur zu hüllen, die alle Pracht der Kunst übertrifft. Dies ist die Zeit, die das weckt Der Verstand mehrerer Nationen beweist, dass ihr eigenes Land der *Garten Eden oder das irdische Paradies* gewesen ist , obwohl es auch das ganze Jahr über erscheint. Falls ungewöhnliches Wetter dies nicht verhindert, lockt jetzt die Angenehmheit und Gesundheit der Luft den Klang zum Klang an freien Genuss davon, anstatt die Freuden des *Bacchus* in einer verrauchten Ecke zu genießen. In seinem Monat *Mai* sagt er: „Wer sich nicht an der Physik erfreut, der übe sich jetzt im *Garten* und nimm den Duft der Erde mit der aufgehenden Sonne wahr, denn für den tugendhaft Gesinnten gibt es nichts Angenehmeres." ; denn jetzt ist die Natur selbst voller Fröhlichkeit und die Sinne voller Freuden und einer Vielfalt von Freuden." Sein Monat *Juli* empfiehlt sich daher: „Grotten und schattige Haine eignen sich besser zum Entspannen als an der frischen Luft, es sei denn, es ist spät am Abend oder früh am Morgen, sodass man sich Zeit für ein Nickerchen danach leisten kann." NEIN."

In seinem Syst. Hort. Er bemerkt: „Ein schöner Bach oder eine Strömung, die durch oder in der Nähe Ihres *Gartens* fließt, trägt viel zu seinem Glanz und Vergnügen bei: An seinen Ufern können Sie mehrere Aquatic-Exoticks anpflanzen und Ihre Sitz- oder Ruheplätze unter ihrem Schirm haben.", und genießen Sie dort den Anblick der sich windenden Bäche und ihrer flinken Bewohner. Diese gleitenden Bäche kühlen die Luft an einem Sommerabend und machen ihre Ufer so angenehm, dass sie durch das Murmeln zu unwiderstehlichen Reizen für Ihre Sinne werden. die Wellen des Wassers, die grünen Ufer und die Schatten darüber, die Sportfische, die in Ihren eigenen Grenzen gefangen sind, die schönen Schwäne; und durch die angenehmen Töne singender Vögel, die sich an den Ufern solcher Bäche erfreuen." [35]

Und in seinem Vorwort zu diesem letzten Werk sagt er: „Mein Hauptziel besteht nicht nur darin, diejenigen zu erregen oder zu beleben, die schöne Ländereien und angenehme Sitze auf dem Land haben, um sie zu schmücken und zu verschönern, sondern auch darin, den ehrlichen und schlichten Landsmann zu ermutigen." bei der Verbesserung seiner Stadt, indem er die Grenzen und Begrenzungen seiner *Gärten* sowie seiner *Obstgärten vergrößerte* , um so üppige Pflanzen zu vermehren, die für ihn und seine Nachbarn nützlich und vorteilhaft sein könnten.

FRANCIS DROPE , BD, der in Oxford starb und dessen Vater Vikar von Cumner in Berkshire war. Wood sagt in seinen Athenen: „Er hat über ein Thema geschrieben, das ihm große Freude bereitete und dem er viel Zeit widmete, das aber bis zu seinem Tod nicht veröffentlicht wurde: Ein kurzer und sicherer Leitfaden für die Praxis des Aufziehens und Ordnens." of Fruit Trees, *Oxford* , 1672, 12 Monate, ein umfangreicher und lobenswerter Bericht, den Sie im Phil. Trans. No. 86, S. 10, 49 sehen können.

MOSES COOKE , Gärtner des Earl of Essex, in Cashiobury, später Partner von Lucre, Field und London, im Brompton Park Nursery. Er schrieb „The Art of making Cyder", veröffentlicht in Mr. Evelyns Werken. Die Art und Weise, Waldbäume zu züchten, 4to. 1696. Andere Ausgaben in 8vo. in den Jahren 1717, 1724 und 1770. Herr Evelyn (über Cashiobury) sagt: „Die Gärten sind sehr selten und können nicht anders sein, da sie von einem so geschickten Künstler wie Cooke verwaltet werden." Moses Cooke sagt in seinem Vorwort zu Recht: „Pflanzen und Gärtnern tragen viel zur Gesundheit und Zufriedenheit des Menschen bei; und auf diese beiden Juwelen würde kein Mensch, der sich selbst gut versteht, gerne verzichten; denn sie sind nicht nur für eine bestimmte Zeit festgelegt." Wahrheit von vielen Weisen, aber durch Erfahrung bestätigt. Der gelehrte Lord Bacon empfiehlt, dass das Pflügen in frischem Boden sehr gesund für den Menschen sei; mehr noch aber das Graben in Gärten. Auf seinen Seiten sind hier und da einige der „schönen, stattlichen Bäume verzeichnet, die in den Wäldern von Cashiobury wachsen". Cooke hielt sich leider für einen Dichter; aber Dankbarkeit gegenüber seinem edlen Herrn und Loyalität gegenüber seinem König scheinen die Motive seiner Inspiration gewesen zu sein. „Eines

Nachts (dachte ich), als ich einen der Lindenwege meines Herrn hinaufging, hörte ich die dankbaren Bäume, die seiner Lordschaft ihren Dank zollten: –

Wie Pyramiden werden wir unsere stattlichen Spitzen erheben,
um den Lobpreis unseres edlen Wohltäters zu singen. Frisch werden wir bis in die Ewigkeit zeigen, was der edle Essex uns geschenkt hat: Denn wir haben ihm unser ganzes Wesen zu verdanken, sonst wären wir längst in die Knie gegangen von einem Vogel oder im Bauch eines Tieres gefunden, oder wir starben vernachlässigt auf der Erde. An ihm haben wir uns gehalten, mit Mist und Spaten, wofür wir ihn mit unserem Schatten belohnen werden. Und da seine Güte uns beschnitten sah Nun gut, wir werden ihn mit unserem wohlriechenden Duft bitten. Im Winter (wie in Dankbarkeit) werden wir unsere bescheidenen Blätter unter seine Füße streuen. Nein, in jedem Baum, jeder Wurzel, jedem Stamm und jedem Ast werden alle stolz sein, ihm zu dienen und seine Nachkommenschaft."

Und so beruft er sich auf die stattliche Eiche, nachdem er viele der reichen Güter aufgezählt hat, die dieser Baum durch unsere Themse trägt: –

Aus feiner Seide und Satin, um den Rücken zu bekleiden;
Von Weinen, italienischem, französischem und spanischem Sack.

Es war die treue Eiche, die unseren König bewahrte, damit wir
dann Lektionen wahrer Loyalität lernen könnten.

Als Sir Francis Drake in den Salzmeeren steuerte,
sagte er, er segelte eines Tages im zehnten Jahr in Eichenholz. Seine Eiche, die der Erdball vermaß, führte ihn durch Gefahren zu Ehre, Gewinn und Vergnügen. Kein Holz wie Eiche, die auf dem Boden wächst, um unser Haus und unsere Schiffe lange und gesund zu halten;
Keine Eiche wie unsere: Durch die Liebe zur Eiche lasst uns dann wahre Untertanen und richtige Engländer erscheinen.

ANTHONY LAWRENCE veröffentlicht in 4to. 1677: Baumschulen, Obstgärten, profitable Gärten und Weinberge werden gefördert.

JOHN READ , „einer der frühesten schottischen Gartenautoren." Er schrieb „The Scotch Gardener", 1683, 4to. Eine Edinburgh-Ausgabe in 8vo. 1766; Hinzu kommt eine kurze Abhandlung über Waldbäume des Earl of Haddington.

J. GIBSON , der einen kurzen Bericht über mehrere Gärten in der Nähe von London aus dem Jahr 1681 in Bd. xii der Archæologia.

T. LANGFORD schrieb einfache und vollständige Anweisungen zur Aufzucht aller Arten von Obstbäumen, die in England gedeihen; mit Anweisungen zur Herstellung von Likören aus allen Arten von Früchten; 8vo. 1681. Der zweiten Ausgabe von 1696 ist ein sehr schöner Brief von Herrn Evelyn vorangestellt, in dem er sagt: „Da ich nichts weiß, was darüber hinausgeht, weiß ich auch nichts, was hinzugefügt werden muss." " Auch,

Der praktische Pflanzer für Obstbäume; 8vo. 1681. Auch Systemæ Agriculturæ, das das Geheimnis der Tierhaltung entdeckt; Folio, 1681.

LEONARD MEAGERS Porträt nicht unbedingt entdecken, wenn er seinen Lesern sagt, dass sie „bei Sonnen- oder Mondfinsternis oder an diesem Tag weder säen, pflanzen noch pfropfen oder sich in irgendetwas einmischen sollen, das mit der Gartenarbeit zu tun hat". , noch wenn der Mond von einem der unglücklichen Planeten, nämlich Mars oder Saturn, betroffen ist. [36] Sein englischer Gardner, in 4to. mit Kürzungen, erschien 1683; die neunte Auflage erschien 1699, 4to.; es enthält mehrere deutlich spitze Knotenplatten oder Parterres.

Meager veröffentlichte auch The New Art of Gardening mit dem Gardener's Almanack; 8vo. 1697; Und

Das Geheimnis der Tierhaltung; 12 Monate. 1699.

Die vielen Ausgaben, die aus Meagers englischem Gardner-Buch hervorgingen, belegen hinreichend die Wertschätzung, die sein Buch genoss.

GEORGE LONDON und HENRY WISE , die zu ihrer Zeit so bedeutend waren, dass, wie ein Zeitgenosse sagt: „Wenn der Bestand ihrer Baumschulen im Brompton Park mit einem Penny pro Pflanze bewertet würde, würde der Betrag 40.000 Pfund übersteigen." Mr. Evelyn erklärt: damit wir die obige Baumschule über den größten Werken dieser Art platzieren können, die wir je gesehen oder gehört haben, sei es in Büchern oder auf Reisen." Herr Evelyn nennt es wiederum „diese riesige, umfangreiche Sammlung, die ich kürzlich im Brompton Park gesehen und gut betrachtet habe; der bloße Anblick davon vermittelt eine Vorstellung von etwas, das größer ist, als ich gut ausdrücken kann. Man braucht." nichts anderes als einen Spaziergang zum Brompton Park (an einem schönen Morgen) zu machen, um zu sehen und zu bewundern, was für eine Zeitschrift diese fleißigen Männer geschaffen haben." Der Schiedsrichter. John Laurence bezeugt in seinem Buch „Clergyman's Recreation" bereitwillig ihre Fähigkeiten, Integrität und ihren Ruf, „so gut etabliert unter dem Adel und dem Adel."

Mr. Londons dankbarer Lehrling Switzer schreibt sie daher liebevoll und eifrig in seiner Geschichte des Gartenbaus nieder, die seiner Iconologia vorangestellt ist: „Aber nun schauen wir uns den Adel und den Adel an, die zu dieser Zeit überall damit beschäftigt waren, etwas anzufertigen und zu schmücken." ihre Gärten und Plantagen. Die Geschichte des Gartenbaus in seinen verschiedenen Einzelheiten dieser Regierungszeit aufzuzählen und niederzulegen, würde einen eigenen Band erfordern, wird aber zum größten Teil in der Person und dem Charakter von George London, Esq . Superintendent , zusammengefasst der Gärten Ihrer Majestäten und Generaldirektor der meisten Gärten und Plantagen Großbritanniens. Ich bin nicht gut genug informiert, und es ist auch nicht wesentlich, dass ich auf die Geburt und Ausbildung dieses bedeutenden Gärtners, seinen Fleiß und seine Naturteile zurückkommen sollte Bald und ausreichend empfahl er ihn dem Adel und dem Adel, dass er *von allen umworben und geliebkost wurde* ; so wahr ist es, *dass die Gaben der Natur viel wertvoller sind als die der ursprünglichen Geburt und des Glücks oder sogar der Gelehrsamkeit selbst* . Und zur ewigen Ehre des gegenwärtigen Zeitalters sei gesagt, dass Tugend, lobenswerter Fleiß und Kunst nie mehr gefördert wurden, wofür die Person, von der wir hier sprechen, ein unbestreitbares Beispiel ist. Ich werde mich daher damit begnügen, ihn unter der Obhut und Anleitung von Herrn *Rose* zu finden (dessen Charakter bereits gezeichnet wurde). Die frühen und energischen Auftritte, die er im Geschäftsleben machte, wurden bald von seinem Herrn entdeckt, der keine Mühen scheute und ihn auch nicht an Freiheiten hinderte, durch die er sich verbessern konnte. Nachdem er etwa vier oder fünf Jahre bei ihm gewesen war, schickte er ihn (wenn ich recht informiert bin) nach Frankreich, dem damals größten Bildungszentrum der Welt, insbesondere in Bezug auf die Besorgungen, die er erledigte. Bald nach seiner Rückkehr wurde er dem oben erwähnten Dienst des Bischofs von London vorgezogen; und ein paar Jahre später beteiligte er sich (mit seinen Mitarbeitern) an dem großen Unternehmen von Brompton Park; und nach der Revolution wurde er zum Superintendenten aller Gärten ihrer Majestäten ernannt, für die er 200 Pfund hatte. ein Jahr und eine Page of the Back Stairs to Queen Mary. Da Mr. London und Mr. Wise gemeinsame Partner waren und somit sozusagen beide die königliche Gunst und die Geldbeutel des Königs, der Königin und des Adels besaßen, ließen sie nichts unversucht, ihre Pläne fortzusetzen. Bald nach dem Frieden von Reswyck unternahm Herr London eine weitere Reise nach Frankreich, zusammen mit dem Ehrenwerten Grafen von Portland, der von König William, dem außerordentlichen Botschafter bei dieser Gelegenheit, entsandt worden war; und dann machte er jene Beobachtungen über die Obstgärten von Versailles, die im Vorwort zu ihrer Kurzfassung veröffentlicht werden. Nach dem Tod der Königin und nur wenige Jahre nach ihrem Tod übertrug ihre königliche Nachfolgerin, Königin Anne frommer Erinnerung, die Pflege ihrer Gärten in erster Linie Herrn Wise, während Herr London immer noch seinen Geschäften im Land nachging . Vielleicht wird man es in Zukunft kaum noch glauben, dass diese eine Person tatsächlich ein- oder zweimal im Jahr die meisten Gärten der Adligen und Herren in England gesehen und Anweisungen gegeben hat. Und da es für ihn üblich war, an einem Tag fünfzig oder sechzig Meilen zurückzulegen, brauchte er für die Umrundung des Nordens fünf oder sechs Wochen und manchmal auch weniger; und sein Western in kürzester Zeit; Was den Süden und Osten betrifft, so waren sie für ihn nur drei oder vier Tage Arbeit; Meistens zweimal im Jahr besuchte er alle Landsitze, unterhielt sich mit Herren und förderte die Gartenarbeit in einem Umfang, der kaum zu beschreiben ist. In der Zwischenzeit erledigte sein Kollege die Angelegenheiten in der näheren Umgebung mit einer Geschicklichkeit und Sorgfalt, die seinem Charakter entsprachen; und in Wahrheit haben sie so viel von der Welt verdient, dass es nur eine allgemeine Gerechtigkeit ist, ihre Erinnerung an künftige Zeitalter weiterzugeben. Um genauer auf das Wissen einzugehen, über das Herr London in dieser Angelegenheit verfügen sollte: Die geringe Gelegenheit, die er hatte, eine Grundlage für Gelehrsamkeit zu legen, war zweifellos ein großes Hindernis für seinen Fortschritt in der damit verbundenen okkulten Philosophie in so vielen harten Worten; dies überwand er jedoch nur durch Fleiß; und was er in dem einen wollte, davon hatte er im anderen im Überfluss. Er beherrschte Obst hervorragend, was sein Meisterstück zu sein schien; Was andere Teile wie Grünpflanzen, Bäume, Blumen, Exoten und dergleichen betraf, verfügte er sicherlich über so viel Wissen wie jeder andere lebende Mensch; und obwohl er vielleicht nicht immer die höchste Stufe der Absicht erreichte, könnte dies doch auf die Eile zurückgeführt werden, in der er sich im Allgemeinen befand; und es kann kein großer Makel für seinen Charakter sein, dass er nicht in jeder Hinsicht der größte Mensch war, wenn es doch überraschend ist, dass er möglicherweise so viel wissen konnte; In der Tat eine so große Überraschung, dass wir kaum erwarten dürfen, dass ihm ebenbürtig ist, geschweige denn jemand, der ihn übertrifft. Das Pflanzen und Aufziehen aller Arten von Bäumen ist so sehr diesem Unterfangen zu verdanken, dass es für die Nachwelt schwierig sein wird, in einem dieser Königreiche einen Baum in die Hände zu bekommen, der nicht Teil ihrer Obhut war. Mr. London wurde aufgrund seiner großen Strapazen bei Hitze und Kälte, trotz natürlicher gesunder, kräftiger Konstitution, schließlich von einer Krankheit befallen, die ihn nach einigen Monaten Krankheit dahinraffte. Ich werde von ihm keine andere Notiz nehmen als die, die sich auf meine Absicht im Gartenbau bezieht, in der er ein lobenswertes Beispiel für alle hinterlassen hat, die die Ermutigung haben sollen, mitzumachen, und den Mut und die Kraft haben, das zu tun, was er getan hat. Er starb gegen Weihnachten im Jahr 1713.

Im Vorwort zu seiner Iconologia erwähnt er sie noch einmal: „Wäre ihre Muße ihrer Erfahrung gleichgekommen, hätte die Welt vernünftigerweise von ihnen das umfassendste System der Gartenarbeit erwarten können, das jemals ein Zeitalter und ein Land hervorgebracht hat. Ihnen haben wir etwas zu verdanken." Die meisten dieser wertvollen Gartenregeln sind heute in

Gebrauch, und ihre Erinnerung sollte an die Nachwelt mit der gleichen Sorgfalt weitergegeben werden wie die der größten und fleißigsten Philosophen und Helden, die durch ihre Schriften und Praktiken so viel von der Welt verdient haben ."

Er erwähnt noch einmal seinen alten Meister, Mr. London: „Kurz gesagt, er war die Person, die das Geschäft und Vergnügen von Küchen- und Obstgärten auf ein Niveau verfeinerte, das über das hinausging, was bis dahin jemals gesehen wurde, und über das, was man für möglich gehalten hätte. " ein Mann, den es je gab; und (bis zur Nachfolge zweier herausragender Persönlichkeiten in diesen Königreichen, die ihn weit überflügelt haben) hatte er in keinem Jahrhundert, über das uns die Geschichte berichtet, einen seinesgleichen gehabt.“

Switzer sagt über Dr. Compton, den Bischof von London: „Er war ein großer Ermutiger von Herrn London und unterstützte ihn wahrscheinlich sehr bei seinen großen Plänen. Dieser ehrwürdige Vater war einer der ersten, der die Einfuhr und Erziehung förderte.“ und die Zunahme exotischer Pflanzen, in denen er zu dieser Zeit der neugierigste Mann war oder vielleicht in jedem Zeitalter sein wird. Er hatte über tausend Arten exotischer Pflanzen in seinen Öfen und Gärten.

Ich glaube, es wurde kein Denkmal zum Gedenken an Herrn London errichtet, der zu seiner Zeit zu Recht berühmt und geschätzt war, von *allen umworben und geliebkost wurde* , und ich kann nicht einmal herausfinden, wo er geboren oder begraben wurde. Wenn man eine Ähnlichkeit mit ihm feststellen könnte, würde man hoffen, dass sein Bild oder seine Büste nicht die Kritik unseres edlen Dichters verdienen:

Was ist das Ende des Ruhms? Es geht nur darum,
einen gewissen Teil des unsicheren Papiers zu füllen;

Zu haben, wenn das Original Staub ist,
einen Namen, ein elendes *Bild* und noch schlimmer *eine Pleite* . [37]

Die beiden folgenden Werke wurden von ihnen veröffentlicht:

Der komplette Gärtner usw. von Mons. des Quintinye. Jetzt ausführlich gekürzt und sinnvoller genutzt; mit sehr erheblichen Verbesserungen. Von George London und Henry Wise. Dem vorangestellt ist „An Address to the Nobility and Gentry“ von J. Evelyn, Esq.; Folio, 1693; Oktav, 1699, 1717. Siebte Auflage im Jahr 1719. Vorangestellt ist eine merkwürdige Tafel mit einem Garten und auf Seite 22 zwei hübsche. Es gibt auch andere Schnitte. Herr Evelyn schrieb diese Ansprache absichtlich, um ihre „außergewöhnliche und seltene Industrie“ zu empfehlen. Und er schrieb auch die Vorrede zu dem Teil, der sich auf Obstbäume bezieht, wo er folgendermaßen ausbricht: „Lasst uns doch ein oder zwei Mal in einen gut angelegten und bepflanzten Garten gehen und sehen, was für eine überraschende Szene sich uns bietet." in der Frühlingsblüte, die ihre wohlriechenden und wohlriechenden Wellen mit ihren hinreißenden Süßigkeiten verströmt; die zarten Blüten, die seltsam emailliert sind; die vielfältig geformten Formen des grünen Blattwerks, die herumtanzen und die beladenen Zweige der erlesensten Früchte hervorheben; einige verbergen ihr Erröten Wangen; andere zeigen ihre Schönheit und umwerben sogar das Auge, um es zu bewundern; andere die Hand, um sie zu fassen, und alle von ihnen, um ihre köstlichen Brei zu kosten. Kann etwas entzückender sein, als ein großes Quadrat (in einem gütigen Aspekt) zu betrachten? behangen und geschmückt mit solch einer herrlichen Stickerei aus Girlanden und Früchten, die von den nachgiebigen Zweigen herabhängen, schwanger mit ihren Nachkommen und ihre Fülle und ihren Vorrat ausschütten, wie aus so vielen Amalthe-Hörnern? Einige mit dem lieblichsten Weiß und Rot getönt ; andere ein Azurin-Lila; andere waren mit einem Inkarnadin gestreift, wie über einem Gewebe aus pflanzlichem Gold. Farben einer Orientierung, die den Bleistift des erlesensten Künstlers verspotten; und mit der ihre natürliche Schönheit, ihr Duft, ihr Duft und ihr Geschmack mehr Sinne gleichzeitig befriedigt und unterhält, als irgendein sublunärer Gegenstand in der gesamten unbefleckten Natur sonst.

Ihr anderes Werk wurde daher in einer der ursprünglichen Nummern des Spectator angekündigt, der wöchentlich in kleinen Folio-Nummern herauskam, und ein Teil jeder Nummer wurde für Anzeigen verwendet. So wurde es im Text vom 5. Mai 1711 beworben: „Der pensionierte Gärtner. Bd. I. Eine Übersetzung von Le Jardinier Solitaire; oder Dialoge zwischen einem Gentleman und einem Gärtner: mit den Methoden des Herstellens, Ordnens und Verbesserns." ein Obst- und Küchengarten; zusammen mit der Art und Weise, Blumen, Pflanzen und Sträucher zu pflanzen und zu kultivieren, die für die Verzierung von Gärten erforderlich sind usw. Bd. II. enthält die Art und Weise, alle Arten von Blumen, Pflanzen und Sträuchern zu pflanzen und zu kultivieren , notwendig für die Verzierung von Gärten; darin wird die Kunst der Herstellung und Entsorgung von Parterres, Gartenlauben, Holzwerken, Bögen, Säulen und anderen Stücken und Fächern erklärt, die normalerweise in den schönsten Gärten von Landsitzen zu finden sind. Ganzheitlich Angereichert mit einer Vielzahl von Abbildungen, eine Übersetzung aus dem Sieur Louis Liger. Diesem Band ist eine Beschreibung und ein Plan des Gartens des Grafen Tallard in Nottingham beigefügt. Das Ganze wurde von George London und Henry Wise überarbeitet. Gedruckt für Jacob Tonson bei Shakspeare Kopf, gegenüber der Catherine-Street im Strand. In diesem Buch wird zunächst die Art und Weise des Anbaus der meisten Blumen dargelegt und im

Allgemeinen das beschrieben, was der Autor als *ihre Geschichte bezeichnet* . Ich werde nur die Geschichte einer Blume erzählen: „An einem Tag, als sie im Himmel Feiertage feierten, rief Flora alle Gottheiten zusammen, die über Gärten walten, und als sie sich trafen, wandte sie sich folgendermaßen an sie: „Du." , die immer die leuchtenden Zierden meines Hofes waren, habe ich jetzt zusammengerufen, um mich in einer Angelegenheit von großer Bedeutung zu beraten. Ich weiß, dass ich der Herrscher über alle Blumenarten bin; aber für die festere Errichtung meines Reiches, ich Ich überlege, sie zu einer Königin mit makellosem und makellosem Ruf zu wählen, werde aber nichts dergleichen ohne Ihren Rat und Ihre Hilfe tun.' Auf diese Worte antworteten alle anwesenden Gottheiten, nachdem sie zunächst den Hof mit Gemurmel erfüllt hatten, auf diese Weise: „Große Göttin, denke gerne ein wenig über die Feindseligkeiten nach, die eine solche Wahl unter den rivalisierenden Blumen hervorrufen könnte, sogar unter den Wertlosen." Thistle wird vorgeben, die Krone zu verdienen, und wenn sie abgelehnt wird, wird sie vielleicht parteiisch werden und Ihre friedliche Herrschaft stören.' „Deine Befürchtungen sind unbegründet", antwortete die Göttin. „Ich befürchte keine solche Konsequenz; mein Entschluss steht bereits fest; höre daher, was ich beschlossen habe: – In den tiefen Winkeln eines Waldes, wo früher die Eichen laut sprachen, und." ausgesprochene Orakel für Sterbliche, am Fuße eines kleinen Hügels befindet sich eine Grotte, deren Struktur ein Meisterwerk der Natur ist, dort verbrachte eine Waldnymphe ihre ruhigen Tage; sie war äußerst schön und bezauberte alle, die sie sahen; ihr Aussehen gehörte mir , und ihr Verhalten hatte etwas mehr als Menschliches; und tatsächlich war sie die Tochter einer Dryade und eines Waldgottes. Ihre Keuschheit und Hingabe kamen ihrer Schönheit gleich, sie war vollkommen dem Willen des Himmels ergeben und unternahm nie etwas ohne zuvor um unsere Hilfe gebeten zu haben; ihr Herz war rein und ihre Hände unbefleckt. Diese Nymphe ist tot, und meine Absicht ist es, aus ihren kostbaren Überresten eine Blume zu erwecken, um Königin der gesamten Blumenrasse zu werden. Die applaudierenden Götter bereiteten sich sofort darauf vor die Zeremonie; *Priapus* nahm eine ernste Miene an; *Vertumnus* belud sich mit Parfümen von ausgezeichnetem Duft; *Pomona* stapelte Kanister mit allen möglichen erlesensten Früchten; *Venus* wurde von einer Reihe von Lächeln und Anmut begleitet; *Vesta* versprach Wunder; und *Bacchus* versorgte Ströme voller Nektar und krönte riesige Kelche mit diesem göttlichen Likör. In dieser Equipage verließen sie ihre himmlischen Residenzen und begaben sich zur Grotte, wo sie den toten Körper der Nymphe auf einem weichen Rasenbett ausgestreckt sahen, wie sie sich ihr mit tiefer Ehrfurcht und Stille näherte, bereit, die heiligen Riten zu vollziehen; und Flora, die sich dreimal zu Boden verneigt hatte, hörte man, wie sie dieses Gebet sprach: „Allmächtiger Jupiter, großer Herrscher des Universums, übe deine Schöpfungskraft aus und lass aus dem toten

Leichnam dieser schönen Nymphe eine Pflanze entstehen und gebären."
nicht weniger schöne Blumen, Königin von allem zu sein, was du bereits
geschaffen hast.' Kaum hatte sie ein Ende gemacht, da erlebte sie eine
wundersame Veränderung! Die ausgestreckten Gliedmaßen der Nymphe
verwandelten sich in Zweige und ihr Haar in Blätter; ein Strauch wuchs auf,
geschmückt mit sprießenden Knospen, die sich gerade entfalteten und eine
duftende, zinnoberrote Blüte enthüllten; Ein plötzliches Licht erfüllte die
ganze Grotte, und die wohlgefällige Göttin hauchte dreimal auf das
Neugeborene, um es zum Leben zu erwecken und ihm eine duftende Seele
zu verleihen. Dann sah sie die Pflanzenkönigin mit aller Gnade geschmückt,
küsste sie dreimal und offenbarte, das allgemeine Schweigen brechend, ihre
heimliche Freude. „Kommt her", sagte sie, „auf meinen Befehl, oh ihr
Blumen, und erweist eurer Königin, der ROSE, eure dankbare Ehrerbietung,
denn das ist der Name, den ich ihr gebe." Dann nahm sie eine Krone in die
Hand, die eigens im Himmel angefertigt worden war, und setzte sie auf das
Haupt der neu geschaffenen Majestät. Um die Zeremonie zu
vervollständigen, sangen die anwesenden Götter fröhliche *Io Pæans*, inmitten
einer Symphonie aus Flöten, Harfen und allen anderen melodischen
Instrumenten, von denen die Luft widerhallte, während Flora und ihr helles
himmlisches Gefolge jubelnd in den Himmel aufstiegen." [38]

JOHN JAMES , der Le Blonds „Theorie und Praxis des Gartenbaus, in dem
alles ausführlich behandelt wird, was sich auf schöne Gärten, gemeinhin
Vergnügungsgärten genannt, bezieht", übersetzte, 4to. 1712.

M. STEVENSON veröffentlichte im kleinen 4to. 1661, ein Buch mit dem Titel
„Die zwölf Monate", eine Abhandlung über Landwirtschaft und
Gartenarbeit.

Der Schiedsrichter. HENRY STEVENSON aus East Retford veröffentlichte
„The Young Gardener's Director", 1716, 12 Monate. Er hat Herrn Evelyns
Rat gegeben, jeden Monat Salate zu essen. Es gibt einen sauberen Schnitt aus
Blumenzweigen und das Titelbild zeigt einen merkwürdigen alten Garten. Im
Vorwort sagt er: „Ganz zu schweigen vom Gewinn für eine Familie, nichts
trägt mehr zur Gesundheit eines Menschen bei, insbesondere wenn er ein
sesshaftes Leben führt. Wenn diese Beobachtungen und Experimente, die
ich bei der Gartenarbeit gemacht habe, für jeden von Nutzen sein werden."
Führe ihn zu einem Weg der Ablenkung, der seine Gesundheit erhält, und
veranlasse ihn vielleicht dazu, über die großen Werke der Schöpfung
nachzudenken, lass ihn den Schöpfer lobpreisen." Er veröffentlichte auch
„The Gentleman Gardener Instructed"; Achte Ausgabe, 12 Monate. 1769.

DAVID STEVENSON , 1746, veröffentlicht in 12 Monaten. Der Gentleman
Gardener unterrichtet. Ist das das gleiche Buch wie oben?

STEPHEN SWITZER , über dessen Privatgeschichte so wenig bekannt ist, dessen Werke jedoch zeigen, dass er ein ehrlicher, bescheidener, menschlicher, religiöser, äußerst fleißiger und genialer Mann war. Wir wissen nur, dass er einen Garten in Milbank und einen weiteren *in der Nähe von* Vauxhall hatte; und dass er, glaube ich, um 1745 starb. Er datiert seinen Brief über die Cythesis aus New Palace Yard auf das Jahr 1730. Er stammte aus *Hampshire* ; denn in seinem Fruit Gardener sagt er über Walnussbäume: „Die besten, die ich je gesehen habe, sind diejenigen, die auf Kreide wachsen. Solche sind diejenigen, die in der Nähe von *Ewell* , in der Nähe *von Epsom* und an vielen Orten in meiner Heimat Grafschaft *Hampshire wachsen.* " Vor ein paar Jahren gab es im Park, der der Ehrenwerten Lady *Russell* in *Stratton gehörte* , einen Baum, der einen Durchmesser von mindestens fünfzig Yards hatte. Ohne zu murren gibt er zu, dass sein Vermögen gering ist und dass er sich fleißig „den gemeinsten Arbeiten mit Sense, Spaten und Schubkarre" unterworfen hat. Er erlangte jedoch zu seiner Zeit eine herausragende Stellung und trug viel zur Schönheit und Pracht der Gärten vieler unserer führenden Adligen und Adligen bei. Er schrieb eine Geschichte der Kunst, die er so liebte, und daher verdient seine klassische Geschichte des Gartenbaus, die seiner Ichnographia Rustica vorangestellt ist, die Lektüre jedes jeden, der sich mit Gärten beschäftigt; und malt in kräftigen Farben seine eigene Hingabe an diese Kunst; und was er so zu dem Schluss kommt: „Kurz gesagt, neben den unmittelbareren Pflichten der Religion liegt es in der Unschuld dieser Angestellten, die so handeln, so pflanzen, sich kleiden und sich beschäftigen, dass alle weisen und intelligenten Menschen gefunden werden.", wenn der Tod, der König des Schreckens, ihre Augen schließt und sie selbst gezwungen sind, diesen und allen anderen sublunären Freuden einen ewigen Abschied zu sagen;" und wer so die atmende süße und duftende Luft der Gärten liebte, drückt seinen eigenen (vielleicht erlöschenden) Wunsch in den Zeilen von Cowley aus:

Süße Farbtöne, lebe wohl! Hier lass meinen Staub bleiben,
bedeckt mit Blumen und frei von Lärm und Schmerz; lass immergrüne
Pflanzen das Rasengrab schmücken und rosafarbenen Tau (die Herrlichkeit
des Morgens) meinen Teppichboden; Dann lass meine Seele die
glücklicheren Szenen einer ewigen Glückseligkeit besitzen.

Er fragt: „Welche solide Freude gibt es nicht in der Gartenarbeit? Ihre Ausübung ist einfach, ruhig und so, dass sie weder den Körper noch den Geist in jene heftigen Aufregungen versetzt oder unmittelbare Gefahren hervorruft, die viele andere Übungen (an sich sehr gerechtfertigt) mit sich bringen) tun. Das Ziel davon ist Gesundheit, Frieden und Fülle und die glückliche Aussicht auf Glückseligkeiten, die dauerhafter sind als alles andere in diesen sublunären Regionen, und zu denen dies (neben den Pflichten der Religion) der sicherste Weg ist." Seine Verbundenheit zu einigen unserer eigenen Dichter und zu den klassischen Autoren der Antike wird auf vielen seiner Seiten deutlich; und seine fromme Geisteshaltung strahlt überall deutlich aus. Seine Anspielung auf Homer, in Bd. iii. Seite 7 zeigt hinreichend, wie leidenschaftlich dieser fleißige Diener, dieser Schubkarrenfahrer, die großen Schriftsteller der Antike erforscht haben muss, um ihre Verbundenheit zur ländlichen Natur und zu Gärten zu entdecken. Sein aufrichtiger und unterwürfiger Geist sagt so: „Wenn wir also eine größere Vollkommenheit als im Garten erreichen wollen, müssen wir diese mathematische Starrheit in unseren Gärten beseitigen und die Natur mehr nachahmen; wie das geht, wird der Wille sein." erscheinen in den folgenden Kapiteln, die, obwohl sie vielleicht nicht die vollkommensten sind, da neue Entwürfe selten sind, zumindest einige Nachmeister dazu anregen werden, Feder und Bleistift in die Hand zu nehmen und das, was hier so unvollkommen begonnen wurde, zu Ende zu bringen. und das ist mein Trost, dass ich niemanden beneiden werde, der es tut. Ich habe, Gott sei Dank, gelernt, jeden zu bewundern und nicht jeden zu beneiden, der mich übertrifft, und das wird, so hoffe ich, einen großen Beitrag zu meiner Entwicklung leisten leicht und glücklich unter dem Druck eines sehr knappen Vermögens und inmitten der Turbulenzen einer bösartigen Welt. Ich habe die Peitschenhiebe der Menschen zu sehr gekostet, als dass ich irgendetwas anderes als die Erfüllung meiner Pflicht mit großer Befriedigung empfinden könnte." [39] In seinem frommen und großartigen Essay über die Sonne sagt er: „Es ist bewundernswert, dass dieser Planet über so viele Zeitalter der Welt hinweg einen ununterbrochenen Lauf beibehält, den er in so vielen tausend sich drehenden Jahren beibehalten sollte." Dasselbe Licht, dieselbe Hitze und dieselbe Kraft, und jeden Morgen erneuern sie ihre gewohnte Fröhlichkeit und richten ihre liebevollen Strahlen auf diese trüben und düsteren Szenen der Melancholie und des Elends, und doch denken so wenige von uns zu Recht über ihre Macht nach oder sind dem Göttlichen dankbar Allmacht dafür. Der große Roscommon (nicht größer als gut) spricht mit göttlicher Entzückung davon und ermahnt die Menschheit, es zu bewundern, angesichts der Wohltaten und himmlischen Strahlen, die es der Welt entfaltet: —

Großes Auge von allen, dessen herrlicher Strahl
das helle Reich des Tages regiert. O lobe seinen Namen, ohne dessen
reineres Licht Du in einem Abgrund der Nacht verborgen gewesen wärst."[
40]

Switzer war (wie aus dem Vorwort zu seiner Iconologia hervorgeht) von den Geschäften und Vergnügungen des Landlebens so fasziniert, dass er alles, was er zu diesem Thema konnte, sammelte oder sammeln wollte, verstreut auf und ab, da sie in lockerer Unregelmäßigkeit lagen Papiere und Bücher; aber dieses Werk ist leider nie erschienen. Dass er dies gut gemacht hätte, lässt sich aus so vielen seiner Seiten erraten, auf denen die „ewige Dauer" der Werke Vergils oder die des „edlen und majestätischen" Milton aufgeführt ist:

Blumen, die des Paradieses würdig sind, die keine schöne Kunst
in Beeten und seltsamen Knoten sind, sondern die Natur in Fülle auf
Hügeln, Tälern und Ebenen ergoss.

Obwohl zu seiner Zeit schlichte Regelmäßigkeit und „wie ein Unterrock bestickte Parterres" in großer Mode waren, zeigen seine Seiten doch seine erweiterten Ansichten zu diesem Thema und die großartigen Ideen, die er entwickelt hatte, indem er sie mit ländlichen Einfriedungen umgab (wahrscheinlich von …). Er liest Mr. Addison), duftet nach Blüten und ist mit den üppigen Büscheln der Natur übersät. Nichts, sagt er, sei heutzutage so dringend nötig, um die Größe der britischen Nation zu vervollständigen, als edle und prächtige Gärten, Statuen und Wasserwerke; lange, ausgedehnte schattige Spaziergänge und Haine, und das angrenzende Land war offen und nicht durch hohe Mauern begrenzt. Die schönen Felder und Koppeln in all der Schönheit der Natur scheinen dann ein Teil davon zu sein und wirken, als wäre das angrenzende Land ein Garten. Mauern nehmen jedem Sitzplatz den ländlichen Aspekt; Holz, Wasser und dergleichen sind die edlen und prächtigen Dekorationen einer Landvilla. Switzer nennt Wasser den Geist und die bezauberndste Schönheit der Natur. Er ist so beeindruckt von „der Schönheit und Erhabenheit der Terrassenspaziergänge" und insbesondere von diesem wirklich großartigen und edlen Spaziergang, der dem Ehrenwerten Grafen von Nottingham in Burleigh-on-the-Hill gehört, dass „meiner Meinung nach … " Ich muss gestehen, dass dieser Entwurf in meinem Kopf eine Idee hervorruft, die größer ist, als ich gut ausdrücken kann. In seinem Kapitel „Woods and Groves" ermahnt er „eine besondere Rücksichtnahme auf große alte Eichen, Buchen und ähnliche Bäume; in diesem Fall würde man sein Haus lieber niederbrennen, als es abzuholzen, da es die Arbeit ist." so viele Jahre, ich könnte sagen Ewigkeiten, gebraucht, um sie zu züchten; diese alten Bäume, die unsere Vorfahren die ganze Zeit mit viel Sorgfalt bewahrt hatten. [41] In einigen der romantischen Verzierungen, die er inmitten eines Hains oder Gehölzes vorschlug, deutet er auf „kleine Gärten mit Höhlen, kleinen natürlichen Kaskaden und Wassergrotten, mit Sitzgelegenheiten und Lauben aus Geißblatt und Jasmin" hin , und kurz gesagt, mit allen Varianten, die Natur und Kunst bieten können." Er empfiehlt „kleine Spaziergänge und Pfade, die durch an die Gärten angrenzende Weiden führen, durch kleine Koppeln und Maisfelder, manchmal durch wildes Unterholz und Gärten und manchmal durch plätschernde Bäche und Bäche; Orte, die nicht durch *schöne Landschaften* abgesetzt sind." *Kunst* , sondern durch den Luxus der Natur." Und noch einmal: „Diese Heckenreihen, gemischt mit Primeln, Veilchen und so natürlichen süßen und angenehmen Blumen; die Spaziergänge, die so durch sie führen, werden genauso viel Vergnügen bereiten, ja sogar mehr, als der größte Spaziergang in der prächtigsten und schönsten Gegend." aufwendiger, schöner Garten." [42] Er schließt sein interessantes Kapitel über Wälder und Niederungen mit diesen Zeilen von Tickell ab:

Süße Einsamkeit! Wenn die fröhlichen Stunden des Lebens vorbei sind,
Wie auch immer wir uns bewegen, in dir fixieren wir endlich:
Durch stürmische Meere, die Reise vorbei,
Blass blicken wir zurück und segnen das freundliche Ufer. Unsere eigenen strengen Richter, unsere Vergangenheit Wir scannen das Leben und fragen, ob der Ruhm die Spanne vergrößert hat. Wenn die Aussicht hell ist, trotzen wir dem Grab, vertrauen auf zukünftige Zeitalter und sterben zufrieden.

Die folgenden scheinen seine Werke gewesen zu sein:

1. Die Erholung des Edelmanns, Gentlemans und Gärtners; oder eine Einführung in Gartenarbeit, Pflanzenbau, Landwirtschaft und die anderen Geschäfte und Freuden eines Landlebens. Von Stephen Switzer; 1715, 8vo. Eine weitere Ausgabe im Jahr 1717, 8vo. Im darauffolgenden Jahr wurde es mit folgendem Titel veröffentlicht:

2. Icknographia Rustica; oder die Erholung des Adligen, Gentleman und Gärtners: enthält Anweisungen für die allgemeine Aufteilung eines Landsitzes in ländliche und weitläufige Gärten, Parks, Koppeln usw.; und ein allgemeines Landwirtschaftssystem; illustriert durch eine große Auswahl an Kupferstichen aus erster Hand *nach den Zeichnungen des Autors* . Von Stephen Switzer, Gärtner: mehrere Jahre Diener von Mr. London und Mr. Wise. 3 Flüge. 8vo. 1718.

3. Eine umfassende Methode zum Anbau von italienischem Brokkoli, Kardonen, Knollensellerie und anderen ausländischen Küchengemüsen; sowie ein Bericht über Luzern, St. Foyne, Klee und andere Grassamen mit der Methode des Brennens von Ton; 8vo. 1729. Fünfte Auflage, 8vo. 1731, 1s. 6d. [43]

4. Eine Einführung in ein allgemeines System von Hydrostatiken und Hydrauliken, in dem die vorteilhaftesten Methoden zur Bewässerung von Adels- und Herrensitzen, Gebäuden, Gärten usw. beschrieben werden. sind festgelegt. Mit sechzig Kupferschnitten ländlicher und grotesker Designs für Stauseen, Katarakte, Kaskaden, Brunnen usw.; 2 Flüge. 4to. 1729. [44]

5. Eine Dissertation über den wahren Cythesus der Antike; 8vo. 1731; 1s. 6d. Eine klassische Produktion. Am Ende gibt er einen Katalog der Samen usw. von ihm im Flower-Pot *gegenüber dem Court of Common Pleas in Westminster verkauft; oder in seinem Garten in Millbank* . [45]

6. Country Gentleman's Companion oder Alte Viehhaltung wiederhergestellt und moderne Viehhaltung verbessert; 8vo. 1732, 1s. 6d.

7. Switzer war der Chefdirigent der Monthly Papers on Agriculture in 2 Bänden. 8vo., und er selbst entwarf die beiden Frontispiz. Wird in seinem Seed Shop *in Westminster Hall verkauft* .

8. Der praktische Obstgärtner; 8vo. Cuts, 1717. Andere Ausgaben, 8vo. 1724, 1731, überarbeitet und empfohlen vom Rev. Herr Lawrence und Herr Bradley mit ihren beiden Empfehlungsschreiben.

In dieser späteren Ausgabe von 1731 gibt es einige Ergänzungen. In einem seiner Schlusskapitel erwähnt er „meinen würdigen und genialen Freund, Sir James Thornhill". In diesem erfreulichen Band heißt es, nachdem er die Vorzüglichkeit der Früchte dargelegt hat: „Wenn Obstbäume keinen anderen Vorteil hätten, als sie anzusehen, wie *angenehm* wäre *das dann* ? Da es keinen blühenden Strauch gibt, der sich übertrifft, wenn er dem eines *Pfirsichs gleichkommt* , oder blühender *Apfelbaum* . Die zarten, emaillierten Blüten, das grüne Laub, mit solch einer herrlichen Stickerei aus Girlanden und Früchten, die ihren Duft bei jedem Windstoß verströmen und sich schließlich mit ihren beladenen Zweigen niederbeugen, bereit, ihre schwangeren Nachkommen in die Welt zu bringen Hände ihres fleißigen Pflanzers und Besitzers." [46]

JOHN TAVERNER veröffentlichte 1660 eine kleine Abhandlung mit dem Titel „The Making of Fish Ponds, Breeding Fish, and *Planting Fruits* ". Mehrmals gedruckt, sagt Wood in seinem Athenæ.

RICHARD BRADLEY. Die Encyclopædia of Gardening bezeichnet ihn als „einen beliebten Schriftsteller von sehr beachtlichem Talent und unermüdlichem Fleiß"; und lobt das interessante Wissen, das durch seine sehr zahlreichen Werke verbreitet wird, und gibt eine eindeutige Liste davon; so auch Herr Nicholls in seinem Leben als Bowyer; und Mr. Weston in seinen Tracts und Dr. Watts in seiner Bib. Britt. In Mr. Bradleys „New Improvements of Planting and Gardening" hat er das gesamte knappe Gebiet von Dr. Beale, die *Herefordshire Orchards* , *hinzugefügt* . Man könnte sich wünschen, sein Porträt zu erhalten, wäre es nur seine Feder, die den verführerischen Charme von Blumen so gut malt: „ *Primeln* und *Schlüsselblumen* können wegen ihres schönen Dufts an den Rändern von Rabatten und in der Nähe von Häusern gepflanzt werden." Ich empfehle, einige der gewöhnlichen Arten, die wild in den Wäldern wachsen, an einigen der ländlichsten Orte rund um das Haus zu pflanzen; denn ich denke, nichts kann entzückender sein, als eine große Anzahl dieser Blumen, begleitet von Veilchen, wachsen zu *sehen* unter den Hecken, Baumalleen und Wildniswerken. *Veilchen* verleihen der Luft neben ihrer Schönheit einen überaus köstlichen Duft." [47] Herr Bradley, so scheint es, aus dem Fruit Garden Kalendar des Rev. Herr Lawrence wohnte im Camden House,

Kensington. Jeder von ihnen schrieb 1717 in seinen Briefen: „Ihr liebster Freund." Mr. Lawrence bezeichnet ihn häufig als „den genialsten Mr. Bradley". Dr. Pulteney sagt, er „war der Autor von mehr als zwanzig separaten Veröffentlichungen, hauptsächlich über Gartenarbeit und Landwirtschaft, die zwischen 1716 und 1730 veröffentlicht wurden. Sein „New Improvement of Planting and Gardening, Both Philosophical and Practical", 8vo. 1717, erschien durch wiederholte Eindrücke; ebenso wie sein „Gentleman's and Gardener's Kalendar" (der der vierte Teil des vorhergehenden Buches war) sowohl im Inland als auch in Übersetzungen im Ausland. Sein „Philosophischer Bericht über die Werke der Natur", 4to. 1721, war ein beliebtes, lehrreiches und unterhaltsames Werk, das mehrere Jahre lang einen guten Ruf hatte. Das Gleiche gilt für seine „Allgemeine Abhandlung über Viehzucht und Gartenarbeit", 8 Bände, 2 Bde. 1726, und für seine „Praktischen Abhandlungen über die vier Elemente" . as they relation to the Growth of Plants", 8vo. 1727. Sein „ *Dictionarium Botanicum* ", 8vo. 1728, war meiner Meinung nach der erste Versuch dieser Art in England." Im Großen und Ganzen (sagt Dr. Pulteney) trugen Bradleys Schriften, die mit der wachsenden Vorliebe für Gartenarbeit, der Einführung exotischer Pflanzen und Verbesserungen in der Tierhaltung zusammenfielen, dazu bei, eine philosophischere Sicht auf diese Künste anzuregen und ein allgemeines und populäres Wissen über sie zu verbreiten im ganzen Königreich." [48] Herr Bradley hat am Ende seines merkwürdigen „Philosophischen Berichts über die Werke der Natur", der mit hübschen Gravuren verziert ist, ein Kapitel „Von den merkwürdigsten Gärten in Europa, insbesondere in Großbritannien" gegeben ." In diesem Kapitel stellt er zu Recht fest, dass „eine sanfte Bewegung an der frischen Luft, bei der sich der Geist mit einer Vielzahl natürlicher Objekte beschäftigt, zum Inhalt beiträgt; und es ist keine neue Beobachtung, dass die Unordnung des Geistes die Konstitution selbst des gesündesten Körpers schwächt und zerstört. Alle Arten von Gärten tragen zur Gesundheit bei." Dieser Band enthält auch den Bericht über Lord Ducies berühmten alten Kastanienbaum in Tortworth, der angeblich mehr als tausend Jahre alt ist, und über eine Ulme, die seiner Lordschaft gehörte und einen wahrhaft gigantischen Wuchs hatte. [49] Switzer spricht über Bradley: „Mr. Bradley hat sich nicht nur als geschickter Botaniker erwiesen, sondern auch in anderer Hinsicht als erfahrener Mann und ist überall ein bescheidener Schriftsteller." Herr Bradley starb 1732. Einige Schriftsteller haben viel über seine Zerstreutheit nachgedacht; erinnern wir uns jedoch daran: Das

Die schlechten Manieren der Menschen leben in Messing; ihre Tugenden
Wir schreiben in Wasser.

Herr Weston sagt in einer im November 1806 im Gentleman's Magazine eingefügten Mitteilung: „Obwohl dieses Land durch den Tod von Evelyn einen großen Verlust erlitten hat, wurde er zwanzig Jahre später von einer anderen Person mit gleichen Fähigkeiten abgelöst unermüdlich im Bemühen, die Gartenkunst zu verbessern, wie Bradleys zahlreiche Werke bezeugen werden.

TIMOTHY NOURSE , dessen „Campania Fœlix", 8vo. 1700 ist ein sehr hübscher Stich von Vander Gucht über das Landleben vorangestellt. Er hat Kapitel über Obstbäume; über die verschiedenen Arten von Apfelbäumen und über Cyder und Perry. Auf Seite 262 plädiert er mit großer Menschlichkeit eindringlich dafür, Lordkanzler Bacon von der gegen ihn erhobenen Anklage wegen Korruption in seinem hohen Amt freizusprechen. Sein Essay „Of a Country House" in diesem Werk ist merkwürdig; vor allem für diejenigen, die den Baustil und die Verzierungen eines Landsitzes aus dieser Zeit sehen möchten. Herr Nourse veröffentlichte auch „A Discourse on the Nature and Faculties of Man, with some Considerations on the Occurrences of Humane Life". Gedruckt für Jacob Tonson, an der Spitze des Richters, in Chancery-Lane, 1686, 8vo. Sein Kapitel über die Einsamkeit, in dem er auf die Freuden ländlicher Landschaften und Gärten eingeht; und seine Schlussfolgerung, die jeden Menschen auf die Erlangung seines eigenen Glücks hinweist, sind es wert, gelesen zu werden. Das über den Tod ist gewaltsam geschrieben; Er nennt es „nicht mehr, als dass ein Mensch alle Mühen, Schmerzen und Unglücke des Lebens mit einem süßen und ewigen Schlaf abschließen kann ; er ist jetzt in ewiger Ruhe; die Ängste und das Elend der Armut, die Sorgen des Reichtums, Die Unannehmlichkeiten eines Prozesses verschlingen ihn nicht. Er fürchtet weder die Verleumdungen der Niedrigen noch die Stirnrunzeln der Großen. Es ist der Tod, der den Gefangenen von seinen Fesseln und den Sklaven und Gefangenen von seiner Kette befreit Der Tod rettet den Diener aus den endlosen Netzen eines mühsamen Lebens, die Armen vor der Unterdrückung und macht den Bettler den Fürsten gleich. Hier findet die Verzweiflung ein Heilmittel, alle Leiden der Krankheit, alle Frustrationen und die Langeweile des Lebens, alle Gebrechen Mit zunehmendem Alter verschwinden alle Unruhen der Leidenschaften und alle Schicksalsschläge sowie alles, was einen Menschen unglücklich machen kann, in diesen Schatten. In seinem sehr merkwürdigen „Essay über ein Landhaus" moralisiert er folgendermaßen: „Die Vielfalt der Blumen, schön und duftend, mit denen seine Gärten geschmückt sind, die sich öffnen und eine nach der anderen absterben, müssen ihn vor dem verblassenden Zustand warnen." der irdischen Freuden, der Zerbrechlichkeit des Lebens und der nachfolgenden Generationen, denen er Platz machen muss. Der ständige Strom einer Quelle oder eines Baches muss an den Fluss der Zeit erinnern, der niemals zurückkehrt.

SAMUEL COLLINS , ESQ. aus Archeton, Northamptonshire, Autor von „Paradise Retrieved; 1717, 8vo". Im Vorwort zu „The Lady's Recreation" von Charles Evelyn, Esq. geht er äußerst streng gegen diesen „Squire Collins" vor, dem er Ignoranz und Arroganz vorwirft.

JOHN EVELYN , Sohn des Autors von *Sylva* . Sein Genie zeigte sich schon früh; denn als er kaum älter als fünfzehn war, schrieb er ein griechisches Gedicht, das einiges wert sein muss, denn sein Vater hat es der zweiten Ausgabe seiner *Sylva vorangestellt* . In Mr. Nicolls Gedichtsammlung sind einige von ihm. Es gibt zwei Gedichte von ihm in Drydens Miscellany. Er übersetzte Plutarchs Alexanderleben aus dem Griechischen; und die Geschichte zweier Großwesire von den Franzosen. Als er erst neunzehn war, übersetzte er Rapin on Gardens aus dem Lateinischen. Er starb 1698. Die Quarterly Review spricht in ihrer Rezension von Mr. Brays Memoirs of Evelyn folgendermaßen über diesen Sohn und seinen Vater: „Es war sein schmerzliches Los, seinem einzigen verbliebenen Sohn ins Grab zu folgen Im vierundvierzigsten Jahr seines Lebens war Evelyn ein Mann von großem Können und Ansehen, der es wert war, die Ehre seines Namens zu wahren. Trotz dieser wiederholten Sorgen und der Last von fast achtzig Jahren erfreute sich Evelyn immer noch ununterbrochener Gesundheit und unbeeinträchtigter Fähigkeiten; er genoss auch die Freundschaft der Weisen und Guten und die allgemeine Wertschätzung, die kein anderer Mensch seiner Zeit übertraf. [50]

THOMAS FAIRCHILD , dessen Garten und Weinberg in Hoxton Herr Bradley auf unzähligen Seiten seiner zahlreichen Werke in den höchsten Tönen erwähnt. Ich werde lediglich aus einem seiner Werke zitieren, nämlich. aus seinem „Philosophical Account of the Works of Nature": „Dieser seltsame Garten von Mr. Thomas Fairchild in Hoxton, wo ich die größte Sammlung von Früchten finde, die ich je gesehen habe, und die ich so regelmäßig entsorgt habe, sowohl für Ordnung als auch für die Zeit." Reifung und gutes Beschneiden der verschiedenen Arten, dass ich niemanden in Europa kenne, der ihn in dieser Hinsicht übertrifft; und in anderen Dingen ist er nicht weniger glücklich mit der Auswahl solcher Kuriositäten, die ein gutes Urteilsvermögen und eine universelle Übereinstimmung bewirken können .
" Herr Fairchild veröffentlichte The City Gardener; 8vo. 1722, Preis 1s. Er korrespondierte mit Linné. Er hinterließ Geld für eine botanische Predigt, die jährlich an jedem Pfingstdienstag in St. Leonard, Shoreditch, gehalten werden sollte: „Über die wunderbaren Werke Gottes in der Schöpfung oder über die Gewissheit der Auferstehung der Toten, bewiesen durch bestimmte Veränderungen." der tierischen und pflanzlichen Teile der Schöpfung." [51]
Dr. Pulteney spricht über Herrn Fairchild: „Mein Plan erlaubt es mir nicht, so weit abzuweichen, dass ich Autoren zum Thema Gartenarbeit zitiere, es sei denn, sie sind durch ihre Vertrautheit mit der englischen Botanik ausgezeichnet. Einige haben sich darin ausgezeichnet." und ich kann es mir nicht entgehen lassen, mit Beifall die Namen Fairchild, Knowlton, Gordon

und Miller zu erwähnen. Der erste von ihnen machte sich der Royal Society durch einige „Neue Experimente" bekannt, die sich auf die verschiedenen und manchmal gegensätzlichen Bewegungen bezogen des Saftes;' die im Phil. Trans. Bd. xxxiii abgedruckt wurden. Er half auch bei der Durchführung von Experimenten, durch die die Geschlechter von Pflanzen veranschaulicht und die Lehre bestätigt wurden. Mr. Fairchild starb im November 1729."

GEORGE RICKETS aus Hoxton war in den Jahren 1688 und 1689 sehr bekannt. Rea sagt in seiner Flora über ihn: „Mr. Rickets aus Hogsden wird oft als der beste und treueste Florist von London in Erinnerung gerufen." Rea beschreibt in seiner Flora einhundertneunzig verschiedene Tulpenarten und sagt: „Alle diese Tulpen und *viele andere* kann man von Mr. Rickets bekommen." Worlidge spricht so über ihn: „Er hat die größte Vielfalt der erlesensten Äpfel, Birnen, Kirschen, Pflaumen, Aprikosen, Pfirsiche, Malacolones, Noctorinen, Feigen, Weinreben, Johannisbeeren, Stachelbeeren, Himbeeren, Maulbeeren, Mispeln, Walnüsse, Nüsse, Haselnüsse, Kastanien usw., die jeder Mensch hat, und kann am besten über ihre Natur und Vorzüge berichten. Und wieder sagt er: „Die ganze Nation ist dem Fleiß des genialen Mr. George Rickets verpflichtet, Gärtner in Hoxton oder Hogsden außerhalb von Bishopsgate, in der Nähe von London, auf das Zeichen der Hand dort; der jeden Pflanzer mit allem oder dem meisten versorgen kann." der zuvor erwähnten Obstbäume, da er viele Jahre lang ein äußerst mühsamer und fleißiger Sammler der besten Arten aller Arten von Früchten aus fremden Gegenden war und auch die reichste und vollständigste Sammlung der großen Vielfalt blütentragender Bäume besitzt und Sträucher im Königreich. Dass es keinen Tag im Jahr gibt, an dem nicht die Bäume sowie die bescheidensten Pflanzen dort Zierde für die Flora hervorbringen; mit allerlei seltsamen und angenehmen Wintergrünpflanzen, die zu verewigen schienen den Frühling und den Sommer, von der bescheidensten Myrte bis zur wahrsten Zeder des Libanus. Nicht ohne eine unendliche Vielfalt an Tulpen, Aurikeln, Anemonen, Gillyflowers und allen anderen Arten angenehmer und zarter Blumen, damit man ihn wirklich nennen kann sei der Meisterflorist Englands; und ist bereit, jeden genialen Menschen mit einer seiner erlesensten Pflanzen auszustatten."

JOHN COWEL scheint um 1729 ein bekannter Gärtner in Hoxton gewesen zu sein. Er war der Autor von „Curious and Profitable Gardener".

HUGH STAFFORD , ESQ. von Pynes in Devonshire, der 1729 „Eine Abhandlung über die Herstellung von Cyder mit einem Katalog charaktervoller Cyder-Äpfel" veröffentlichte, der eine Dissertation über Cyder und Cyder-Frucht vorangestellt ist. Eine weitere Ausgabe im Jahr 1753.

Benjamin Whitmill , Senator und Jun. Gardeners at Hoxton veröffentlichte die sechste Ausgabe in kleiner 8vo-Ausgabe. ihres „Kalendarium Universale: oder der universelle Kalender des Gärtners". Das Folgende ist Teil ihres Vorworts: „Die größten Persönlichkeiten aller Zeiten sehnten sich nach einem Ruhestand auf dem Land, wo alles in seiner ursprünglichen Einfachheit erscheint. Die Bewohner sind religiös, das schöne Geschlecht bescheiden, und jedes Gesicht zeigt einen." Bild des Herzens. Was kann daher für einen guten und großen Mann ein eleganteres Vergnügen sein, als die schönen Produkte von Feldern und Gärten zu betrachten, wenn jeder Monat seine erfreuliche Vielfalt an Pflanzen und Blumen hat. Und wenn Unschuld ist Unser größtes Glück, wo können wir es anders finden als im Landleben? Auf Feldern und Gärten haben wir Freuden, die uns nicht beneiden, und Schönheiten, an die wir nicht gedacht haben; und jede Entdeckung, die zu ihrer Verbesserung beiträgt, ist höchst lobenswert. Im Wachstum einer Pflanze, oder Als Baum betrachten wir den Fortschritt der Natur und stellen immer fest, dass alle ihre Werke Schönheit und Unterhaltung hervorbringen. Diese Schönheit zu kultivieren, ist eine Aufgabe, die den Reichen, den Höflichen und den Gelehrten zur Verfügung steht; das wird so allgemein verstanden, dass es sie gibt In letzter Zeit gibt es nur wenige Herren, die nicht selbst ihre Hauptgärtner sind. Und es ist gewiss eine größere Ehre und Befriedigung eines Gärtners, dass er Obstbäume aller Art pflegt und beschneidet, als dass es dem größten Feldherrn Freude bereitet, dass es ihm gelungen ist, die Menschheit zu töten."

Samuel Trowel aus Poplar veröffentlichte 1739 „A New Treatise of Husbandry and Gardening"; 12 Monate. 2s. 6d. Dies wurde 1750 in Leipzig in 8 Vo ins Deutsche übersetzt.

Rev. Francis Coventry , der in der *Welt* (Nr. 15) einen bewundernswerten Artikel über die absurden Neuheiten schrieb, die in Gärten eingeführt wurden. Er schrieb Penshurst in Dodsleys Gedichten.

James Justice , Esq. veröffentlichte den „Scot's Gardener's Director", 8vo. Eine neue Ausgabe mit dem Titel „The *British* Gardener's Director, hauptsächlich angepasst an das Klima der nördlichen Grafschaften" wurde 1764 in *Edinburgh* , 8vo, veröffentlicht. Die Encyclopædia of Gardening nennt sein Buch „ein originelles und wirklich wertvolles Werk"; und gibt auf den Seiten 87, 846 und 1104 einige interessante Einzelheiten über die Leidenschaft dieses Herrn für die Gartenarbeit.

John Gibson , MD, Autor von „The Fruit Gardener", dem er ein interessantes Vorwort über die Obstgärten der Antike vorangestellt hat. In diesem Vorwort berichtet er auch über die Entstehung der Obstgärten durch Einsiedler und Klosterorden. In seiner Einleitung sagt er, dass „jede Art von Obstbaum im Frühling darum zu kämpfen scheint, wer seinen Besitzer mit der Schönheit seiner Blüten am besten unterhalten soll. Die Menschheit freut sich immer über die Aussicht auf Fülle; in keiner anderen Szene wird sie gezeigt." mit solch einer bezaubernden Vielfalt, wie im Obstgarten und im Obstgarten. Mögen Herren es, ihren Geschmack zu verwöhnen? Die Natur verwöhnt sie aus den reichlichen Produkten der oben genannten mit einer Vielfalt feinster Aromen und erlesener Genüsse. Um uns in der Hitze abzukühlen Im Sommer vereint sie die Säure reichlich zu einer angenehmen Süße. Blühende Sträucher und Bäume werden von Herren oft zu einem hohen Preis gekauft; doch keiner von ihnen kann sich an Schönheit mit einem Apfelbaum vergleichen, wenn er anfängt, seine Blüten zu *entfalten* . [52] Über den Grünkohl sagt er: „Sein Geschmack ist so überaus süß und köstlich, dass ihn nichts übertreffen kann." Er belebt viele seiner Abschnitte über den Anbau verschiedener Früchte durch häufige Anspielungen auf Theophrastus, Vergil, Plinius und andere *Rei Rustica Scriptores* . Besonders ausführlich ist sein Kapitel über Birnen (deren verschiedene Arten „eine Fülle an Süßigkeiten besitzen, die durch eine endlose Vielfalt an köstlichen Aromen verstärkt werden"). Das gilt auch für Apples.

JAMES RUTTER veröffentlichte 1767 „Modern Eden, or the Gardener's Universal Guide"; 8vo.

JOHN DICKS veröffentlichte 1769 The New Gardener's Dictionary; in sechzig Nummern, Kleinfolio, 30er Jahre. Blyth.

JAMES GARTON veröffentlichte 1769 „The Practical Gardener"; 8vo. 3s. Dilly.

---- WILDMAN veröffentlichte 1768 eine Abhandlung über die Kultur von Birnbäumen, zu der noch eine Abhandlung über die Bewirtschaftung von Bienen hinzukam; 12 Monate. Dublin.

ANTHONY POWELL , ESQ. Gärtner von Georg II. veröffentlicht The Royal Gardener; 12 Monate. 1769.

---- OCKENDEN , ESQ. veröffentlichte 1770 Briefe, die den Lake of Killarney und Rueness's Gardens beschreiben; 8vo. Dublin.

THOMAS HITT veröffentlichte seine Abhandlung über Obstbäume, 8vo. 1775. Eine dritte Auflage im Jahr 1768. Herr Loudon nennt es „ein Originalwerk, wertvoll für seine Art, Bäume zu trainieren". Er veröffentlichte 1760 auch eine Abhandlung über die Tierhaltung; 8vo. 3s.

ADAM TAYLOR , Gärtner von J. Sutton, Esq. veröffentlichte in New Park, in der Nähe von Devizes, eine Abhandlung über die Ananas oder den Kiefernapfel, die einfache und einfache Anweisungen für die Aufzucht dieser vorzüglichsten Frucht ohne Feuer und in viel höherer Perfektion als auf dem

Herd enthält; Hinzu kommen die vollständigen Anweisungen zum Anbau von Melonen. Devizes, 8vo. 1769.

JAMES MEADER , Gärtner im Sion House, und danach an die Kaiserin Katharina. Er veröffentlichte 1771 im Jahr 12 Monate. Der moderne Gärtner usw. in einer noch nie zuvor veröffentlichten Weise; ausgewählt aus dem Tagebuch-MSS. des verstorbenen Mr. Hitt. Auch The Planter's Guide oder Pleasure Gardener's Companion; mit Platten, 1779, länglich 4to.

RICHARD WESTON , ESQ. ein Hobbygärtner, der am Ende seiner „Tracts on Practical Agriculture, and Gardening", 1762, 8vo gegeben hat. ein Katalog englischer Autoren zu Landwirtschaft, Gartenbau usw. Es gibt eine weitere Ausgabe von 1773 mit Ergänzungen. Sein intelligenter Katalog wird auf das Ende des Jahres 1772 zurückgeführt. Dieser Tracts-Band enthält eine Unzahl genialer und kurioser Artikel. Eines der Kapitel enthält „Einen Plan zur Bepflanzung aller Turnpike Roads in England mit Holzbäumen". [53] Er möchte mit größtem Eifer zum Pflanzen anregen. „Ich glaube (sagt dieser aufrichtige Autor), dass einer der Hauptgründe, warum nur wenige Menschen pflanzen, in der ängstlichen Vermutung liegt, dass ihre Tage vorbei sein werden, bevor der Wald entstehen kann. Aber lassen Sie die Eltern keine so selbstsüchtige Idee hegen ; es sollte seine Freude sein, sich auf den Vorteil zu freuen, den seine Kinder aus dem Holz ziehen würden, das er gepflanzt hat, und zufrieden, wenn es jedes Jahr unter seiner Aufsicht gedeihen würde; sicherlich macht das Pflanzen von Bäumen viel mehr Freude als das Fällen Schauen Sie sich nur den Ort an, an dem ein schöner Baum steht, und sehen Sie, was für ein Sinnbild er für die gegenwärtige Schönheit und den künftigen Nutzen darstellt. Untersuchen Sie die Stelle, nachdem der edle Schmuck gefällt worden sein soll, und sehen Sie, wie trostlos er aussehen wird. Vielleicht gibt es einen solchen Es gibt keine bessere Methode, die Jugend dazu zu bringen, schon früh eine Neigung zum Pflanzen zu entwickeln, als dass Väter, die ein Landgut besitzen, die Kinder, die es erben sollen, überreden, eine kleine Gärtnerei zu errichten, sobald sie in die Jahre der Entscheidungsfindung kommen und ihnen die Verwaltung selbst zu überlassen; Sie werden dann sehen, wie die Bäume jedes Jahr unter ihren Händen gedeihen. Als Ermutigung sollten sie ihnen den Wert der Bäume für ihr Taschengeld überlassen, wenn sie zum Auspflanzen geeignet sind. Dies wird in ihren zarten Jahren eine so starke Vorstellung vom Wert und der großen Konsequenz des Pflanzens festigen, dass sie danach nie mehr ausgerottet wird; und viele Jugendliche im Alter von 25 Jahren, die schnell wachsende Bäume gepflanzt haben, werden möglicherweise in diesem frühen Alter, zu einer Zeit, in der die meisten jungen Männer beginnen, den Wert des Geldes zu erkennen, für den Fleiß ihrer Jugendjahre reichlich belohnt."
[54] Herr Pope entdeckt in einem seiner Briefe an Herrn Allen so seinen eigenen großzügigen Geist: „Ich bin jetzt genauso damit beschäftigt, für mich

selbst zu pflanzen, wie ich es kürzlich damit getan habe, für einen anderen zu pflanzen." Ich freue mich darüber, dass meine Bäume anderen Schatten und Früchte spenden werden, wenn ich sie nicht mehr haben möchte." Mr. Addisons bewundernswerte Pflanzempfehlung findet sich in Nr. 583 des Spectator. Darin sagt er: „Wenn ein Mann darüber nachdenkt." Das Einpflanzen einiger Zweige in die Erde tut jemandem gut, der in etwa fünfzig Jahren auf der Welt erscheinen wird, oder er macht vielleicht einen seiner eigenen Nachkommen durch eine so unbedeutende Erfahrung leicht oder reich; Wenn er dagegen eine Abneigung empfindet, muss er zu dem Schluss kommen , dass er ein armes und niederträchtiges Herz hat. Die meisten Menschen haben den Humor eines alten College-Kollegen, der sehr verdrießlich wurde, als er von der Gesellschaft gedrängt wurde, etwas zu tun, das zum Wohle ihres Besitzes beitragen könnte. „*Wir tun immer etwas für die Nachwelt*", sagt er, aber ich würde mir nicht vorstellen, dass die Nachwelt etwas für uns tun würde. " [55] Herr Weston veröffentlichte auch The Universal Botanist and Nursery; 1770, 1774, 4 Bde. 8 Bände. Der Kalender des Gärtners und Pflanzers, der die Methode zur Aufzucht von Holzbäumen, Obstbäumen und Heckenbäumen sowie Anweisungen zur Formung enthält und Bewirtschaftung eines Gartens jeden Monat im Jahr; auch viele neue Verbesserungen in der Kunst des Gartenbaus; 8vo. 1773. Mr. Weston scheint damals in Kensington Gore gelebt zu haben. Im Gentleman's Magazine vom November 1806 heißt es, dass er dort starb Leicester, im Jahr 1806, im Alter von 74 Jahren. Früher war er dort als Strumpfwirker tätig. Es enthält eine amüsante und vollständige Liste seiner verschiedenen Veröffentlichungen, insbesondere seiner geplanten „Naturgeschichte der Erdbeeren".

GEORGE MASON. Die beste Ausgabe seines „Essay on Design in Gardening" scheint die von 1795 in 8 Bänden gewesen zu sein. Im Jahr 1798 wurden zwei Anhänge veröffentlicht, die angeblich von Herrn U. Price verfasst wurden. In Herrn Nichols' viertem Band der Illustrationen zur Literaturgeschichte des 18. Jahrhunderts finden sich einige Einzelheiten zu Herrn Mason. Er veröffentlichte Hoccleves Gedichte mit einem Glossar; eine Antwort an Thomas Paine; das Leben von Lord Howe; eine Ergänzung zu Johnsons Wörterbuch: In dem schlecht gelaunten Vorwort, zu dem er seltsamerweise über dieses Wörterbuch spricht: „Diese Trübung des Intellekts befleckt und verunstaltet traurigerweise fast jede Seite der Komposition." Dies ist nur ein kleines Beispiel seiner Heftigkeit gegen Johnson in diesem Vorwort. Man hätte meinen können, dass Mr. Masons Sarkasmus durch sein strahlendes und beredtes Vorwort gemildert oder sogar gedämpft worden wäre, das uns darüber informiert, dass dieses großartige Werk „ohne eine einzige Hilfeleistung, ein Wort der Ermutigung oder ein Lächeln" verfasst wurde favorisieren." Es tut mir leid, sagen zu müssen, dass Herr Mason selbst im obigen Essay in drei Fällen seine Feindseligkeit gegenüber unserem „Wörterbuchautor" entdeckt, denn so nennt er Dr. Johnson. Herr Boswell sagt über Johnsons Vorwort: „Wir können nicht ohne Staunen über die kraftvollen und großartigen Gedanken nachdenken, die diese Aufführung so sehr auszeichnen." und im Wörterbuch bemerkt er, dass „die Welt mit Staunen über ein so gewaltiges Werk nachdachte, das von einem einzigen Mann geleistet wurde, während andere Länder dachten, solche Unternehmungen seien nur für ganze Akademien geeignet." Linné und Haller gestalteten Rays Geschichte der Pflanzen, *opus immensi laboris* . Man kann mit Recht dieselben Wörter auf dieses Wörterbuch anwenden. Es war gut für Mr. Mason, dass er (wie Miss Seward es nannte) „der tödlichen Breitseite von Dr. Johnsons Satire" entkommen konnte. George Mason lässt keine Gelegenheit aus, Mr. Whateleys Observations on Modern Gardening zu zensieren. Im obigen Essay tadelt er ihn auf sieben verschiedenen Seiten, und in seinem eigenen Kapitel oder Abschnitt zu diesem Buch von Mr. Whateley (bestehend aus dreizehn Seiten) finden sich nicht weniger als dreiunddreißig zusätzliche Spott- oder Fehlerkritiken seine Meinungen. Er erkennt kein einziges Verdienst an ihm an, außer auf Seite 191. Auf Seite 160 nennt er ihn fast, wenn nicht ganz, einen *Narren* und erklärt, dass *Eitelkeit* die Leidenschaft ist, der er ständig Opfer bringt. [56] Es wäre eine Beleidigung für jeden, der Mr. Whateleys Werk gelesen hat, zu versuchen, ihn von einem so bösartigen und unbegründeten Angriff freizusprechen. Weder Dr. Johnson mit all seiner profunden Gelehrsamkeit noch Mr. Whateley mit der ganzen kultivierten Fantasie eines reichen schulischen Geistes wären in der Lage gewesen, das Ganze zu begreifen, zu begreifen oder auch nur zu verstehen erste Hälfte von Mr. George Masons Gedicht, mit dem er die obige Ausgabe seines Essays abschließt. Da er gegen Dr. Johnson so bissig hart vorgegangen ist, kann es nicht unhöflich sein, wenn man auf den obigen Teil seines eigenen Gedichts die Sprache eines französischen Kritikers zu einem anderen Thema anwendet: „Le style en est dur, et scabreux. Il." Es scheint, dass der Autor die außergewöhnlichsten Begriffe gewählt hat, um sich selbst unverständlich zu machen. Percy, Bischof von Dromore, in Bd. X. Seite 602 des britischen Kritikers hat eine Kritik an Mr. Masons Hoccleve-Ausgabe abgegeben, in der er seine Ungerechtigkeit, Arroganz und Ignoranz tadelt. Mr. Mason war großzügiger darin, Kent und Shenstone in Anerkennung des großen Geschmacks und der Eleganz von Mr. Thomas Warton herzlich zu loben, als dieser Miltons Linie bemerkte

Hoch in Büschelbäumen getragen,

Diese malerische Bemerkung von Herrn Warton hätte selbst durch die nette und kritische Feder des verstorbenen Sir U. Price nicht übertroffen werden können; und wenn er uns in mehr als einem Fall darüber informiert, dass der große Earl of Chatham „sich der Verschönerung der ländlichen Natur zuwandte".

THOMAS WHATELEY , in dessen „Observations on Modern Gardening" die Encyclopædia of Gardening (die umfassendste Zusammenstellung aller reizvollen und kuriosen Dinge dieser Kunst) feststellt: „Es ist bemerkenswert, dass so wenig über einen Schriftsteller, die Schönheit, bekannt ist." dessen Stil und die Richtigkeit seines Geschmacks allgemein anerkannt sind. In demselben Werk heißt es weiter: „Sein ausgezeichnetes Buch, auf das sich alle erfolgreichen Autoren über Gartenlandschaften so häufig beziehen, sollte in den Händen jedes Mannes mit Geschmack sein." Und im selben Werk heißt es noch weiter: „Ensor hat seinen Stil als unnachahmlich bezeichnet und die Beschreibungen, die seine Untersuchungen begleiten, wurden von Alison in seinem Werk On Taste weitgehend kopiert und reichlich gelobt. Das Buch war Bald wurde es in die kontinentalen Sprachen übersetzt und wird im *Mercure de France* , *im Journal Encyclopédique* und im Weiland's *Journal wohlüberlegt* gelobt. G. Mason allein widerspricht der allgemeinen Meinung und geht auf die sehr wenigen Fehler oder Besonderheiten ein, die in dem Buch zu finden sind . Wheatley oder Whately (denn über diesen bedeutenden Mann ist so wenig bekannt, dass wir die Rechtschreibung seines Namens nie zufriedenstellend feststellen konnten) war Eigentümer von Nonsuch Park in Surrey und Sekretär des Earl of Suffolk. Er veröffentlichte nur dieses Werk, kurz darauf starb er. Nach seinem Tod wurden einige Bemerkungen zu Shakespeare aus seiner Feder in einer kleinen 12-Monats-Ausgabe veröffentlicht. Eine zweite Ausgabe dieses eleganten kleinen Werkes wurde 1808 von Parson, Oxford, veröffentlicht; oder Rivington, St. Paul's; In der Werbung für den Leser wird uns mitgeteilt, dass „der angesehene Autor beabsichtigte, acht oder zehn der Hauptfiguren von Shakespeare durchzugehen, aber sein Vorhaben aufgab, um seine „Observations on Modern Gardening" zu beenden, die erstmals in veröffentlicht wurden Jahr 1770; unmittelbar danach *war er in eine so aktive Szene des öffentlichen Lebens verwickelt* , dass ihm nur wenig Muße blieb, die Belletristik zu besuchen; und im Jahr 1772 starb er." [57]

Seine Bemerkungen über einige der Charaktere Shakespeares (den er in seinen *Beobachtungen den großen Meister der Natur* nennt) hauchen auf vielen seiner Seiten jenes Feuer aus, das er nur von denen des großen Dichters hätte einfangen können. Sein Eifer, seine *Beobachtungen* zu vervollständigen, war so groß, dass er für kurze Zeit „seinen Plan, andere Charaktere des Dichters zu untersuchen, aufgab", als die strahlenden Ausstrahlungen seines Genies „zu den Sternen emporflossen, von denen sie kamen". Dieses elegante kleine Werk ist nur ein Fragment, ja sogar ein unvollendetes Fragment. Es muss also tiefes Bedauern hervorrufen, dass der Tod uns so früh diesen reichen Schatz an belebten Gedanken beraubt hat, der zweifellos aus seiner weiteren Erforschung des tiefen und durchdringenden Wissens des Dichters über das menschliche Herz entstanden wäre. Auf Mr. Whateley kann man getrost das anwenden, was er selbst auf den Dichter anwendet: „Er hatte die Gabe, alles auszudrücken, was sein Scharfsinn entdecken konnte." Im Journal Encyclopédique vom Juli 1771 heißt es über die französische Übersetzung von Whateleys Observations: „Man kann sich kaum eine Vorstellung von diesen Gärten machen, wenn man nicht in London war. Wir sind an die Symmetrie unserer Gärten gewöhnt." Ich kann mir nicht vorstellen, dass wir eine unregelmäßige Form als Hauptregel festlegen können: Wer jedoch das Gefühl hat, dass die edle Einfachheit der Natur allen symmetrischen Feinheiten der Kunst überlegen ist, wird vielleicht englischen Gärten den Vorzug geben. Dies ist der Effekt, den die Lektüre von Dieses Werk sollte hervorbringen, das zwar für Gartenliebhaber und Komponisten gedacht ist, aber geschmackvollen Menschen, Künstlern und insbesondere Malern feine und einzigartige Beobachtungen zu verschiedenen Wirkungsperspektiven und zu den Künsten im Allgemeinen bietet; für Philosophen nur Reflexionen über die Neigungen unserer Seele ; für Dichter genaue, wenn auch anschauliche Beschreibungen der schönsten Gärten Englands in allen Genres, die im Autor ein fein geschultes Auge, ein großes Wissen über die schönen Künste, eine schöne Vorstellungskraft und einen ans Denken gewöhnten Geist offenbaren.

Die „Blüte eines Obstgartens, das Fest eines Heufeldes und die Weihnachtslieder des Ernteheims" hätten nicht mit einer fröhlicheren und wohlwollenderen Feder als der von Mr. Whateley wiedergegeben werden können; Viele seiner Seiten sind von einer Liebe zum Land geprägt. Niemand hätte die ruhige Landschaft oder die reiche Pracht der Natur mit glücklicherer Feder nachzeichnen können, als wenn er den Spaziergang zum Cottage in Claremont, die Erhabenheit und Majestät der Szene in *Blenheim* oder *Stowe* , *Persfield* , *Wotton aufzeichnet* Tal von Aylesbury – die schroffen, wilden und schroffen Spitzen von *Middleton Dale* , „ein Abgrund, der durch eine Erschütterung der Natur in den Berg gerissen wurde, jenseits der Erinnerung des Menschen, oder vielleicht bevor die Insel bevölkert war", mit seinen vielen Bächen und Quellen , Bäche und Wasserfälle – die riesigen Felsklippen bei *Matlock* , *Bath* , dieser „Schauplatz romantischer Pracht"; aus solchen Szenen entstand in der antiken Mythologie wahrscheinlich die wilde Fantasie der Riesen, die Pilion *auf* Ossa *stapelten* ; die Die Erhabenheit der Felsen und der Charakter des *Derwent* , eines Wildbachs, in dem Kraft und Wut vorherrschen; die Kaskaden darin sind unzählig; bevor das Wasser von einem Fall zurückgewonnen wird, wird es durch einen anderen herabgeleitet; und seine Aufregung wird dadurch noch verstärkt Bei wiederholten Erschütterungen drängt es mit ruheloser Gewalt zum nächsten, wo es gegen Felsbrocken prallt oder zwischen Steinhaufen schäumt, die der Bach zusammengetrieben hat" – die düstere Dunkelheit an der Eisenschmiede, „nahe der Kaskade des Wehr (zwischen *Ross* und *Monmouth*), wo die Aufregung der Strömung durch große Felsfragmente verstärkt wird, die von Überschwemmungen von den Ufern herabgeschwemmt oder von Stürmen von der Kuppe herabgeschleudert wurden; und das düstere Geräusch, das in bestimmten Abständen von den Schlägen der großen Hämmer in der Schmiede herrührt, dämpft das Tosen des Wasserfalls" – die Einsamkeit, die Lieblichkeit und die Stille von Dovedale, „das Ganze hat die Luft . " der Verzauberung; grotesk, wie der Zufall es nur erschaffen kann, wild , wie die Natur es nur hervorbringen kann" – die Grabsteine der Mönche und die Denkmäler längst vergessener Wohltäter, die über dem grünen Rasen in der Abtei von Tintern erscheinen, mit ihren verstümmelten Bildnissen und vom Alter abgenutzten *Skulpturen* Wetter – sein Blick auf die Annäherung an Lord *Cadogan's* in der Nähe von *Reading* – sein Gefühl und seine bezaubernde Beschreibung der *Leasowes* – *„die wunderbaren Anstrengungen, die die Kunst in Painshill* unternommen hat, um mit der Natur zu konkurrieren;" wo der massenhafte Reichtum seines hängenden Holzes „eine Atmosphäre verleiht". von Großartigkeit für das Ganze" – der *Tinian* und andere Rasenflächen und edle und großartige Aussichten in dieser riesigen Waldszene *Hagley* , wo an einer Stelle, die einst Mr. Pope entzückte, eine Urne zu seinem Andenken eingraviert ist, „die, als durch den Schein des Mondlichts durch die Bäume scheint, festigt die Nachdenklichkeit und Gelassenheit, zu der der Geist unmerklich durch den Rest dieser eleganten Szene geführt wird.

Sein Abschnitt „Von den Jahreszeiten", in dem er über den *Geist* des Morgens, den *Überfluss* des Mittags oder die *Mäßigung* des Abends spricht, muss jeden durch seinen gelungenen Stil beeindrucken; und der Leser kann sich über die reichhaltigen Seiten, die er enthält, ein Bild machen Dieses Buch enthält, sogar was er über Wasser sagt: „Es passt sich jeder Situation an; ist das interessanteste Objekt in einer Landschaft und die glücklichste Situation in einer Rezession im Ruhestand; fesselt das Auge aus der Ferne, lädt zum Näherkommen ein und ist aus der Nähe entzückend; es erfrischt eine offene Belichtung; es belebt einen Schatten; erheitert die Tristesse einer Einöde und bereichert die überfüllteste Aussicht; in Form, Stil und Umfang können sie den größten Kompositionen ebenbürtig gemacht oder an die kleinsten angepasst werden; es kann sich in einer ruhigen Ausdehnung ausbreiten, um die Ruhe einer friedlichen Szene zu beruhigen; oder einen abwegigen Weg einzuschlagen , einer fröhlichen Situation Glanz und einer romantischen Situation Extravaganz zu verleihen. Die Charaktere, die Wasser annehmen kann, sind so vielfältig, dass es kaum eine Idee gibt, in der es nicht mithalten kann, oder einen Eindruck, den es nicht verstärken kann; ein tiefer, stehender Teich, feucht und dunkel mit Schatten, die er schwach widerspiegelt, passt zum Sitz der Melancholie; selbst ein Fluss, wenn er zwischen zwei düsteren Ufern versunken ist und sowohl in seiner Bewegung als auch in seiner Farbe stumpf ist, ist wie ein hohles Auge, das das Antlitz abstumpft; und über einem trägen, stillen Bach, der schwer dahinkriecht, hängt eine Düsternis, die keine Kunst zerstreuen kann, noch nicht einmal der Sonnenschein zerstreuen kann. Ein sanft murmelnder Bach, klar und flach, nur gurgelnd, nur grübchenartig, imposante Stille, passt zur Einsamkeit und führt zur Meditation; Eine lebhaftere Strömung, die wir in kleinen Wirbeln über einem hellen Sandboden oder im Plätschern zwischen Kieselsteinen wünschen, verbreitet überall Heiterkeit; eine größere Geschwindigkeit und mehr Aufregung sind bis zu einem gewissen Grad belebend; aber im Übermaß beunruhigen sie die Sinne, statt aufzuwachen; das Tosen und die Wut eines Wildbachs, seine Kraft, seine Heftigkeit, sein Ungestüm neigen dazu, Schrecken hervorzurufen; dieser Schrecken, der, sei es als Ursache oder Wirkung, so eng mit der Erhabenheit verbunden ist." [58]

DANIEL MALTHUS, ESQ. kaufte 1759 die Rookery in der Nähe von Dorking, die für ihre Schönheit von Hügeln, Tälern, Wäldern und Wasser bekannt ist; er verkaufte es 1768. Er übersetzte Gerardin, *De la Composition des Paysages*, 12 Monate. 1783, dem er ein Vorwort voranstellte, das hauptsächlich Bemerkungen darüber enthielt, was die Gärten der Griechen und Römer waren; ein Blick auf Rosseaus Grab ist vorangestellt. Herr Malthus bemerkt lediglich, dass dieser Essay „voller einschmeichelnder Beredsamkeit ist, dass er vom Freund Rousseaus geschrieben wurde und Szenen enthält, die einige seiner schönsten Beschreibungen zum Ausdruck bringen." Er bemerkt weiter: „So unbedeutend diese Untersuchung an sich auch erscheinen mag, sie kann doch etwas zum wohlwollenden Ziel von M. d'Ernonville beitragen, das darin besteht, die Menschen für die unerschöpflichen Reize der Natur sensibel zu machen und sie zu ihrer Einfachheit zurückzuführen." und originelle Geschmäcker, um die Vielfalt und Ressourcen des Landlebens zu fördern und seinen Nutzen mit seiner Verschönerung zu vereinen. [59]

JOHN KENNEDY veröffentlichte eine Abhandlung über Pflanzen, Gartenbau usw. 8vo. *York*, 1776.

N. SWINDEN , „ein genialer Gärtner und Sämann in Brentford-End", schrieb The Beauties of Flora Displayd; 8vo. 1778.

SAMUEL FULMER schrieb The Young Gardener's Best Companion für die Küche und den Obstgarten; 12 Monate. 1781.

CHARLES BRYANT veröffentlichte Flora Dietetica; oder die Geschichte der Esculent Plants: 8vo. 1785. Auch ein Wörterbuch der Zierbäume, Sträucher und Pflanzen; 8vo. *Norwich*, 1790.

JOSEPH HEELEY, ESQ. Autor von Letters on the Beauties of Hagley, Envil, and the Leasowes; mit kritischen Bemerkungen zum modernen Geschmack im Gartenbau; 1777, 2 Bde. 12 Monate.

THOMAS KYLE oder KEIL , „einer der ersten Gärtner seiner Zeit in Schottland", veröffentlichte eine Abhandlung über die Bewirtschaftung der Pfirsich- und Nektarinenbäume: Dazu kommt noch die Methode der

Aufzucht und Forcierung von Weinreben; 8vo. *Edinb.* 1785. Eine zweite Auflage im Jahr 1787.

WILLIAM MARSHALL, ESQ. der in seinem Werk „Planting and Rural Ornament" die gesamte meisterhafte Produktion von Herrn Walpoles Feder, seine *Geschichte des modernen Geschmacks im Gartenbau, sehr treffend transkribiert hat* . Er stellt fest, dass „eine Feder, die von einer so meisterhaften Hand geführt wird, immer Informationen und Unterhaltung hervorbringen muss, wenn sie auf ein so wirklich interessantes Thema angewendet wird. Wir möchten unseren Lesern alle Informationen vermitteln, die wir mit Anstand in uns komprimieren können." Wir wollten die Grenzen unseres Plans überschreiten und den *Inhalt* dieses wertvollen Aufsatzes darlegen; aber da er bereits in der Sprache der Einfachheit verfasst war und sich der Unheilsgefühle bewusst war, die sich im Allgemeinen aus der Einmischung *in* die Produktion von Genies ergeben, blieb uns nur eine Alternative : entweder vollständig transkribieren oder vollständig ablehnen." Herr Marshall sagt in Anspielung auf seine oben genannte Arbeit: „Wheatley, Mason und die Natur, mit etwas Erfahrung und viel Beobachtung, sind die Hauptquellen, aus denen dieser Teil unserer Arbeit stammt; es war geplant und in Teil geschrieben, inmitten der herrlichen Naturszenerien in Monmouthshire, Herefordshire und Gloucestershire, wo die Reichen und die Romantiker auf eine Art und Weise glücklich miteinander verschmelzen, die in keinem anderen Teil der Insel ihresgleichen sucht." In diesem Werk ist auch Mr. Grays Brief über die Landschaft von *Grasmere Water erhalten* . Seine Beschreibungen vieler Bäume und Sträucher sind äußerst interessant; und er hat sie durch seine häufigen Zitate von Herrn Hanbury noch verstärkt. Er veröffentlichte auch in 8vo. Die ländliche Wirtschaft der südlichen Grafschaften; 2 Bde. – von den Midland Counties, 2 Bde. – von Gloucestershire, 2 Bde. – von Norfolk, 2 Bde. – von Yorkshire, 2 Bde. – Landwirtschaft der Southern Counties, 2 Bde. – Protokolle der Landwirtschaft – und a Rezension der Landschaft, ein Lehrgedicht – und eines Essays über das Malerische. Die Enzyklopädie. of Gardening sagt, nachdem er verschiedene Informationen über ihn mitgeteilt hatte, dass er „sich schließlich 1808 auf ein beträchtliches Anwesen zurückzog, das er in seiner Heimatgrafschaft im Vale of Cleveland besaß, wo er 1819 in fortgeschrittenem Alter starb." war ein Mann von geringer Bildung, aber von starkem und standhaftem Geist: Er verfolgte vom Jahr 1780 bis zu seinem Tod auf die konsequenteste Weise den Plan, den er ursprünglich festgelegt hatte: die landwirtschaftlichen Praktiken der verschiedenen zu sammeln und zu verdichten Grafschaften Englands, im Hinblick auf ein allgemeines Werk über Grundeigentum, das er veröffentlichte; ein weiteres über Landwirtschaft, das er nicht mehr fertigstellte, und ein *Rural Institute* , in dem er durch das Board of Agriculture ersetzt wurde. Seine Beobachtungen zur *Lärche* , in Bd. ich. von seinem „Planting and Rural Ornament" und dem

Eifer, mit dem er die Anpflanzung auf den unfruchtbaren Heideebenen von Surrey, Sussex und Hampshire, auf den kargen und kargen Höhen von Yorkshire, Westmoreland, Cornwall und Devon empfiehlt auf den Welch- und Salopean-Hügeln; und die kraftvolle Sprache, mit der er seine wertvollen Eigenschaften unterstreicht, verdienen die Aufmerksamkeit jedes Mannes mit Vermögen.

WILLIAM SPEECHLY. Er schrieb Hints on Domestic Rural Economy; 8vo. Über die Kultur der Rebe und des Kiefernapfels, mit Hinweisen zur Entstehung der Weinberge in England. Über die Kultur des Kiefernapfels und die Verwaltung des Treibhauses; 8vo. Er machte eine Reise nach Holland, hauptsächlich um die holländische Art des Kiefern- und Weinanbaus zu beobachten. Herr Loudon, in seinem Encyclop. nennt ihn „den Moses der modernen britischen Weinzüchter"; und hat im Gardener's Magazine vom Januar 1828 einen interessanten und ehrenwerten Charakter von ihm gegeben. Er starb 1819 im Alter von 86 Jahren in Great Milton. [60] Marshall hat uns in seinem Werk „Planting and Rural Ornament" Mr. Speechleys sensiblen Brief über die Plantagen des Herzogs von Portland gegeben. Herr Johnson sagt: „Er hat vielleicht jeden praktischen Gärtner seines Alters übertroffen."

PHILIP LE BROCQ , Kaplan des Herzogs von Gloucester, schrieb:

1, Eine Beschreibung bestimmter Methoden zum Pflanzen, Trainieren und Verwalten aller Arten von Obstbäumen, Weinreben usw. London, 8vo. 1786.

2, Skizze eines Plans, um den New Forest zu einem echten Wald zu machen. *Stockdale* , 8vo. 1793.

WALTER NICHOL , den Herr Loudon in seiner Encyclopædia als einen verdienstvollen Autor bezeichnet, und teilt uns mit, dass Herr Nichol „im Jahr 1810 eine ausgedehnte Reise durch England unternahm, um die wichtigsten Sitze und Plantagen zu besuchen, mit der Absicht, nach seiner Rückkehr den *Planter's Calendar* zu verfassen . Diese Arbeit hatte kaum begonnen, als er im März 1811 von einer Krankheit befallen wurde, die ihn plötzlich dahinraffte. Seine Werke scheinen die folgenden zu sein:

Der Gärtnerkalender; oder monatliches Verzeichnis aller Zweige des Gartenbaus; 8vo.

Der Kalender des Pflanzers; oder der Leitfaden für Gärtner und Förster; 8vo.

Das Villa Garden-Verzeichnis; oder monatliches Verzeichnis der in Gärten, Sträuchern usw. durchzuführenden Arbeiten; 12 Monate.

Scotch Forcing Gardener; 8vo.

Der praktische Pflanzer.

Herr Johnson sagt: „Seine Werke sind von höchster Autorität und stehen denen von Abercrombie in nichts nach, da sie das Ergebnis langer Praxis in einer aufgeklärten Ära unserer Kunst sind."

JAMES MADDOCK von der Society of Friends und kommerzieller Florist in Walworth, wo er etwa Mitte des letzten Jahrhunderts den dortigen Blumengarten anlegte, der heute Milliken und Curtis gehört. Er starb um 1806. Er veröffentlichte das Florist's Directory und die Complete Treatise on the Culture of Flowers; 8vo. 1792. Neuauflagen 1810 und 1822.

THOMAS SD BUCKNALL , Esq. veröffentlichte den Orchardist; entnommen aus der Trans. der Gesellschaft. zur Förderung der Künste usw.; *mit Ergänzungen* . 8vo. 1797.

Ich hatte Folgendes ausgelassen, wofür ich Mr. Johnsons History of English Gardening zu Dank verpflichtet bin:

RICHARD RICHARDSON. Von Kult Hortorum, Carmen. 4to. London, 1669.

Von keinem der oben aufgeführten Gartenautoren konnte ich ein Porträt entdecken.

Von Folgendem *haben wir* Porträts: –

LEONARD MASCALLS Porträt erscheint unten auf der seltsamen Titelseite seines „Government of Cattle", 4to. und ist *knapp* . Er veröffentlichte 1572 „Die neue Kunst des Pflanzens und Pfropfens"; 4to. und in 12 Monaten. Eine weitere Ausgabe im Jahr 1652.

DR. WILLIAM BULLEYN praktizierte Physik in Durham. Er starb 1576. Er hatte das Unglück, einen großen Teil seiner Bibliothek durch Schiffbruch zu verlieren. Er wurde wegen Schulden ins Gefängnis geworfen, wo er einen großen Teil seiner medizinischen Abhandlungen verfasste. Bischof Tanner sagt, er sei ein Mann mit scharfem Urteilsvermögen und wahrer Frömmigkeit gewesen. Er wurde allgemein als gebildeter Gelehrter und als Mann der Rechtschaffenheit, des Wohlwollens und der Frömmigkeit geschätzt. Ich erfahre Folgendes von Dr. Pulteney: „Von Dr. Bulleyn gibt es ein Profil mit langem Bart vor seinem „Government of Health" und ein ganzes Stück von ihm aus Holz, dem das „Bulwarke of Defense" vorangestellt ist; " Dieses Buch ist eine Sammlung der meisten seiner Werke. Er war ein Vorfahre des verstorbenen Dr. Stukely, der 1722 das Erlebnis hatte, einen kleinen Kopf von ihm eingravieren zu lassen. Er beweist, dass wir ausgezeichnete Äpfel und Birnen hatten , Pflaumen, Kirschen und Hopfen aus unserem eigenen Anbau (vor der Einfuhr dieser Artikel nach England) von Gärtnern aus London und Kent. Sein Eifer für die Förderung der nützlichen Künste des Gartenbaus, der allgemeinen Kultur des Landes und der Die kommerziellen Interessen des Königreichs verdienten höchstes Lob; und für die Informationen, die er zu seiner Zeit über diese Angelegenheiten hinterlassen hat, schuldet ihm die Nachwelt Anerkennung." In einer Anmerkung zu seinem Leben im Biog. Dikt., 7 Bde. Folio, 1748, ist ein merkwürdiger Bericht über viele Früchte usw. dann in unseren Gärten. Die gleiche Notiz gibt es in Kippis. Richardsons Porträts für Granger geben uns das obige Profil. Mr. Johnson sagt auf Seite 51 seiner „History of English Gardening" treffend: „Dr. Bulleyn verdient die Verehrung jedes Gartenliebhabers für sein energisches Eintreten für die Sache, zu einer Zeit, als es zur Mode geworden war, die Produkte abzuwerten." unserer englischen Gärten. Und auf Seite 57 wird ihm eine gerechtere Hommage gezollt.

THOMAS HYLL , der 1574 in 4to. „The Profitable Arte of Gardening" veröffentlichte. Eine weitere Ausgabe im Jahr 1593, 4to. Sein interessantes Kapitel über Bienen ist diesen Ausgaben ^{beigefügt} . als 1570 und 1574, 4to.; 1568, 12 Monate; und 1563 und 1594, 16 Monate. Bromley erwähnt daher ein Porträt von ihm: „Thomas Hill, Holzschnitt, vorangestellt zu seiner Physiognomie; 12 Monate. 1571. Im Alter von 42 Jahren. Ein Freund von Hyll wendet sich in einem dem obigen Buch vorangestellten Höflichkeitsbrief teilweise an den Leser:

Mit schmerzhafter Feder hat der Schriftsteller in englischer Sprache ausgedrückt:
Das notwendige Hilfsmittel und die mächtige Kraft, die im Hören verbleibt,
Die Zeit zum Setzen, die Zeit zum Pflanzen, die Zeit zum Wiederaufleben,
Dieser Mann hat mit dreifachem Fleiß ans Licht gebracht mit Schmerz.

Die Porträts des Lordkanzlers BACON sind bekannt; aber in Mr. Montagus später Ausgabe seiner Werke ist ein neues oder jugendliches Porträt hinzugefügt, nämlich eine äußerst ausdrucksstarke, intelligente und schöne Miniatur von ihm im Alter von achtzehn Jahren von Hilyard, von dem Dr. Donne sagte:

Diese schöne Ausgabe seiner Werke wird durch fünf Porträts illustriert, die zu verschiedenen Zeiten im Leben seiner Lordschaft aufgenommen wurden; durch Gravuren seines Wohnsitzes und Denkmäler, Faksimiles und andere Verzierungen. In Malletts Ausgabe sind zwei Porträts, eines von Vertue, fein graviert. [62]

GERARDES Porträt (ein schönes) ist seiner eigenen Ausgabe seines Herbal vorangestellt. Unten befinden sich zwei Wappen. Kein Name des Malers oder Graveurs, außer den Initialen WR ineinander verschlungen, die vermutlich von W. Rogers, dem Graveur, stammen. Auf der Titelseite von Johnsons Ausgabe befindet sich ein weiterer guter Kopf von Gerarde, ein kleiner ovaler. Ein Ölporträt von Gerarde wurde am 11. November 1826 von Herrn Christie verkauft. Dr. Pulteney bespricht diese beiden Kräuterbücher. Gerarde wird von Dr. Bulleyn hoch gepriesen und erlangte zu seiner Zeit tatsächlich die verdiente Berühmtheit. Dr. Pulteney berichtet, dass „die tausend Neuheiten, die unsere Weltumsegler Raleigh und Cavendish 1580 und 1588 nach England brachten, ein Maß an Aufmerksamkeit erregten, das heute ohne die Hilfe beträchtlicher Erinnerung nicht leicht vorstellbar ist." Raleigh selbst scheint eine größere Vorliebe für die merkwürdigen Erzeugnisse der Natur gehabt zu haben, als dies den seefahrenden Abenteurern dieser Zeit gemein war. Und die Nachwelt wird diese Reisenden zu den größten Wohltätern dieses Königreichs zählen, da sie das Mittel waren, wenn Man kann der Tradition zugute halten, dass sie die nützlichste Wurzel eingeführt hat, die die Vorsehung für den Dienst am Menschen hervorgebracht hat. Eine Reise rund um den Globus, so vertraut sie in unserer Zeit auch sein mag, war in jener Zeit eine äußerst interessante und fruchtbare Gelegenheit für Nachforschungen Die Rückkehr von Raleigh und der Ruhm seiner vielfältigen Entdeckungen und Sammlungen brachten den berühmten Clusius, damals im fünfundfünfzigsten Jahr seines Lebens, vom Kontinent mit, der zu seiner Zeit mehr zum Bestand der Botanik beitrug als alle seine Zeitgenossen besuchten vereint England zum dritten Mal, um in diesem kritischen Augenblick an der allgemeinen Befriedigung teilzuhaben. In dieser ereignisreichen Zeit befand sich Gerarde in voller Lebenskraft und spürte zweifellos den Einfluss aller Umstände, die ich aufgezählt habe, und erntete den Vorteil." So erscheint eine der Ausgaben von Gerarde im Katalog eines Buchhändlers: – „ Gerardes Kräuter; oder Generall History of Plants, stark erweitert von Johnson, Folio, *schöner Abdruck des Frontispizes von Payne, schönes Exemplar, altes Russland, vergoldeter Rücken, 3 £. 18er Jahre. 1633 .* [63]

WALTER BLYTHES Ganzkörperporträt (das einen nachdenklichen und eindringlichen Aspekt aufweist) ist seinem „English Improver Improved" vorangestellt; und welches Werk Professor Martyn als „ein originelles und unvergleichliches Werk für die damalige Zeit" bezeichnet. Dr. Beale nennt ihn „ehrlichen Captain Blithe".

GERVASE MARKHAMS Porträt ist seinem „Perfekten Reiter" vorangestellt; 8vo. Es wurde für Richardsons Porträts von Granger neu eingraviert. Markham scheint ein guter Soldat und ein guter Gelehrter gewesen zu sein. Er veröffentlichte in 4to. 1623, „Der Garten der Landhausfrau". Er schrieb die Tragödie Herodes und Antipater. Langbaine lobt ihn sehr, und das scheinbar nicht ohne Grund. Dr. Dibden sagt in seinem „Library Companion": „In vielerlei Hinsicht scheint Markham Anspruch auf mehr Beachtung und Anerkennung zu haben." Er übersetzte Leibaults Maison Rustique im Jahr 1616 in 4to. oder kleines Folio und ergänzte es mit vielen Ergänzungen von Oliver de Serres und anderen. Weston sagt in seinem Katalog, dass er die Ausgaben von Barnaby Gooches Husbandry aus den Jahren 1614 und 1631 neu gedruckt habe. Er veröffentlichte viele Bücher über Tierhaltung, Vogelfang, Angeln, militärische Disziplin und Reitkunst. Viele ihrer Titel sind in Langbaine und Weston aufgezählt, und sie scheinen alle in Watts' Bibl ausführlicher aufgeführt zu sein. Brit. Viele Informationen zu Markham finden sich in Bd. ii. der Censura Literaria; und in Sir E. Brydges' Ausgabe von Phillips' Theatrum Poetarum Anglicanorum erscheint vielleicht die beste Liste seiner Werke, mit einer kurzen Abhandlung. [64]

PARKINSONS ausgezeichnetes Porträt von Marshall erscheint auf der Titelseite seines *Theatrum Botanicum aus dem Jahr 1640. Vielleicht besitzt jetzt* jemand das Original. In seinem *Paradisus* von 1635 findet sich eine sehr verdorbene Gravur seines gesunden und herzhaft aussehenden alten Gesichtsausdrucks. In diesem miserablen Schnitt, der auf Holz ist, scheint der Graveur Christopher Switzer keinen Streit *mit der Natur gehabt zu haben, „um das Leben zu übertrumpfen* ". Marshalls Kopf wird für Richardsons Illustrationen für Granger neu eingraviert. Parkinson erlangte einen solchen Ruf, dass er zum Apotheker von König James ernannt wurde. Er wurde zum Kräuterheilkundler Karls I. ernannt. Dr. Pulteney lobt beide oben genannten Werke, insbesondere das *Theatrum* . Alle uns vorliegenden Erinnerungen an die private Geschichte dieses äußerst fleißigen und eifrigen Kräuterkundigen sind sehr spärlich. Er starb etwa 1645 im Alter von etwa 78 Jahren. Der seltsame Inhalt seines *Paradisus* wird in Johnsons English Gardening ausführlich erzählt. Beim Durchblättern der oben genannten Seiten könnte man ausrufen:

————„Kein Baum, keine
Pflanze, kein Blatt, keine Blüte, sondern ein Folioband. Wir können lesen
und lesen und noch einmal lesen und trotzdem etwas Neues finden, etwas,
das uns gefällt, und etwas, das wir belehren können im bescheidenen
Unkraut.

Das Obige ist kaum besser als das von Switzer. Es scheint kein
originalgetreues Porträt von Parkinson zu geben, sondern das von Marshall,
der *das Glück hatte,* neben seinem eigenen noch weitere Porträts zu zeichnen.

Hollars eindrucksvolle Porträts der TRADESCANTS sind bekannt. Auf ihrem
Grab in Lambeth sind die folgenden Zeilen Teil der Inschrift:

beide Gärtner der Rosen- und Lilienkönigin gewesen waren und jetzt selbst
verpflanzt wurden, schlafen hier;
und wenn Engel mit ihren Posaunen die Menschen wecken und Feuer die
Welt reinigen wird, werden diese sich erheben und diesen Garten in ein
Paradies verwandeln.

Im Ashmolean Museum befindet sich ein Porträt des SOHNES *in seinem Garten
mit einem Spaten in* der Hand. In Mr. Nichols' „Illustrationen für Granger",
das aus fünfundsiebzig Porträts besteht, erscheinen die der Tradescants,
Vater und Sohn. Smith gravierte auch John Tradescant mit seinem Sohn und
ihrem Denkmal aus dem Jahr 1793. Herr Weston beschreibt in seinem
Katalog ausführlich das *Museum Tradescantium* . Dr. Pulteney stellt fest, dass

„in einem Werk, das dem Gedenken an Botaniker gewidmet ist, ihr Name zu hoch steht, um nicht eine ehrenvolle Anerkennung zu verlangen; da sie schon früh durch ihren Garten und ihr Museum dazu beigetragen haben, eine gewisse Neugier zu wecken." äußerst nützlich für den Fortschritt und die Verbesserung der Naturgeschichte im Allgemeinen. Der Leser kann einen merkwürdigen Bericht über die Überreste dieses Gartens sehen, der im Jahr 1749 vom verstorbenen Sir W. Watson erstellt und im Band des Phil. gedruckt wurde . Übers. Der Sohn starb 1662. Seine Witwe errichtete zum Gedenken an die Familie auf dem Kirchhof von Lambeth ein merkwürdiges Denkmal, von dem ein ausführlicher Bericht und Stiche einer Zeichnung davon in der Pepysian Library in Cambridge vorliegen von dem verstorbenen gelehrten Dr. Ducarel, in Bd. lxiii. der Phil. Trans.

SIR HENRY WOTTON , Propst von Eaton. Sein Porträt findet sich unter anderem in Isaac Waltons Lives of Wotton. Es begleitet natürlich Zouchs und die anderen bekannten Ausgaben von Isaac Waltons Lives. In Evans' Illustrations to Granger ist Sir H. Wotton zu sehen, aus dem Bild in der Bodleian Library, gestochen von *Stow* . In Sir Henrys Reflections on Ancient and Modern Learning findet sich sein Kapitel „On Ancient and Modern Agriculture and Gardening". Cowley schrieb eine Elegie über ihn, die so beginnt:

Was sollen wir sagen, denn jetzt ist er schweigsam,
der, als er sprach, alle Dinge verstummen ließ; der so viele Sprachen bereithielt, dass nur der Ruhm mit mehr von ihm sprechen kann.

Isaac Walton veröffentlichte 12 Monate lang „ *Reliquiæ Wottonianæ* , or, Lives, Letters, Poems, &c. by Sir Henry Wotton". 1654, mit Porträts von Wotton, Charles I., Earl of Essex und Buckingham. Sir E. Brydges druckte in seiner Privatdruckerei im Lee Priory „Sir Henry's Characters of the Earl of Essex and Buckingham". In den *Reliquiæ* ist neben vielen merkwürdigen und interessanten Artikeln Sir Henrys zarter Komplimentbrief an Milton erhalten, als er von ihm *Comus erhielt* . Als Sir Henry in Venedig lebte (wohin er von James auf drei verschiedene Botschaften geschickt wurde), kaufte er für die großzügige Förderung der Malerei, dem Herzog von Buckingham, mehrere wertvolle Bilder, die der prächtigen Sammlung des Herzogs hinzugefügt wurden. Isaac Waltons „Life of Wotton" kommt zu dem Schluss: „Sterben würdig seines Namens und seiner Familie, würdig der Liebe so vieler Fürsten und Personen von herausragender Weisheit und Gelehrsamkeit, würdig des Vertrauens, das ihm für den Dienst an seinem Fürsten und seinem Land anvertraut wurde." ." Und in seinem Angler schildert er so liebevoll die herzliche Zuneigung, die er zu Wotton empfand: „ein Mann, mit dem ich oft angeln und mich unterhalten habe, dessen Gelehrsamkeit, Witz und Fröhlichkeit dazu führten, dass seine Gesellschaft zu einer der Freuden von Wotton wurde." Menschheit. Frieden und Geduld und eine ruhige Zufriedenheit lebten im fröhlichen Herzen von Sir Henry Wotton zusammen."

SIR THOMAS BROWNE. Mr. Dallaway erwähnt in seinen Anecdotes of the Arts das folgende Porträt von Sir Thomas: „Im Devonshire-House ist eine Familiengruppe von Sir Thomas Browne bei Dobson. Er lächelt mit größter Selbstgefälligkeit seinen Kindern zu, die umgib ihn." Sein Porträt wird auch seinen Werken vorangestellt. Die Biographie. In Dict., Folio, 1748 heißt es: „Sein Bild im College of Physicians zeigt, dass er außergewöhnlich gutaussehend war und in einzigartigem Maße den Segen eines ernsten, aber dennoch fröhlichen und einladenden Gesichts besaß. " " Das gleiche Werk verleiht ihm außerdem einen äußerst liebenswürdigen Charakter. Herr Ray versäumt es in seiner Ornithologie nicht, seinem Assistenten und Freund, „dem verdientermaßen berühmten Sir Thomas Browne", ein gerechtes Kompliment zu machen. Evelyn erwähnt im Jahr 1671, dass der Garten von Sir Thomas Browne in Norwich ein Paradies an Sorten enthielt und dass die Gärten aller Bewohner voller ausgezeichneter Blumen waren. Switzer sagt: „Die edle Eleganz seines Stils hat seitdem viele dazu veranlasst, seine Werke zu lesen (von denen das von *Cyrus' Gärten* zu den hellsten gehört), obwohl sie wenig Neigung zur Ausübung der Gartenarbeit selbst hatten. Es bleibt nichts übrig." dass ich davon gehört habe, dass er die Gartenarbeit tatsächlich selbst in die Praxis umgesetzt hat; aber einige seiner letzten Arbeiten waren Beobachtungen zu mehreren seltenen Pflanzen, die in der Heiligen Schrift erwähnt werden; und von Girlanden und Koronargartenpflanzen und -blumen, es ist vernünftig anzunehmen, dass er es getan hat; und die Liebe Er hatte es so früh und spät entdeckt und war in der wunderbaren Ausübung davon vollendet. Er sagt weiter: „Seine ausgefeilte und geniale Feder hat den Adel unseres Themas nicht wenig gesteigert." [65] Seine Werke wurden in 1 Bd. veröffentlicht. Folio, 1686, mit seinem Porträt, gestochen von White. Sein Porträt erscheint auch in seinen „Certain Miscellany Tracts", 8vo. Eine Liste seiner zahlreichen Werke finden Sie im Biogr. Wörterbücher oder in Watts' Bibl. Britt. Seinen „christlichen Moralvorstellungen" hat Dr. Johnson sein Leben vorangestellt. Es ist so meisterhaft geschrieben, dass es unmöglich ist, auch nur eine Zusammenfassung zu geben. Dr. Kippis hat es jedoch teilweise transkribiert. Als Mann *virtute et literas ornatissimus wurde er zum Honorary Fellow des College of Physicians gewählt* . Im Jahr 1671 erhielt er die Ehre des Rittertums von Karl II., einem Prinzen (sagt Dr. Johnson), „der trotz vieler Schwächen und Laster dennoch die Fähigkeit besaß, Exzellenz zu entdecken, und Tugend, um ihn mit solchen Ehrenauszeichnungen zu belohnen." Zumindest kostete es ihn nichts, und doch hatte es, verliehen von einem so vernünftigen und so beliebten König, die Macht, Verdiensten neuen Glanz und größere Popularität zu verleihen. So lebte er in hohem Ansehen, bis in seinem sechsundsiebzigsten Lebensjahr an seinem Geburtstag, dem 19. Oktober 1682, in Norwich eine Krankheit, die ihn eine

Woche lang quälte, seinem Leben ein Ende setzte. „Einige von ihm Die letzten Worte (wie uns *Whitefoot* erzählt) waren Ausdruck der Unterwerfung unter den Willen Gottes und der Furchtlosigkeit vor dem Tod. Dr. Johnson bemerkt: „Die Wertschätzung der Nachwelt hängt nicht vom Lob anderer ab, sondern von seinen eigenen Schriften; diese wird ihm nicht so leicht entzogen werden, während die Gelehrsamkeit bei den Menschen jeglichen Respekt genießen soll: Denn es gibt keine Wissenschaft, in der er nicht eine Fertigkeit entdeckt hätte, und es gibt kaum irgendeine Art von Wissen, ob profan oder heilig, abstrus oder elegant, das er nicht offenbar mit Erfolg kultiviert hätte. Sein Überfluss an Wissen und seine Fülle an Ideen, behindert manchmal die Tendenz seines Denkens und die Klarheit seiner Entscheidungen. Welches Thema auch immer er beschäftigte, es tauchten sofort so viele Bilder vor ihm auf, dass er eines verlor, indem er ein anderes erfasste. Sein Gedächtnis versorgte ihn mit so vielen Illustrationen, parallele oder abhängige Vorstellungen, dass er immer mit Nebenerwägungen begann. Aber der Geist und die Kraft seiner Verfolgung erfreuen immer ; und der Leser folgt ihm ohne Zögern durch seine Labyrinthe, die an sich blumig und angenehm sind und am Punkt enden ursprünglich im Blick. Es bleibt noch ein Einwand gegen die Schriften von *Browne* , der gewaltiger ist als die Vorwürfe der Kritik. Es gibt Passagen, die einige zum Anlass nehmen, ihn zu den Deisten zu zählen, andere zu den Atheisten. Es wäre schwer zu erraten, wie eine solche Schlussfolgerung gezogen werden sollte, wenn die Erfahrung nicht gezeigt hätte, dass es zwei Arten von Männern gibt, die bereit sind, den Katalog der Ungläubigen zu erweitern. Wenn *Browne* aufgrund der Wut seiner Freunde oder der List seiner Feinde zu den Verehrern der Religion gezählt wurde, ist es keine schwierige Aufgabe, ihn zu einem der eifrigsten Bekenner des Christentums zu machen. Vielleicht hat er in der Glut seiner Einbildungskraft einen Ausdruck gewagt, den ein Geist, der auf Fehler bedacht ist, als Häresie interpretieren könnte, wenn er getrennt vom Rest .seiner Rede betrachtet würde; aber eine Phrase ist nicht im Gegensatz zu Bänden. Es gibt kaum einen Schriftsteller, dessen Beruf nicht die Göttlichkeit war, der so oft seinen Glauben an die heiligen Schriften zum Ausdruck gebracht hat, der sich mit so uneingeschränkter Unterwürfigkeit an sie gewandt oder sie mit so gleichbleibender Ehrfurcht erwähnt hat.

JOHN EVELYN, ESQ. Sein Porträt von Nanteuil und das von Kneller, der seine *Sylva* in der Hand hält, sind in Mr. Brays Memoiren gut eingraviert. Die folgende Bemerkung stammt aus der Quarterly Review in ihrer Rezension desselben Werks aus dem Jahr 1818: „Mit vier Jahren wurde ihm das Lesen vom Pfarrschulmeister beigebracht, dessen Schule sich über der Kirchenvorhalle befand; und mit sechs Jahren." Sein Bild wurde von einem gewissen Chanteral gezeichnet, kein schlechter Maler.' Wenn dieses Porträt, was nicht unwahrscheinlich ist, in der Familie erhalten bliebe, hätte es für das vorliegende Werk eingraviert werden sollen; es wäre sehr interessant gewesen, das Gesicht einer solchen Person in der Kindheit, in der Blüte ihrer Jahre zu vergleichen Sein Kopf wurde von Nanteuil graviert, und zwar im hohen Alter, als er Sir G. Kneller traf. In Aubrey's Surrey, Bd. iv. Es gibt viele interessante Einzelheiten über Herrn Evelyn und seine Familie, und er gibt eine Liste seiner Werke. Er sagt: „Sein Bild wurde dreimal in Öl gezeichnet: zuerst im Jahr 1641 von einem gewissen Vanderborcht, der gleichzeitig mit Hollar, dem Graveur, vom Earl of Arundel aus Deutschland gebracht wurde; ein zweites Mal im Jahr 1648 von Walker; und das dritte Mal von Sir G. Kneller für seinen Freund Mr. Pepys von der Admiralität, von dem das bei der Royal Society eine Kopie ist. Es gibt einen Druck von ihm von Nanteuil, der ihn ebenfalls mehr als einmal in Schwarz und Weiß gezeichnet hat weiß, mit Tusche; und ein Bleistiftbild von Luterel. Herr Evelyn lebte in der geschäftigen Zeit von Charles I., Cromwell, Charles II., James II. und William. Er hatte viel persönlichen Kontakt mit Karl II. und Jakob II. und pflegte große Vertraulichkeit mit vielen Ministern dieser beiden Monarchen und den bedeutenden Männern jener Tage. Ausländer, die sich durch Bildung oder Kunst auszeichneten und nach England kamen, verließen es nicht, ohne ihn zu besuchen. Wir können davon ausgehen, dass seine Manieren von höchst angenehmer Art waren, denn seine Gesellschaft wurde von den bedeutendsten Männern gesucht, und zwar nicht nur, weil er an ihren eigenen Tischen saß, sondern auch, wenn sie ihn wiederholt in seinem eigenen Haus besuchten. Mr. Evelyn erreichte das stolze Alter von 86 Jahren und wünschte, dass auf seinem Grab folgende Worte eingraviert würden: „Alles, was nicht ehrlich ist, ist Eitelkeit, und es gibt keine solide Weisheit außer in echter Frömmigkeit." [66] Cowley sagt in einem Brief an ihn: „Ich kenne niemanden, der mehr privates Glück besitzt als Sie in Ihrem Garten; und dennoch keinen Menschen, der sein Glück durch eine freie Kommunikation der Kunst und des Wissens öffentlicher macht." es an andere weiterzugeben. Alles, was ich selbst noch tun kann, ist, der Menschheit nur die Suche nach dieser Glückseligkeit zu empfehlen, die du ihnen beibringen kannst, sie zu finden und zu genießen." Die Quarterly Review spricht daher von seiner *Sylva* : „Die Sylva blieb ein schönes und bleibendes Denkmal seiner Vergnügungen, seiner Beschäftigungen und seiner Studien, seines privaten Glücks und seiner öffentlichen Tugenden. Der größte Teil der Wälder, die in…" Als Folge von Evelyns Schriften wurden die Eichen abgeholzt; die Eichen trugen die britische Flagge in Meere und Länder, die zum Zeitpunkt ihrer Pflanzung unentdeckt waren, und eine Generation nach der anderen wurde in den Ulmen begraben. Die Bäume seines Zeitalters, die vielleicht noch existieren Stehen, stehen kurz vor ihrem Verfall und ihrer Auflösung: aber sein Name ist frisch im Land, und sein Ruf, wie die Bäume eines indischen Paradieses, existiert und wird weiterhin in voller Stärke und Schönheit existieren, unbeschadet durch den Verlauf Zeit." Herr Loudon, in seiner Enzyklopädie. von Gardening, spricht so über ihn:

„Evelyn gilt allgemein als eine der wärmsten Freundinnen von Verbesserungen im Garten- und Pflanzenbau, die es je gegeben hat. Er wird von Wotton in seinen Reflections on Ancient and Modern Learning *gelobt* mehr getan haben als alle früheren Zeitalter." Switzer nennt ihn „den guten Knappen, den König der Gärtner". Sein Leben (sagt Herr Walpole) „war ein Kurs der Forschung, des Studiums, der Neugier, der Belehrung und des Wohlwollens. Er wusste, dass der Ruhestand in seinen eigenen Händen Fleiß und Nutzen für die Menschheit bedeutete, in denen anderer hingegen Faulheit und Nutzlosigkeit. "

Es erscheinen die folgenden moderneren Veröffentlichungen über Herrn Evelyn:

1. Sylva, mit Notizen von Hunter; in 4to und 8vo.

2. Erinnerungen und Korrespondenz von Herrn Evelyn. Herausgegeben von Herrn Bray. 5 Flüge. 8vo. *Porträts* und andere Platten. 3 £. 10s. Eine weitere Ausgabe, in 2 Bänden, 4to.

3. Evelyns sonstige Schriften, gesammelt und herausgegeben, mit Anmerkungen, von Mr. Upcott. Bildung einer Ergänzung zu den Evelyn Memoiren. 1 Bd. 4to. mit Tellern, 1825. £3. 10s.

Die Enzyklopädie. of Gardening zählt das gesamte Werk von Mr. Evelyn auf. So auch Dr. Watts in seiner Bibl. Britt.; und Mr. Johnson in seiner Geschichte des englischen Gartenbaus. [67]

ABRAHAM COWLEY. Die Porträts von ihm sind bekannt. Das in der Ausgabe von Bishop Hurd ist sehr ordentlich. Dasselbe Porträt ist auch gut für Ankars' Cowley-Ausgabe eingraviert; und auch darin von Aikens, in 8vo. Dean Sprat hat seiner Ausgabe von Cowley sein von Faithorne gestochenes Porträt vorangestellt und würdigt in seinem Vorwort sein Andenken herzlich und gerecht. Als Karl II. sein Tod verkündet wurde, erklärte er, dass Herr Cowley in England keinen besseren Mann zurückgelassen habe. Cowley richtet sein Kapitel „*Gärten* " (das seine Freude an ihnen deutlich zum Ausdruck bringt) an Mr. Evelyn. Er schrieb dieses Epitaph für sich selbst:

Von den überflüssigen Sorgen des Lebens vergrößert,
Seine Schuld der menschlichen Arbeit beglichen, Hier liegt COWLEY , unter diesem Schuppen,
Für alle weltlichen Interessen *tot* :
Mit anständiger Armutszufriedenheit; 'd,Und da er den Reichtum hasst,
wird er von allen gestreichelt.'Es ist sicher, dass er *tot ist* ; denn siehe! Wie klein
ist jetzt ein Fleckchen Erde für ihn! O! Ich wünsche mir, dass die Erde
sanft liegt und alle Sorgen weit weg sind! Bringt Blumen mit, die
kurzlebigen Rosen bringen sie zum *Leben* , als Opfergabe für den

Verstorbenen!
Und um den Dichter herum streuen Süßigkeiten, während seine Asche
noch mit Leben glüht.

JOHN ROSE , Obergärtner des Lord Essex, im Essex-House am Strand. Er
schickte ihn, um die berühmten Schönheiten in den Gärten von Versailles zu
studieren. Anschließend wurde er Chefgärtner von Karl II. in den
königlichen Gärten im St. James's Park. Sein Porträt ist in Kensington auf
einem Ölgemälde zu sehen, wo er seiner Majestät während eines Besuchs bei
der Herzogin von Cleveland in Downey Court, Buckinghamshire, eine Kiefer
überreicht. Es wurde kürzlich in Mezzotinto graviert. Er war der Autor von
„The English Vindicated, and the Way of Making Wine in France“; erstmals
gedruckt bei Evelyn's French Gardener, 1672, 12 Monate. Weitere Ausgaben
1675, 1676 und 1690, in 8vo. Das Vorwort stammt von Evelyn, ebenso wie
The Art of Making Wine. Rose brachte Zwergobstbäume in den Gärten von
Hampton Court, Carlton und Marlborough House zu großer Perfektion.
Switzer spricht über ihn: „Er galt damals als der Beste seines Fachs und sollte
für die Ermutigung in Erinnerung bleiben, die er einem seiner Diener gab,
der seitdem die größte Figur gemacht hat, die jemals ein Gärtner gemacht
hat.“ tat, ich meine Mr. London. Mr. Rose zählt wohl zu den größten
Virtuosen dieser Zeit (inzwischen verstorben), die alle zu ihren Lebzeiten
gerne seine Gesellschaft akzeptierten.“

CHARLES COTTON. Er veröffentlichte 12 Monate lang „The Planter's
Manual“. 1675. Vorangestellt ist ein ländliches Frontispiz von Van Houe.
Herr Johnson nennt ihn zu Recht „einen der *Scriptores Minores* des
Gartenbaus“. Seine „hingebungsvolle Verbundenheit mit Izaak Walton ist
der beste Beweis, den wir für sein von Natur aus freundschaftliches Wesen
haben.“ Sein Porträt ist in Mr. Majors umfangreich illustrierten und
attraktivsten Ausgaben des Angler fein eingraviert; ein entzückendes Buch,
das ein „beispielloses Bild der ländlichen Natur“ zeigt. Das Porträt von Mr.
Cotton ist auch gut in Zouchs Life of Walton eingraviert; und in den vielen
anderen merkwürdigen und ausgeschmückten Ausgaben von Walton und
Cotton's Angler. Er übersetzte die berühmten Essays von Montaigne mit so
viel Wahrheit und Geist, dass er von diesem überlegenen Kritiker, dem
Marquis von Halifax, ein äußerst elegantes Lob erhielt. Sir John Hawkins
nennt es „eines der wertvollsten Bücher der englischen Sprache“. Eine
vollständige Liste der Werke von Herrn Cotton erscheint in Watts' Bibl. Britt.
Als er in seinen „*Wonders of the Peake*“ die Säule der Königin von Schottland
beschreibt, bricht er folgendermaßen aus:

Erhabene *Maria* , es wäre glücklich gewesen,
hättest du damals eine Höhle wie diese gefunden, um deine heilige Person
vor jenen Grenzspionen zu schützen, die einer souveränen Prinzessin zu
erringen drohen, als Neptun deine glaubwürdige Unschuld allzu eifrig an

dieses treulose Ufer trug. Oh, *England* ! Einst hattest du den einzigen Ruhm
, gütig zu allen zu sein, die hierher kamen, um Zuflucht und Schutz zu
finden. Wie konntest du deine gute Natur jetzt so seltsam ändern, wo es so
viel Vorzüglichkeit zu bewegen gab, nicht nur dein Mitgefühl, sondern auch
deine Liebe? Es war seltsam Erde, außer *kaledonischem* Boden,
So unverschämt könnte ein Bösewicht gefunden werden, So majestätisch
und süß anzuklagen; Oder danach würde ein Richter Ihr Urteil nicht
ablehnen; oder dass selbst unter den blutigsten Henkern eine Durst
gefunden wurde, die, obwohl ihr Gesicht verschleiert und der Hals gesenkt
war, den schönsten Kopf abschlagen würde, der je eine Krone trug. Und
was für eine Staatspolitik es hier geben könnte, Was das Recht allzu oft
stört, darüber kann ich nicht urteilen. Aber bis hierhin wage ich es, mutig
zu sein, eine Trampeltat, die die Sonne noch nie gesehen hat. [68]

Plott nennt in seinem Buch Staffordshire Mr. Cotton „seinen würdigen,
gelehrten und genialsten Freund". Sir John Hawkins spricht über ihn: „Er
war sowohl ein Witzbold als auch ein Gelehrter; von offenem, fröhlichem
und gastfreundlichem Wesen; ausgestattet mit ausgezeichnetem
Gesprächstalent und der Höflichkeit und Freundlichkeit eines Gentleman."
Er spricht weiter über eines seiner Gedichte: „Die Verse von Charles Cotton
sollten nicht wegen ihrer höfischen und eleganten Wendung gelobt werden;
sie fließen so wunderbar in Gefühle und Empfindungen, so viel vom Besten.
" Darin sind unsere Natur vermischt und so viel Fantasie zum Vorschein
gekommen, dass einer unserer angesehensten lebenden Dichter mehrere
Passagen seiner Ode an den Winter angeführt hat, um die Eigenschaften der
Fantasie allgemein zu veranschaulichen. Er muss viele liebenswerte
Eigenschaften besessen haben, denn der gütige und fromme Walton schließt
einen Brief an seinen „höchst geehrten Freund, Charles Cotton, Esq." ab:
„Obwohl ich mehr als hundert Meilen von Ihnen entfernt bin und in den
achtzig- Im dritten Jahr meines Alters werde ich beides vergessen und
nächsten Monat eine Pilgerreise beginnen, um Sie um Verzeihung zu bitten:
denn ich würde zu Ihren Gunsten sterben, und bis dahin werde ich leben,
Sir, Ihr liebevollster Vater und Freund, Isaac Walton. Man kann sich nicht
darüber wundern, dass der gute alte Mann den höflichen und wohlerzogenen
Mr. Cotton besuchen und den Verkehr gastfreundlicher Großstädter in der
Nähe der Hirtenflüsse von Dove genießen wollte, als er eine Einladung wie
die folgende erhielt an seinen „lieben und würdigsten Freund, Herrn Isaac
Walton:"—

Während wir in diesem kalten und stürmischen Klima,
wo trostlose Winde heulen und Stürme toben, die schlimmste Zeit
verbringen, die es seit vielen Jahren gegeben hat;

Während aus den stürmischsten Winkeln die kältesten Windböen in

unseren Frieden eindringen und durch große Regenfälle unsere kleinsten
Bäche fast schiffbar gemacht werden;

Während alle Übel so gebessert sind, Von diesem toten Viertel des Jahres,
Das nicht einmal Sie, so sehr Geliebte, Wir möchten jetzt hier bei uns sein;

In diesem Anwesen, sage ich, ist es für uns ein Trost anzunehmen, dass Sie,
unser lieber Freund, in einem besseren Klima als diesem mehr Ruhe haben;

Und es bereitet mir eine gewisse Freude, auch wenn die Natur jetzt im
Regen weint, bei dem Gedanken, dass ich sie lächeln gesehen habe und es
glücklicherweise noch einmal tun darf.

Wenn es der allherrschenden Macht gefällt, werden wir einen weiteren Mai
erleben. Wir werden ein ganzes Zeitalter dieser schlechten Tage mit einem
schönen Angeltag belohnen.

Dann haben wir ein oder zwei Tage,
vielleicht eine Woche, wo wir versuchen können, was die Hand des besten
Meisters mit der tödlichsten Todesfliege anrichten kann:

Ein Tag mit nicht allzu hellem Strahl, einer warmen, aber nicht sengenden
Sonne, einem südlichen Sturm Rollen Sie den Strom, und, Meister, die
Hälfte unserer Arbeit ist erledigt.

Dort, während wir hinter irgendeinem Busch darauf warten, die schuppigen
Menschen zu verraten, werden wir es mit tückischen Ködern beweisen, um
die jagenden *Forellen* zu unserer Beute zu machen.

Und denken Sie, dass wir in einer solchen Stunde glücklicher sind als
diejenigen, wenn auch nicht so hoch, die wie die *Leviathane von gemeineren
Menschen die kleineren Jungfische* verschlingen

.

Das, mein bester Freund, in meinem armen Zuhause wird unser
Zeitvertreib und unser Thema sein; aber wenn du dich dann nicht
herablassen solltest, zu kommen, machst du das alles zu einem
schmeichelhaften Traum.

die die moralischen Seiten von Isaac Walton so ungekünstelt beschreiben, ist
es unmöglich, nicht an den Namen des verstorbenen Autors von Salmonia
zu denken und darüber *nachzudenken* Auf diesen Seiten lenkte er oft seinen
kraftvollen Geist von seinen ernsten und brillanten Entdeckungen ab. Wir
können jetzt nur noch den (fast) vorzeitigen Tod dieses hochrangigen

Philosophen, dieses großen Wohltäters der Künste und engagierten Förderer der Wissenschaft beklagen, dessen sterbliche Überreste an einem der schönsten Abende in sein schlichtes Grab in Genf überführt wurden des Sommers, gefolgt von dem beredten und liebenswürdigen Historiker De Sismondi und anderen gelehrten und berühmten Männern. Man kann auf seine letzten Momente in Genf (wo er erst einen Tag zuvor angekommen war) diese Zeilen seines eigenen Lieblings Herbert anwenden:

Süßer Tag, so kühl, so ruhig, so hell,
die Braut der Erde und des Himmels,
süße Taue werden deinen Fall heute Nacht beweinen,
denn du musst sterben! [69]

VON SAMUEL GILBERT ist seinem „Florist's Vade Mecum" vorangestellt; 12 Monate. In seinem „Gardener's Almanack" findet sich eine besondere Beschreibung der Rosen, die zu dieser Zeit in den englischen Gärten kultiviert wurden. Er war der Autor von „Fons Sanitatis, or the Healing Spring at Willowbridge Wells". Er war der Schwiegersohn von John Rea, dem Autor von Flora, und der die Gärten von Gerard's Bromley plante. Willowbridge Wells liegt nicht weit von den einst prächtigen Gärten entfernt.

JACOB BOBART , der Ältere, ist ein bewundernswertes Porträt von D. Loggan, aufgenommen im Alter von einundachtzig Jahren und gestochen von Burghers. Granger sagt, es sei äußerst selten. Unter dem Kopf, der auf 1675 datiert ist, befindet sich dieses Distichon:

Du deutscher Fürst der Pflanzen, jedes Jahr
gewähren dir Tausende von Untertanen einen Zuschuss.

Es ist ein ehrwürdiges Gesicht voller tiefer Gedanken. Richardson hat dies in seine Illustrationen für Granger eingraviert. Granger erwähnt auch eine ganze Länge von Bobart in einem Garten, Hund, Ziege usw. 4to. Die Enzyklopädie. of Gardening sagt: „Bobarts Nachkommen leben immer noch in Oxford und sind als Kutschenbesitzer bekannt." Besitzt keiner von ihnen das Originalgemälde? Die Großzügigkeit des Earl of Danby setzte Bobart 1632 als Aufseher im Physic Garden in Oxford ein; und dieser Garten blühte viele Jahre unter seiner Obhut und der seines Sohnes Jacob, über dessen Eifer und Fleiß Dr. Pulteney berichtet. Der ältere Bobart war der Autor des *Hortus Oxoniensis* von 1648. Wood teilt uns in seinen Athenæ mit, dass „Jacob Bobart im Februar 1679 in seinem Gartenhaus starb, woraufhin sein Leichnam in der Kirche St. Peter begraben wurde." , Oxon." Er hinterließ zwei Söhne, *Jacob* und *Tilleman* . Tilleman wurde Kutschermeister zwischen Oxford und London, doch nachdem er das Pech hatte, sich das Bein zu brechen, wurde er zu einer der Perlen der Universität. Im Vorwort zu Mr. Nicholls' spätem, merkwürdigem Werk über Autogramme und andere *Alben* im British Museum wird das von David Krein erwähnt, in dem sich das Autogramm von Jacob Bobart mit diesen Versen befindet;

———"virtus sua gloria.

Denken Sie an den verlorenen Tag, dessen untergehende Sonne aus Ihrer Hand keine edle Tat vollbracht hat.

Ihr Erfolg und Glück wünscht Ja. Bobart, Oxford aufrichtig."

Aus Rays Pflanzengeschichte geht hervor, dass Jacob Bobart, der Sohn, ihm häufig von seltenen Pflanzen erzählte. Es war dieser Sohn, der den zweiten Band von Morrisons Oxford History of Plants veröffentlichte, das ausgezeichnete Vorwort verfasste und Burghers mit der *Gravur* vieler der neuen Pflanzen beauftragte; welche Stiche von Pulteney sehr gelobt werden. Herr Johnson macht Bobart auf Seite 148 seiner „History of Gardening" daher ein großes Kompliment: „Eine Phalanx von Botanikern waren damals Zeitgenossen, die weder frühere Zeitalter erreichten noch die nachfolgenden übertrafen. Ray, Tournefort, Plumier, Plukenet, Commelin." Man kann sagen, dass Rivinus, *Bobart , Petiver, Sherard, Boccone und Linnæus im gleichen Alter gelebt haben. "*

JAMES GARDINER. Sein Porträt ist von Vertue aus der Zeit nach Verelst gestochen und seiner Übersetzung von *Rapin on Gardens* , 8vo, vorangestellt. zweite Ausgabe; kein Datum. Eine dritte Ausgabe, 8vo. 1728. Ich glaube, er hat auch „Über die Seligpreisungen" geschrieben; 2 Flüge. 8vo. Switzer sagt, dass dieses „unvergleichliche lateinische Gedicht von einem genialen und würdigen Geistlichen und einem großen Liebhaber der Gartenarbeit, Mr. Gardiner, Subdekan von Lincoln, übersetzt wurde." Anschließend wurde er (glaube ich) Bischof von Lincoln; und ein lateinisches Epitaph zu diesem Bischof befindet sich in Pecks *Desid. Curiosa.* Es gibt einen Druck von „Jacobus Gardiner, Episc. Lincoln", gestochen von George White, aus der Zeit nach Dahl.

SIR WILLIAM TEMPLE. Die Porträts dieses würdigen Mannes sind zahlreich. Besonders schön ist der Stich von Vanderbane, der von Sir Peter Lely stammt. Auch Vertues Stiche von Sir Peter in den Folioausgaben von 1720 und 1740 sind gut. Dasselbe Porträt ist fein säuberlich in die Gedichtsammlung des verstorbenen Mr. Nichol eingraviert. Houbraken hat dasselbe auch für Birch's Lives eingraviert. Nachdem Sir William Temple zwanzig Jahre lang mit ausländischen Mächten verhandelt hatte, zog er sich 1680 aus dem öffentlichen Leben zurück und widmete seine Zeit literarischen Beschäftigungen. Er war viele Jahre lang Botschafter am holländischen Hof und eignete sich dort sein Wissen und seinen Geschmack im Gartenbau an. Er hatte einen Garten in Sheen und später einen weiteren in Moor Park, wo er 1700 starb; und obwohl sein Körper in der Westminster Abbey begraben wurde, war sein Herz in einer silbernen Urne unter einer Sonnenuhr im letzteren Garten eingeschlossen. Sein Aufsatz „Über die Gärten des Epikur oder über die Gartenarbeit im Jahr 1685" ist in allen Ausgaben seiner Werke abgedruckt. [70] Diese Werke werden in 2 Bänden veröffentlicht. Folio und 4 Bde. 8vo. Switzer sagt in seiner Geschichte des Gartenbaus, die erstmals 1715 veröffentlicht wurde: „Dass er ein großer Liebhaber des Gartenbaus war, geht aus seinen eigenen Schriften und mehreren Obstsorten hervor, die er aus Holland usw. sowie von ... mitgebracht hat." das Zeugnis seiner *noch lebenden Nachbarn* , der größte Trost seines Lebens war in den klaren Abständen, die er mit öffentlichen Angestellten hatte, in seinen geliebten Gärten in *Sheen* . Und in seinem Buch Fruit Gardener sagt er, dass „die Pracht und Großzügigkeit dieses großen Liebhabers des Pflanzenanbaus große Mengen der besten Trauben unter den Gärtnern in London sowie unter dem Adel und dem Adel verteilte." Lord Mountmorris spricht über ihn: „Der Ruhestand dieses großen Mannes hat der Nachwelt das unschätzbarste Erbe hinterlassen. Über den Geschmack und die Eleganz seiner Schriften kann man nie genug sagen, so erleuchtet sie auch von der Redlichkeit und Offenheit, die sie durchdringen." sie und jene Reize, die die Wahrheit unwiderstehlich machen. Obwohl andere Schriftsteller für den Gelehrten eher Gegenstand der Nachahmung sein mögen, ist sein Stil sicherlich am besten für den Politiker und den Mann der Mode geeignet; eine solche Meinung würde auch nicht abgegeben werden Dabei handelte es sich nicht um eine Anekdote über Swift, die ich vom verstorbenen Mr. Sheridan kannte, der mir erzählte, der Dekan habe ihn immer als das beste Modell empfohlen und wiederholt gesagt, dass der Stil von Sir William Temple der einfachste und liberalste sei. und der brillanteste in unserer Sprache. Mit einem Wort, wenn wir seine Redlichkeit, seine Desinteresse, seine Verachtung des Reichtums, die echte Schönheit seines Stils betrachten, der so brillant, so harmonisch und so rein war wie sein Leben und seine Manieren; wenn wir über die Schätze nachdenken, die er durch sein Beispiel und durch seine Werke seinem Land hinterlassen hat, die kein Mensch jemals mehr geliebt oder mehr geschätzt hat; wir kommen nicht umhin, Sir William Temple als einen der größten Charaktere zu betrachten, die auf der politischen Bühne aufgetreten sind; und er kann mit Recht zu den größten Namen der Antike und zu den brillantesten Charakteren gezählt werden, die die griechischen oder römischen Annalen schmücken und illustrieren." Herr Mason kontrastiert in seinem Englischen Garten Sir Williams Vorstellung von „einem perfekten Garten". ," mit denen von Lord Bacon und Milton; aber er sagt offenherzig:

– und doch
herrschte in O'er Temples fleißiger Stunde die Wahrheit und versprühte
ihren Glanz über seine klassische Seite; Man hört seine Offenheit, trotz der

Mode trotzt, Trotz der höfischen Dumpfheit hört man sie, Es liegt eine Anmut
darin wilde Sorte,
die Regel und Ordnung übertrifft. Tempel, ja,
es gibt eine Gnade; und ewige Kränze sollen ihre Stirn schmücken, die ihr Reich hier festigen.

Anschließend erweist er Addison, Pope und Kent in leuchtenden Zeilen eine lebhafte Hommage. Hume berichtet, dass „er voller Ehre und Menschlichkeit war". Damit schließt Sir William einen seiner philosophischen Aufsätze ab: „Wenn dies geschehen ist, ist das menschliche Leben im höchsten und besten Fall wie ein zurückgebliebenes Kind, mit dem man spielen und ein wenig Spaß haben muss, um es ruhig zu halten, bis es fällt." schläft, und dann ist die Sorge vorbei. Sein Garten war eine seiner letzten Freuden. Er wusste, welche Art von Leben am besten geeignet war, um die letzten Tage eines Mannes glücklich zu machen. Herr Walpole tadelt zwar Sir Williams warmherzige Lobrede auf den Garten im Moor Park, doch seine Skrupel werden ihm nicht ganz gerecht, indem er ihn als einen ausgezeichneten Mann und einen bewunderten Schriftsteller bezeichnet, dessen Stil, was seinen Garten betrifft, mit dem beseelt ist Farbe und Glanz der Poesie. Herr Cobbett beklagt in seinem *Buch „English Gardener"* das Schicksal von Moor Park: „Dieser wirklich weise und ausgezeichnete Mann, Sir W. Temple, der, obwohl er das gesündeste Urteilsvermögen besaß, in einigen der größten Anliegen von eingesetzt wurde sein Land lobt so leidenschaftlich, aber doch so rational und ungekünstelt die Aktivitäten des Gärtnerns, an denen er sich von seiner Jugend bis ins hohe Alter erfreute; und von seinem Geschmack, an dem er in diesen Gärten und auf dem Gelände von Moor Park so entzückende Beweise lieferte , unter dem Rasen einer Stelle, von der er durch seinen Willen sein Herz begraben ließ, und die zusammen mit dem ganzen Rest der schönen Anlage in den letzten fünfzig Jahren von einem zerrissen und entstellt wurde Abfolge von Weinhändlern, Spirituosenhändlern, Westindianern und Gott weiß was sonst noch." Und in seinem *Werk „Woodlands "* sagt er: „Als kleiner Junge stand ich stundenlang da und betrachtete dieses Objekt (den Kanal und die wunderschönen Blumenränder im Moor Park); seitdem bin ich weit gereist und habe viel gesehen." ; aber ich habe in meinem ganzen Leben noch nie etwas so Schönes im Gartenbau gesehen. Herr Johnson widmet in seiner Geschichte des englischen Gartenbaus, nachdem er viele allgemeine Einzelheiten über Sir William bemerkt hat, Sir Williams Verbundenheit mit dem Gartenbau eine interessante Seite; und jede Zeile auf dieser großzügigen Seite verrät seine eigene Freude an dieser Kunst. So schließt er diese Seite: „Nichts kann die Freude, die er an der Gartenarbeit hatte, deutlicher zum Ausdruck bringen als die in seinem Testament hinterlassene Anweisung, sein Herz unter der Sonnenuhr seines Gartens im Moor Park in der Nähe von Farnham zu begraben. in Surrey. Dementsprechend wurde es dort in einer silbernen Schatulle deponiert und bot ein weiteres Beispiel der herrschenden Leidenschaft, die auch im Tod nicht geschwächt wurde. Es handelte sich dabei auch nicht um ein unphilosophisches Festhalten an etwas, das man nicht behalten konnte, sondern eher um dieses dankbare Gefühl, Es liegt in unserer Natur, dass wir uns endlich dort ausruhen wollen, wo wir im Leben glücklich waren. In seinem Garten hatte Sir William Temple die ruhigsten Stunden eines gut verbrachten Lebens verbracht und dort, wo sein Herz am friedlichsten gewesen wäre, wie er wünschte seinen Staub zu vermischen und so gleichzeitig sein letztes Zeugnis für das Gefühl abzugeben, das in einem Garten ist

Ich bin in Sicherheit und werde nicht leben. "

JOHN LOCKE schrieb: „Observations on the Growth of Vines and Olives; the Production of Silk, the Preservation of Fruits". Verfasst auf Wunsch des Earl of Shaftesbury; jetzt erstmals gedruckt nach dem Originalmanuskript im Besitz des jetzigen Earl of Shaftesbury. 1s. 6d. Sandby, 1766." Unter den vielen Porträts, die wir von diesem gelehrten Mann haben, ist die Öffentlichkeit Lord King zu Dank verpflichtet, der seinem Leben von Mr. Locke ein sehr schönes Porträt von ihm aus der Zeit nach Greenhill vorangestellt hat. Dieser große und gute Mann besaß im höchsten Maße jene Tugenden, die ihm den höchsten Rang in der Bewunderung der Nachwelt einbrachten. In Rutters Beschreibungen eines Teils von Somersetshire zeigt er einen hübschen Holzschnitt des Hauses in Wrington, in dem Locke geboren wurde, und teilt uns mit, dass im Garten von Mrs. Hannah More hat in der Nähe dieses Dorfes eine Gedenkurne für Locke aufgestellt, die ihr von der gerade gefeierten Mrs. geschenkt worden war. Montague. Es wurde auch von Kneller gezeichnet. Bromley gibt eine Liste vieler seiner gravierten Porträts. Houbraken gravierte eines für Birch's Lives. Vertue lieferte zwei Stiche von Kneller.

WILLIAM FLEETWOOD , nacheinander Bischof von St. Asaph und Ely, der 1723 starb, war Autor von „Curiosities of Nature and Art in Husbandry and Gardening", 8vo. 1707. Sein Porträt ist seinen „Sermons on the Relative Duties", 8vo, vorangestellt. 1716; und auch zu seinem „Essay über die Wunder". Seine Werke wurden in gesammelter Form in 1 Bd. veröffentlicht. Folio, 1737. Er war unbestreitbar der beste Prediger seiner Zeit. Dr. Doddridge nennt ihn „Silberzunge". Papstlinie von

Der gnädige Tau der Kanzelberedsamkeit ,

hätte zweifellos zu Recht auf ihn angewendet werden können. Dr. Drake hat im dritten Band seiner Essays zur Veranschaulichung des Tatlers, Zuschauers und Wächters einige interessante Seiten, die ihn respektieren. Sein gütiges Herz und sein vorbildliches Leben trugen zu seiner überzeugenden

Beredsamkeit auf der Kanzel bei. „Seine Predigten (sagt Lempriere) und seine Abhandlungen über die Göttlichkeit wurden weit verbreitet; aber die Festigkeit seiner Meinungen zog ihm den Tadel des Unterhauses ein. Sein Vorwort zu seinen Predigten über den Tod von Mary, dem Herzog von Gloucester, und von William und der Thronbesteigung von Anne erregten so großen Anstoß für das Ministerium, dass das Buch 1712 öffentlich verbrannt wurde; aber es wurde allgemeiner gelesen und erschien sogar im Spectator, Nr. 384. Bezüglich dieser Verbrennung bemerkte Dr. Johnson, dass Feuer ein schlüssiges, aber kein überzeugendes Argument sei; es wird sicherlich jedes Buch zerstören, aber es widerlegt keines. [71] In einem *Nachruf*, aufbewahrt in Peck's Desid. Curiosa, darin wird der Tod eines Jeffery Fleetwood erwähnt, der „eine Frau und sechs kleine Kinder hinterlässt. Gott segne sie. Eines dieser kleinen Kinder war der berühmte William Fleetwood, Bischof von Ely."

JOSEPH ADDISON , Esq. Im Holland House befindet sich ein Originalporträt dieses bedeutenden Mannes. Ein weiterer in Oxford. Nobles Fortsetzung von Granger zählt mehrere Stiche von ihm aus Knellers Porträts auf. Auch der Maler Dayl zeichnete ihn. Sein Porträt erscheint im Kit Cat Club. In Irlands „Picturesque Views on the River Avon" gibt er eine interessante Beschreibung von Mr. Addisons Haus in Bilton, in der Nähe von Rugby, zwei Meilen von Dunchurch entfernt; mit Blick auf dasselbe. Das Haus „befindet sich genau in dem Zustand, in dem es sich zum Zeitpunkt des Todes seines früheren Besitzers befand, und die Innenausstattung hat sich auch nicht wesentlich verändert. Die Möbel und Bilder bewahren ihren Platz mit einer scheinbar heiligen Aufmerksamkeit für sein Andenken. Unter den letzteren sind sind drei von ihm selbst, in verschiedenen Phasen seines Lebens; in jedem von ihnen sind die Leichtigkeit des Gentleman und der offene und unbefangene Charakter des Freundes der Menschheit deutlich mit dem Bleistift gekennzeichnet. Aus Dr. Drakes Biographical Sketch of Addison geht hervor, dass sich diese Porträts 1797 noch in seinem Haus befanden. Eine Kopie der obigen Ansicht ist im Monthly Magazine für Februar 1822 enthalten, und dort heißt es: „Die Geräumigkeit." Gärten behalten die Mode des Zeitalters des Zuschauers bei." Der Urheber des modernen Stils der Landschaftsgärtnerei bzw. die ersten Autoren zu diesem Thema waren zweifellos Herr Addison in Nr. 414 und 477 des *Spectator* und Mr. Pope in seinem berühmten *Guardian* . Die ersten Künstler, die diesen Stil praktizierten, waren Bridgman und Kent. [72] Mr. Addisons reiner Geschmack zu diesen Themen ist selbst dort sichtbar, wo er Fontainebleau dem prächtigen Versailles vorzieht, in seinem Artikel im *Guardian* , Nr. 101: „Es liegt zwischen Felsen und Wäldern, die Ihnen eine schöne Abwechslung bieten." von wilden Aussichten. Der König hat die Genialität des Ortes gewürdigt und nur so viel Kunst eingesetzt, wie nötig ist, um der Natur zu helfen und sie zu regulieren, ohne sie zu sehr zu reformieren. Die Kaskaden scheinen die Spalten und Risse der Felsen zu durchbrechen sind mit Moos bedeckt und sehen aus, als ob sie zufällig übereinander gestapelt wären. Es gibt eine künstliche Wildnis auf den Wiesen, Wegen und Kanälen; und der Garten ist anstelle einer Mauer am unteren Ende durch einen eingezäunt Ich für meinen Teil finde, dass in diesen groben Steinhaufen etwas Reizenderes steckt als in so vielen Statuen, und ich würde am liebsten einen Fluss sehen, der sich durch Wälder und Wiesen schlängelt wenn er in Versailles in so viele skurrile Figuren geworfen wird. In Nr. 414 seines Spectator sagt er: „Englische Gärten sind für die Fantasie nicht so unterhaltsam wie die in Frankreich und Italien, wo wir große Flächen mit einer angenehmen Mischung aus Gärten und Wäldern bedeckt sehen, die ...“ stellen überall eine künstliche Unhöflichkeit dar, viel bezaubernder als die Ordentlichkeit und Eleganz, die wir in unserem eigenen Land antreffen.“ Herr Murphy vergleicht Addison daher mit Johnson: „Addison verleiht der Wahrheit Anmut und Schmuck; Johnson verleiht ihr Kraft und Energie. Addison macht Tugend freundschaftlich; Johnson stellt sie als eine schreckliche Pflicht dar.“ Addison wurde der englische Fenelon genannt. Johnson nennt ihn den Raphael unter den Essayautoren. Die imposante und imposante Haltung der Statue, die vor einigen Jahren in der Dichterecke errichtet wurde, scheint aus seinen Reflexionen über die Gräber in der Abtei hervorgegangen zu sein und seinem Andenken gewidmet zu *sein* . Diese Überlegungen schließe ich hier an; und ich bin sicher, mein Leser wird mir zustimmen, dass ich seinem Genie und Andenken keine reinere Ehre erweisen könnte: „Nr. 26, Freitag, 30. März.“

Pallida mors aequo pulsat pede pauperum tabernas
Regumque turres, O beate sexti.
Vitae summa brevis spem nos vetat inchoare longam,
Jam te premet nox, fabulaeque manes,
Et domus exilis Plutonia. — HOR.

Mit gleichem Fuß, reicher Freund,
klopft das unparteiische Schicksal an die Hütte und das Palasttor: Die Zeit
des Lebens verbietet es dir, deine Sorgen zu verlängern und deine
Hoffnungen über deine zarten Jahre hinaus auszudehnen: Die Nacht wird
bald sechzehn, und du musst schnell zu den sagenumwobenen Geistern
gehen , und *Plutos* Haus unten. – CREECH.

„Wenn ich in ernster Stimmung bin, gehe ich sehr oft alleine in die Westminster Abbey; wo die Düsterkeit des Ortes und der Zweck, für den er genutzt wird, mit der Feierlichkeit des Gebäudes und dem Zustand der Menschen, die dort liegen, einhergehen Darin enthaltene Texte sind geeignet, den Geist mit einer Art Melancholie oder vielmehr Nachdenklichkeit zu erfüllen, die nicht unangenehm ist. Gestern verbrachte ich einen ganzen Nachmittag auf dem Kirchhof, im Kreuzgang und in der Kirche und vergnügte mich mit den Grabsteinen und Inschriften, die ich in diesen verschiedenen Regionen der Toten gefunden habe. Die meisten von ihnen berichteten nichts anderes über die begrabene Person, als dass er an einem Tag geboren wurde und an einem anderen starb: Die gesamte Geschichte seines Lebens wurde in diesen beiden Umständen erfasst , die der gesamten Menschheit gemeinsam sind. Ich konnte nicht umhin, diese Existenzregister, ob aus Messing oder Marmor, als eine Art Satire auf die Verstorbenen zu betrachten, die kein anderes Andenken an sie hinterlassen hatten, als dass sie geboren wurden und dass sie gestorben sind. Sie erinnern mich an mehrere Personen, die in den Schlachten heroischer Gedichte erwähnt werden und denen klingende Namen nur aus keinem anderen Grund gegeben wurden, als um getötet zu werden, und die für nichts anderes gefeiert werden, als dass sie auf den Kopf geschlagen wurden.

Glaucumcus, Medontacus, Thersilochumcus. — JUNGFRAU.

„Das Leben dieser Männer wird in heiligen Schriften fein durch *den Weg eines Pfeils beschrieben* , der sofort verschlossen und verloren geht. Als ich in die Kirche ging, vergnügte ich mich mit dem Ausheben eines Grabes; und sah in jeder Schaufel- voll davon, das hochgeschleudert wurde, das Fragment eines Knochens oder Schädels, vermischt mit einer Art frischer, verwesender Erde, die irgendwann einmal einen Platz in der Zusammensetzung eines menschlichen Körpers hatte. Daraufhin begann ich darüber nachzudenken, was für unzählige Mengen von Menschen, die verwirrt unter dem Pflaster dieser alten Kathedrale lagen; wie Männer und Frauen, Freunde und Feinde, Priester und Soldaten, Mönche und Pfründner untereinander zerbröckelten und in derselben gemeinsamen Masse verschmolzen; wie Schönheit, Stärke, und Jugend, Alter, Schwäche und Missbildung lagen ununterscheidbar in demselben vermischten Haufen Materie. Nachdem ich diese große Zeitschrift der Sterblichkeit sozusagen in einem Klumpen durchgesehen hatte, untersuchte ich sie genauer anhand der Berichte, die ich fand auf mehreren der Denkmäler, die in jedem Viertel dieses antiken Bauwerks errichtet wurden. Einige von ihnen waren mit solch übertriebenen Grabinschriften bedeckt, dass der Verstorbene, wenn es möglich wäre, sie zu kennen, angesichts der Lobpreisungen, die seine Freunde ihm zuteil werden ließen, erröten würde. Es gibt andere, die so übermäßig bescheiden sind, dass sie den Charakter der verstorbenen Person auf *Griechisch* oder *Hebräisch* *wiedergeben* und daher nicht alle zwölf Monate verstanden werden. Im Dichterviertel fand ich heraus, dass es Dichter gab, die keine Denkmäler hatten, und Denkmäler, die keine Dichter hatten. Ich bemerkte tatsächlich, dass der gegenwärtige Krieg die Kirche mit vielen dieser unbewohnten Denkmäler gefüllt hatte, die zur Erinnerung an Personen errichtet worden waren, deren Leichen in den Ebenen von Blenheim oder im Schoß des Ozeans begraben *waren* . Ich konnte nicht umhin, über mehrere moderne

Epitaphien sehr erfreut zu sein, die mit großer Eleganz im Ausdruck und gerechtem Gedanken geschrieben sind und daher sowohl den Lebenden als auch den Toten Ehre erweisen. Da sich ein Ausländer anhand der öffentlichen Denkmäler und Inschriften sehr schnell eine Vorstellung von der Unwissenheit oder Höflichkeit einer Nation machen kann, sollten sie vor ihrer Umsetzung der Prüfung gelehrter und genialer Männer unterzogen werden. Das Denkmal von Sir *Cloudesly Shovel* hat mich sehr oft sehr beleidigt: Anstelle des tapferen, rauen *englischen* Admirals, der das charakteristische Merkmal dieses einfachen, tapferen Mannes war, wird er auf seinem Grab durch die Figur eines Beau dargestellt, der eine lange Perücke trägt. und ruhte sich auf Samtkissen unter einem prunkvollen Baldachin aus. Die Inschrift ist auf das Denkmal zurückzuführen; denn anstatt die vielen bemerkenswerten Taten zu würdigen, die er im Dienste seines Landes geleistet hat, macht es uns nur mit der Art seines Todes bekannt, bei dem es ihm unmöglich war, irgendeine Ehre zu ernten. Die *Holländer*, die wir aus Mangel an Genialität gerne verachten, zeigen in ihren Gebäuden und Werken dieser Art einen unendlich größeren Geschmack an Antike und Höflichkeit als das, was wir in denen unseres eigenen Landes antreffen. Die auf öffentliche Kosten errichteten Denkmäler ihrer Admirale repräsentieren sie wie sie selbst; und sind mit rostralen Kronen und Marineornamenten sowie wunderschönen Girlanden aus Algen, Muscheln und Korallen geschmückt. Aber zurück zu unserem Thema. Ich habe den Aufbewahrungsort unserer englischen Könige verlassen, um über einen anderen Tag nachzudenken, an dem ich meinen Geist zu einem so ernsten Vergnügen bereit finden werde. Ich weiß, dass Unterhaltungen dieser Art dazu neigen, in ängstlichen Gemütern dunkle und düstere Gedanken und düstere Vorstellungen hervorzurufen; aber ich für meinen Teil weiß, obwohl ich immer ernst bin, nicht, was es heißt, melancholisch zu sein; und kann daher die Natur in ihren tiefgründigen und feierlichen Szenen mit der gleichen Freude betrachten wie in ihren fröhlichsten und entzückendsten. Auf diese Weise kann ich mich mit den Dingen verbessern, die andere mit Schrecken betrachten. Wenn ich die Gräber der Großen betrachte, erlischt jedes Neidgefühl in mir; Wenn ich die Grabinschriften des Schönen lese, erlischt jedes übermäßige Verlangen; Wenn ich auf einem Grabstein auf die Trauer meiner Eltern stoße, schmilzt mein Herz vor Mitgefühl; Wenn ich das Grab der Eltern selbst sehe, denke ich darüber nach, wie eitel es ist, um diejenigen zu trauern, denen wir schnell folgen müssen: Wenn ich Könige sehe, die bei denen liegen, die sie abgesetzt haben, wenn ich rivalisierende Geister betrachte, die Seite an Seite stehen, oder die heiligen Männer, die da sind Obwohl sie die Welt mit ihren Wettkämpfen und Auseinandersetzungen geteilt haben, denke ich mit Trauer und Erstaunen an die kleinen Wettbewerbe, Fraktionen und Debatten der Menschheit. Wenn ich die verschiedenen Daten der Gräber lese, von einigen, die gestern gestorben sind, und von vor etwa sechshundert Jahren, denke ich an den großen Tag, an dem wir alle Zeitgenossen sein und gemeinsam erscheinen werden." [73]

REV. JOHN LAWRENCE veröffentlichte „The Clergyman's Recreation, das die Freude und den Gewinn der Gartenkunst zeigt"; 8vo. 1714. Auch ein Gedicht mit dem Titel „Das wiedergewonnene Paradies oder die Kunst der Gartenarbeit"; 8vo. 1728. Die sechste Ausgabe von „The Clergyman's Recreation" enthält „die von Vertue gestochenen Bildnisse des Autors ". Ich habe acht Exemplare dieser sechsten Auflage gesehen, und keines davon war dieses Porträt. Zweifellos hat die Sammlung, die Granger gründete, jedes Exemplar seines Porträts entzogen. Dies ist ein ausdrucksstarkes Porträt, geschmückt mit einem Weinkranz und einem reichen Füllhorn oder Büscheln reifer Früchte. Das Originalbild, von dem Vertues Druck stammt, befand sich in Pallion, in der Nähe von Durham, dem Sitz seines Enkels John Goodchild, Esq. In Rodds Katalog gravierter Porträts, der vor einigen Jahren gedruckt wurde, stand „John Lawrence, Pfründe von Salisbury, *Originalzeichnung von Vertue* , Preis 5 Shilling". Herr Lawrence veröffentlichte 1726 auch sein System of Agriculture and Gardening im Folioformat. Mr. Nichols, in Bd. iv. seiner literarischen Anekdoten, hat eine Liste aller seiner Werke gegeben, einige Einzelheiten über ihn aufbewahrt und ihm eine würdige Hommage gezollt. Eine Liste seiner Werke finden Sie auch in Watts' Bibl. Brit. und in Mr. Johnsons Werk. Die Enzyklopädie. of Gardening teilte uns mit, dass er „ein gastfreundliches und wohlwollendes Gemüt hatte und große Freude daran hatte, seinen Freunden ein reichhaltiges Obstdessert zu präsentieren." Er wurde 1703 „durch die außerordentliche, ungewöhnliche Gabe eines großzügigen Gönners" dem Pfarrhaus von Yelvertoft, Northamptonshire, vorgestellt. Im Jahr 1721 wurde er dem Bishop's Wearmouth, Durham, vorgestellt, wo er 1732 starb. Er war auch ein Pfründe von Salisbury. [74]

Herr Lawrence erzwingt somit die Freuden eines Gartens in seinem eigenen Auftrag: „um sie glücklich zu machen, indem er eine unschuldige Abwechslung liebt, wobei die Vergnügungen eines Gartens nicht nur für diejenigen am entzückendsten sind, die sie lieben, sondern auch am heilsamsten für diejenigen, die sie lieben." Benutze sie. Ein guter Mann versteht es, all seine Freuden in einem andächtigen Erheben seiner Hände, seiner Augen und seines Herzens zum großen und großzügigen Schöpfer der Natur zusammenzufassen, der all unseren ehrlichen Arbeiten Schönheit, Genuss und Erfolg verleiht ." Seine Feder malt ebenfalls mit „sanften und verführerischen Farben" die außerordentliche Schönheit unserer Obstbäume, wenn sie mit ihren verschiedenfarbigen Blüten bekleidet sind (was Lord Byron die süßen und blühenden Früchte der Erde nennt): – „Was für eine angenehme Unterhaltung ist . " Es ist für das Auge, die Aprikose in ihrer vollen Blüte zu sehen, weiß wie Schnee, und gleichzeitig den Pfirsich mit seinen purpurroten Blüten; beide beginnen, mit grünen Blättern durchsetzt zu sein! Darauf folgt die Birne, die Kirsche und die Pflaume, deren Blüten und Blätter im Frühling eine sehr schöne Mischung ergeben; und es kann kein weniger angenehmer Anblick sein, den ganzen Sommer über Büschel anschwellender Früchte zu sehen, als Zeichen der vollen Befriedigung eines anderen Sinnes im Herbst. Jetzt Wir sind hierher gekommen, welcher Maler könnte einen Landstrich bezaubernder und schöner für das Auge zeichnen als einen alten Newington-Pfirsichbaum voller Früchte im August, wenn die Sonne zum ersten Mal begonnen hat, eine Seite der Früchte so sanft und verführerisch zu malen Farben? Die Aprikose, die Birne, die Kirsche und die Pflaume präsentieren sich dem Auge zum Zeitpunkt der Reifung in sehr einladenden Rougetönen, wenn sie in ausreichender Menge vorkommen. Kurz gesagt, alle Obstbaumarten haben so angenehme Sorten, dass sie sogar mit einem Parterre der schönsten Blumen wetteifern könnten, wenn es keinen anderen Sinn gäbe, der befriedigt werden könnte als der Anblick. Er erwähnt den Monat Juli folgendermaßen : „Wie schön und erfrischend sind die Morgen und Abende solcher Tage, wenn die Luft mit angenehmen Düften erfüllt ist und alles, was sich dem Auge präsentiert, dem frommen Bewunderer neue Gelegenheit gibt, den großen Schöpfer zu preisen und anzubeten, der hat Er hat dem Menschen solche Weisheit und Macht gegeben, um die Natur in so unterschiedlichen Fällen zu diversifizieren und sie (zu seinem eigenen Nutzen, Vergnügen und Nutzen) bei all ihren Unternehmungen zu unterstützen." Dieser würdige Geistliche hätte sich auf die Freuden eines Gartens beziehen können, die heiligen Worte der Heiligen Schrift: „Ihre Wege sind angenehme Wege, und alle ihre Pfade sind Frieden." [75]

ALEXANDER PAPST. Es gibt zahlreiche gravierte Porträts dieses anmutigen und harmonischen Dichters. Nobles Fortsetzung von Granger enthält alle oder den größten Teil der Stiche seiner Porträts, aus denen hervorgeht, dass er von Kneller, Richardson, vielen anderen und insbesondere seinem Freund Jervas gezeichnet wurde. Als Porträtmaler war Herr Jervas alles andere als herausragend. Popes Verbundenheit mit ihm hat seinen Namen jedoch in leuchtenden Zeilen für zukünftige Generationen verankert. Die Porträts von Papst, die Jervas zeichnete, wurden *mit Liebe* angefertigt . Mr. Jennings aus Cheapside hat seiner eleganten Folio-Ausgabe des „Essay on Man" ein *vollständiges Werk* von Mr. Pope nach Jervas vorangestellt. In Dodsleys Gedichtsammlung, Bd. iii. ist eine sehr eindrucksvolle Büste von Mr. Pope als Ergänzung zu Mr. Dodsleys ergreifendem Gedicht zu seinem Andenken, das er „ *The Cave of Pope* " nennt . Sicherlich muss diese Büste stark an Pope erinnert haben, sonst hätte Mr. Dodsley sie nicht eingefügt. Das Profil zu Ruffhead's Life, in 4to. 1769 *muss* ein Abbild gewesen sein, sonst hätte Bischof Warburton seine Einfügung nicht zugelassen. Er war damals vierundzwanzig Jahre alt. Es ist fein graviert von Ravenet aus Kneller. Es ist ein beeindruckendes Porträt. Eine Kopie davon ist bewundernswert in Bell's Poets eingraviert und reich verziert. Eine Kopie davon von Richardson ist Wartons Ausgabe vorangestellt. Zu den Porträts in *Hagley* gehört das von Pope und seinem Hund Bounce von Richardson. [76] Lord Chesterfield spricht so über Papst: „Sein armer, verrückter, deformierter Körper war die Büchse der Pandora, die alle physischen Krankheiten enthielt, die jemals die Menschheit heimgesucht haben. Dies hat vielleicht die Schärfe seiner Satire geschärft, und vielleicht, In gewissem Maße entschuldigen Sie es. Ich werde nichts über seine Werke sagen; sie sprechen ausreichend für sich selbst; sie werden so lange leben, wie Geschmack und Bildung in diesem Land bleiben, und immer mehr bewundert werden, während Neid und Groll nachlassen. Aber ich wage diesen Teil der klassischen Gotteslästerung: Wie auch immer man annehmen mag, er sei Horaz verpflichtet, Horaz sei ihm jedoch noch mehr verpflichtet. Herr Ruffhead (von dem allgemein angenommen wird, dass er seine Informationen von Dr. Warburton erhalten hat) erklärt so: „Herr Pope war von geringer Statur und von kleiner und unförmiger Gestalt, worüber sich niemand angenehmer lustig machte als er selbst. Seine Konstitution war natürlich." Zärtlich und zart, und in seinem Temperament war er von Natur aus mild und sanft, doch manchmal verriet er die exquisite Sensibilität, die mit Genie einhergeht. Seine lebhafte Wahrnehmung und sein zartes Gefühl, gereizt durch seine erbärmliche Krankheit, ließen ihn allzu schnell in Flammen aufgehen, aber sein eigenes Sein gesunder Menschenverstand und seine Menschlichkeit machten ihn bald zu einem Ort. Was das Ausmaß seines Genies anbelangt, so war es so breit und vielfältig, dass es vielleicht nicht übertrieben wäre zu sagen, dass er in jeder Art von Komposition hervorragte; und darüber hinaus auch seine Exzellenz Als Dichter war er sowohl Antiquar als auch Architekt, und beides nicht in geringerem Maße. [77] Kein Mensch hegte jemals höhere Vorstellungen von Freundschaft oder war in all seinen Bindungen jemals aufrichtiger, standhafter, warmherziger und desinteressierter . Jeder Zentimeter seines Herzens wurde in Unterkünfte für seine Freunde gelassen." Lord Orrery spricht so über ihn: „Seine Prosaschriften sind kaum weniger harmonisch als seine Verse; und seine Stimme war bei gewöhnlichen Gesprächen so natürlich musikalisch, dass ich mich erinnere, dass der ehrliche Tom Southern ihn die kleine Nachtigall nannte; seine Manieren waren feinfühlig, locker und einnehmend; Er behandelte seine Freunde mit einer Höflichkeit, die ihn bezauberte, und einer Großzügigkeit, die ihm sehr zur Ehre gereichte. Jeder Gast wurde in seinen Türen glücklich gemacht; Unter seinem Dach wohnte Vergnügen, und an seinem Tisch herrschte Eleganz." Man kann Mr. Popes Gastfreundschaft in seinen Briefen verfolgen. Ich werde nur ein oder zwei Beispiele auswählen. In einem Brief an Swift sagt er: „Mein Haus ist zu *groß* ; Meine Gärten liefern zu viel Holz und Nahrung für *meinen* Gebrauch. Meine Diener sind einfühlsam und zärtlich mir gegenüber. Sie haben untereinander geheiratet und sind eher schlechte Freunde als Diener geworden. Wollte Gott, du würdest mit Lord Orrery vorbeikommen, auf dessen Fürsorge für dich während der Reise ich mich so sicher verlassen könnte; und bring deine alte Haushälterin und zwei oder drei Diener mit. Ich habe Platz für alle, ein Herz für alle und (überlegen Sie, was Sie wollen) ein Vermögen für alle." In einem anderen Brief an Swift sagt er: „Ich wünschte, Sie hätten irgendeine Motivation, dieses Königreich zu sehen." Ich könnte dich behalten; denn ich bin reich, das heißt, ich habe mehr, als ich will. Ich kann mir Platz für dich und zwei Diener leisten. Ich habe tatsächlich Platz genug, nichts als mich selbst zu Hause: Die freundliche und herzliche Hausfrau ist tot! der nette und lehrreiche Nachbar ist weg! Und doch ist mein Haus vergrößert, und die Gärten erstrecken sich und gedeihen, ohne etwas von den Gästen zu wissen, die sie verloren haben. Ich habe mehr Obstbäume und einen Gemüsegarten, als Sie sich vorstellen können; Nein, ich habe gute Melonen und Ananas aus eigenem Anbau." In einem Brief an *Herrn Allen* sagt er: „Teilen Sie mir den Tag mit, an dem Sie kommen, und ich werde dafür sorgen, dass jedes Zimmer in meinem Haus für Sie genauso warm ist wie für den Eigentümer." würde es immer sein." Herr Mathias spricht in seinen „Pursuits of Literature" (außerdem ausführlich mit großer Freude auf zahlreichen Seiten über das Genie des Papstes) folgendermaßen über ihn: „Vertraut mit den Großen, vertraut mit den Höflichen, beehrt durch die Aufmerksamkeit der Messe, bewundert von den Gelehrten, ein Liebling der Nation, unabhängig in einem erworbenen Reichtum, das ehrenvolle Produkt seines Genies und seines Fleißes; der Begleiter von Personen, die sich durch Tugend, Geburt, hohe Mode, Rang oder Witz auszeichnen und im Mittelpunkt aller öffentlichen Informationen und Intelligenz stehen; Jeder Weg zur Erkenntnis und jede Art der Beobachtung standen seinem neugierigen, neugierigen, durchdringenden und unermüdlichen Intellekt offen." [78]

Man kann auf Mr. Pope mit Fug und Recht das anwenden, was über Buchanan gesagt wurde, dass sein Geist mit dem ganzen Feuer und allen Vorzügen der antiken Literatur erfüllt war. Mr. Popes Verbundenheit mit *Gärten* kommt nicht nur in seinem Brief an Martha Blount zum Ausdruck, in dem er den Sitz von Sir W. Raleigh beschreibt, sondern auch in seinem eigenen Garten in Twickenham (wo, wie Mr. Loudon gefühlvoll feststellt, nur noch der Boden übrig ist) . – und in seinem Brief an Mr. Blount, in dem er seine Grotte beschreibt – aber es bricht auch an vielen Stellen in seinen Werken hervor – und in seinem berühmten *Guardian* (Nr. 173), der mit scharfsinnigem Witz angreift, „unsere Studie soll zurücktreten." aus der Natur", in unseren Riesen aus Eiben und lavendelfarbenen Schweinen, in deren Bäuchen Salbei wächst. Sein Brief an Lord Burlington bestätigt den Reiz, den er beim Studium der Natur verspürte. Mr. Mason sagt in einer Notiz zu seinem Englischen Garten: „Ich hatte Bacon zuvor den Propheten und Milton den Verkünder des wahren Geschmacks im Gartenbau genannt. Ersteres, weil er bei der Entwicklung der wesentlichen Eigenschaften eines fürstlichen Gartens hatte sich ausführlich mit dieser geschmückten natürlichen Wildheit befasst, die wir heute als das Wesen der Kunst betrachten. Letzteres, weil er diese natürliche Wildheit zum Leitgedanken in seiner exquisiten Beschreibung des Paradieses gemacht hat. Ich nenne hier Addison, Pope, Kent, *&c.* die Verfechter dieses wahren Geschmacks." Da Mr. Mason ein *&c hinzugefügt hat.* , dürfen wir zu diesen angesehenen Namen nicht noch den des ehrlichen alten Bridgman hinzufügen? Es war die Entschlossenheit von Lord Byron (wenn sein Leben länger verschont worden wäre), aus eigener Erfahrung ein Denkmal für Papst zu errichten. [79] Selbst aus seinem schnellen und eiligen „Brief über die Einschränkungen von Rev. WL Bowles" können wir seine Verbundenheit mit dem hohen Namen des Papstes entnehmen: „Wenn Lucretius nicht durch das epikureische System verwöhnt worden wäre, hätten wir einen gehabt weit überlegenes Gedicht als jedes andere, das es jetzt gibt. Als bloße Poesie ist es das erste lateinische Gedicht. Was hat es dann ruiniert? Seine Ethik. Der Papst hat diesen Fehler nicht; seine Moral ist so rein, wie seine Poesie herrlich ist."— " Popes Wohltätigkeitsorganisationen waren seine eigenen, und sie waren edel und umfangreich und gingen weit über die Grenzen seines Vermögens hinaus." – „Ich habe den Ruhm und Namen dieses berühmten und unübertroffenen Mannes weit mehr geliebt und geehrt als meinen eigenen dürftigen Ruf und den kitschigen Jingle der Schar von Schulen und Emporkömmlingen, die vorgeben, mit ihm zu konkurrieren oder ihn sogar zu übertreffen. Eher als ein einziges Blatt von *seinem* Lorbeer gerissen werden sollte, war er besser als alles, was diese Männer und ich als einer von ihnen haben nie geschrieben, sollte

Richten Sie Stämme aus, würzen Sie sie mit Stoffen oder säumen Sie, in einer Reihe flatternd,
die Schienen von Bedlam oder Soho.

„Der vollkommenste *unserer* Dichter und der reinste unserer Moralisten." –
„Er ist der *Moraldichter* der gesamten Zivilisation; und als solcher hoffen wir, dass er eines Tages der Nationaldichter der Menschheit sein wird. Er ist der einziger Dichter, der niemals schockiert; der einzige Dichter, dessen *Fehlerlosigkeit* ihm zum Vorwurf gemacht wurde. Werfen Sie einen Blick auf seine Produktionen, bedenken Sie ihr Ausmaß und betrachten Sie ihre Vielfalt: – pastoral, leidenschaftlich, gespielt heroisch, Übersetzung, Satire, Ethik – alles ausgezeichnet und oft perfekt. Wenn sein großer Charme in seiner *Melodie liegt* , wie kommt es dann, dass Ausländer ihn sogar in ihren verwässerten Übersetzungen verehren?" [80]

Herr Mason hat außerdem den strahlenden Ruhm dieses berühmten Mannes dokumentiert; denn in seinem *Musæus* , einer Monodie zum Gedenken an

Pope, beruft er sich auf die Schatten von Chaucer, Spencer und Milton, um seinem scheidenden Geist zu huldigen: –

– um dich in dieser traurigen Zeit zu erfreuen
, während der schwarze Tod auf deinen Herzenssträngen lastet. Mögen wir dich also mit einer edleren Stimme begrüßen, wenn wir uns bald in deiner sternenübersäten Ebene zum Ja treffen.

Milton beginnt *seine* Hommage:

Dreimal gegrüßt, du vom Himmel gelehrter Trällerer, Letzter und Bester im ganzen Zug! Dichter, in dem alles, was mit Ohr, Herz oder Kopf verbunden war, Entzücken hervorrufen konnte; harmonisch, männlich, klar, erhaben! Nimm diese Gratulation an: Möge sie Deine sinkende Seele aufmuntern; oder diese körperlichen Krankheiten sollten dich einschüchtern oder entsetzen. Wisst, im hohen Himmel blüht ewiger Ruhm auf diesem göttlichen Geist, der unsterbliche Verse baut." [81]

Sir E. Brydges charakterisiert in seinen „Briefen über das Genie von Lord Byron" in seiner Eloisa die Anmut und Süße seiner pathetischen Kräfte folgendermaßen: „Wenn entweder seine *Leidenschaften* oder seine Vorstellungskraft geweckt *wurden* , waren sie tief, stark und …" „Hervorragende … Sprache, waren alle Früchte kreativen Genies. Dieses Gedicht steht in seiner Art einzigartig; nie erwartet, und wahrscheinlich wird es später auch nie in Angriff genommen."

Als ihm der Tod von Pope zum ersten Mal mitgeteilt wurde, äußerte Young diesen erhabenen Apostroph:

Du, wer könnte Unsterbliche machen , bist du tot?

Von seinem *Essay über den Menschen* , dem neuen Diktat. Hist. Portable spricht so: „Eine leuchtende Metaphysik, geschmückt mit den Reizen der Poesie, eine rührende Moral, deren Lehren das Herz durchdringen und den Geist überzeugen, lebendige Gemälde, in denen der Mensch lernt, sich selbst zu erkennen, am besten zu raten; das sind die Hauptmerkmale, die das englische Gedicht auszeichnen. Seine Fantasie ist gleichermaßen weise und fruchtbar, sie überschüttet neue Gedanken und verleiht alten Gedanken die Würze der Neuheit; er verschönert die trockensten Materialien mit der Farbe einer edlen, leichten, energischen und abwechslungsreichen Aussprache mit unendlicher Kunst."

In den Gärten von Stowe befindet sich die folgende Inschrift

ALEXANDER POPE,
der, indem er die Richtigkeit des Urteils mit dem Feuer des Genies vereinte,
durch die Melodie und Kraft seiner Zahlen dem Sinn Süße und der Philosophie Anmut verlieh. Er nutzte die spitze Brillanz seines Witzes, um

die Laster zu züchtigen, und die Beredsamkeit von PoesieUm die Tugenden
der menschlichen Natur zu verherrlichen;Und da er in seiner Zeit
konkurrenzlos war,Nachgeahmt und übersetzt mit einem Geist, der den
Originalen ebenbürtig ist,Die besten Dichter der Antike.

WILLIAM KENT , dessen Porträt in Mr. Dallaways reichhaltiger Ausgabe der
Anecdotes of Painting erscheint. Kent gilt zusammen mit Bridgman, Pope
und Addison als die Väter des Landschaftsgartenbaus. [82] Herr Walpole,
nachdem er den alten formalen Stil unserer Gärten besprochen hat, in einer
Sprache, auf die es mir schmerzt, nur darauf hinzuweisen, anstatt sie
ausführlich zu kopieren (denn ich bin mir der Unfug, die im Allgemeinen
daraus entstehen, völlig bewusst). bei *der Einmischung* in die Produktionen des
Genies"); und nachdem er festgestellt hatte, dass, wenn *die Natur* in den Plan
einbezogen wurde, jeder Schritt neue Schönheiten zeigte und neue Ideen
inspirierte: „In diesem Moment erschien Kent, Maler genug, um den Charme
der Landschaft zu kosten, kühn und eigensinnig genug, um es zu wagen und
zu diktieren, und mit der Gabe geboren, aus dem Zwielicht unvollkommener
Aufsätze ein großes System hervorzuheben. Er sprang über den Zaun und
sah, dass die ganze Natur ein Garten war. So verlieh der Bleistift seiner
Fantasie den Szenen, die er bearbeitete, alle Künste der Landschaft. Aber
von all den Schönheiten, die er dem Gesicht dieses wunderschönen Landes
hinzufügte, übertraf keine seine Beherrschung des Wassers. So beschäftigten
sich die Menschen nur mit den Farben der Natur und erfassten ihre
schönsten Eigenschaften und sahen, wie sich vor ihren Augen eine neue
Schöpfung öffnete. " Und wieder nennt er ihn „das Inventar einer Kunst, die
die Malerei verwirklicht und die Natur verbessert: Mahomet stellte sich ein
Elysium vor, aber Kent schuf viele." Die größte aller Autoritäten sagt uns,
dass es in Eshers friedlichem Hain beides gibt

Kent und die Natur lebten für Pelhams Liebe.

Mr. Mason lobt in seinem Englischen Garten seine elysischen Szenen
folgendermaßen:

—— Kent, der
die Kraft des Bleistifts spürte; aber fixiert durch höhere Hoffnungen auf
Schönheit, als der Bleistift zu malen verstand, arbeitete er mit den
lebendigen Leben, die die *Natur* verlieh,
und verwirklichte seine Landschaften.

Sowohl Mr. Pope als auch Kent, und Mr. Walpole und Mr. Mason, jeder von
ihnen muss mit großer Zustimmung die folgende Bemerkung des
verstorbenen Sir Uvedale Price gelesen haben: „Die edlen und vielfältigen
Werke des Eminenten." Maler jeden Zeitalters und jedes Landes und die
ihrer höchsten Herrscherin, der Natur, sollten die großen Vorbilder der
Nachahmung sein."

Mr. Whateley malt in leuchtender Sprache das Genie von Kent, sowohl in Stowe als auch in Claremont. Herr George Mason plädiert daher ehrlich und vortrefflich für ihn: „Nach meinen eigenen Vorstellungen wurde das alles seitdem von den zu Recht bewunderten Designern wie Southcote, Hamilton, Lyttleton, Pitt, Shenstone, Morris für sich selbst getan." Von Wright für andere stammt alles, was zu diesem Thema geschrieben wurde, sogar das Gartenlehrgedicht und der Lehraufsatz über das Malerische, von Kent. Hätte Kent nie die Grenzen der Regelmäßigkeit ausgelöscht, wäre er nie wirklich den Weg zur Freiheit von gegangen Hätte einer dieser berühmten Künstler es auf diese Weise selbst gefunden? Theoretische Hinweise von höchster Autorität hatten offensichtlich schon lange keine ausreichende Wirkung gehabt. Und hätten diese großen Meister nicht tatsächlich das ausgeführt, wozu Kents Beispiel sie zuerst inspirierte, den Entwurf zur Ausführung Wäre es den späteren Autoren über Gartenarbeit möglich gewesen, Materialien für Vorschriften oder Vorräte für ihre Fantasie zu sammeln? Mr. Price bezeichnet sich selbst als Bewunderer der Wasserszene in Blenheim. Wäre es jemals in seiner jetzigen Form erschienen, wenn kein Kent zuvor die Steifheit der Kanäle abgeschafft hätte? Wenn dieser ursprüngliche Künstler das flüssige Element kaum aus dem Zwang rechter Linien und Winkel befreit hätte, hätte ihm allein dieser Dienst einen unbestreitbaren Anspruch auf den Respekt der Nachwelt verschafft." Der Rev. Mr. Coventry, in seiner bewundernswerten Darstellung des Grotesken Absurditäten in der Gartenarbeit (Nr. 15 der Welt) spricht so über Kent: „Der große Kent erschien schließlich im Namen der Natur, erklärte dem Geschmack der Mode den Krieg und legte die Axt an die Wurzel künstlicher immergrüner Pflanzen." Die Gärten waren nicht mehr voller Eiben in Form von Riesen, der in Stechpalme geschnittenen Arche Noah, des heiligen Georg und des Drachen in Buchsbaumform, nicht mehr mit Zypressenliebhabern, Lorbeerbären und der ganzen Rasse von Wurzelmonstern, die so lange blühten und schauten so gewaltig an den Rändern jeder Grasfläche. Der oben erwähnte große Meister, ein wahrer Jünger der Natur, ahmte sie in der angenehmen Wildheit und schönen Unregelmäßigkeit ihrer Pläne nach, von denen es noch einige edle Beispiele gibt, die die Kraft seines schöpferischen Genies überdeutlich zeigen." Herr Dallaway, Wenn er sich mit Architektur beschäftigt, sagt er in seinen Anekdoten der Künste: „Kent entwarf die edle Halle in Holkham, die durch eine riesige Treppe endete, was insgesamt einen imposanten Effekt von Erhabenheit erzeugte, der in England seinesgleichen sucht." Kent starb im Jahr 1748. Er war ein Zeitgenosse von Horace Walpole. Er wurde in der Gruft von Chiswick beigesetzt, die seinem Freund und Gönner Lord Burlington gehörte.

BRIDGMANS Porträt war eine private Platte. Es zeigte ein gutherziges, gesundes altes Gesicht. Denn er hat die Ehre, mit Mr. *Addison*, *Pope* und *Kent als einer der Verfechter* eingestuft zu werden, die die malerische Landschaft der

Landschaftsgärtnerei geschaffen haben (was *Bacon* , *Spencer* und *Milton* , wie bereits beobachtet wurde, vorhergesehen haben).) sein Porträt muss sicherlich interessant sein. Das gravierte Porträt, das ich vor mehr als fünfzig Jahren von ihm sah, machte damals einen starken Eindruck auf mich. Ich dachte, es wäre eine Radierung. Es kennzeichnete einen ehrwürdigen, gesunden Mann. Ich sammle weder seinen Maler noch seinen Kupferstecher; und es ist so selten, dass weder Mr. Smith aus Lisle Street noch Mr. Evans aus Great Queen Street, die intelligenten Sammler und Illustratoren von Granger, es bekommen konnten. Vielleicht wird sich herausstellen, dass es sich um einen privaten Teller handelte, der auf die Erfahrung seines großzügigen und edlen Arbeitgebers, Lord Cobham, angefertigt wurde. Über diesen einst fähigen und geschätzten Mann kann ich nur wenige Informationen beschaffen. Die Enzyklopädie. of Gardening sagt: „Lord Cobham scheint mit der Umgestaltung des Geländes von *Stowe beschäftigt* gewesen zu sein, etwa zur gleichen Zeit, als Pope seine Gärten in Twickenham anlegte. Seine Lordschaft begann diese Verbesserungen im Jahr 1714 und *bezog sich dabei auf Bridgman* , dessen Pläne und Ansichten für die Veränderung des alten Stowe vom strengsten Charakter des antiken Stils zu einem offeneren und unregelmäßigeren Design bestehen noch immer. Einige Jahre später wurde Kent zunächst mit der Bemalung der Halle und danach in der doppelten Funktion als Architekt und Landschaftsarchitekt angestellt -Gärtner; und die schönsten Szenen dort sind seine Schöpfung." Die schönsten Ansichten der Stowe-Gärten wurden von Rigaud gezeichnet und 1739 von *Sarah Bridgman veröffentlicht* . Das schöne und prächtige Amphitheater im Duke of Newcastle in Claremont wurde, glaube ich, von Bridgman entworfen. Als Königin Caroline den Gärten von Kensington fast 300 Hektar vom Hyde Park hinzufügte, wurden sie von ihm angelegt. Er legte auch die Gärten in Shardeloes in der Nähe von Amersham an. Herr Walpole erwähnt Bridgman so, nachdem er darauf angespielt hat, dass die Schere in der schönen Wildheit der Natur eingesetzt wurde: „Es wurden Verbesserungen vorgenommen, bis *London* und *Wise* unsere Gärten mit Riesen, Tieren, Monstern, Wappen und Mottos bestückt hatten. in Eibe, Buchs und Stechpalme. Die Absurdität konnte nicht weiter gehen, und das Blatt wendete sich. *Bridgman* , der nächste modische Gartengestalter, war weitaus keuscher; und sei es aus gesundem Menschenverstand oder weil die Nation von Bewundernswertem beeindruckt und reformiert worden war In seinem Artikel im Guardian, Nr. 173, verbannte er die grüne Skulptur und kehrte nicht einmal zur quadratischen Präzision des vorangegangenen Zeitalters zurück. Er erweiterte seine Pläne, verschmähte es, jede Teilung mit dem Gegenteil in Einklang zu bringen, und obwohl er immer noch viel daran festhielt Gerade Wege mit hohen, geschnittenen Hecken, das waren nur seine großen Linien, den Rest variierte er durch Wildnis und mit losen Eichenhainen, wenn auch immer noch innerhalb umgebender Hecken. Ich habe im Garten von Gubbins in Hertfordshire viele distanzierte Gedanken beobachtet deuten stark auf den Beginn des modernen Geschmacks hin. Als seine Reformation das Laufen gewann, wagte er sich weiter und wagte es, im königlichen Garten in Richmond neben den endlosen und ermüdenden Spaziergängen, die sich ohne Unterbrechung von einem in den anderen erstreckten, bewirtschaftete Felder und sogar kleine Waldstückchen einzuführen . Dies geschah jedoch erst, als sich auch andere Innovatoren von der starren Symmetrie gelöst hatten. Aber der große Schlag, der erste Schritt zu allem, was folgte, war (*ich glaube, der erste Gedanke stammte von Bridgman*) die Zerstörung von Mauern als Grenzen und die Erfindung von Gräbern – ein Versuch, der damals als so erstaunlich galt, dass das gemeine Volk ihn aufrief sie ha! hat! um ihre Überraschung darüber zum Ausdruck zu bringen, dass ihr Gang plötzlich und unbemerkt behindert wird. [83] Einer der ersten Gärten, die in diesem einfachen, aber dennoch formalen Stil angelegt wurden, war der Garten meines Vaters in Houghton. Es wurde von Mr. Eyre, einem Nachahmer von Bridgman, entworfen.

PHILIP MILLER starb im Alter von achtzig Jahren und wurde von Ausländern nachdrücklich als *Hortulanorum Princeps bezeichnet* . Switzer zeugt von seiner „üblichen Großzügigkeit, Offenheit und Freiheit". Professor Martyn sagt: „Er sammelte keinen Reichtum durch seine respektable Verbindung zu den Großen oder durch die zahlreichen Ausgaben seiner Werke. Er war zu großzügig und zu rücksichtslos im Umgang mit Geld, um reich zu werden, und hielt sich bei allen seinen Geschäften an die Vorschriften." mehr Wert auf Integrität und ehrlichen Ruhm legen als auf irgendwelche finanziellen Vorteile." Es gibt ein fein graviertes Porträt von Herrn Miller von Maillet, das dem „Wörterbuch der Gärtner von Philipe Miller, übersetzt aus dem Englischen" in 8 Bänden vorangestellt ist. 4to. Paris, 1785.

Dr. Pulteney sagt über ihn: „Er hat sich durch seine Verdienste aus einem Zustand der Dunkelheit zu einem gewissen Grad an Bedeutung erhoben, wurde aber selten, wenn überhaupt, an den Charakter eines Gärtners herangeführt." Herr Loudon (in dieser „vielfältigen und umfangreichen Wissensmasse", seiner Encyclopædia) bemerkt dazu: „Während seiner langen Karriere hatte Miller keinen nennenswerten Konkurrenten, bis er sich ihrem Ende näherte und mehrere Schriftsteller den Vorteil ausnutzten." von seiner unermüdlichen Arbeit von fast einem halben Jahrhundert und richteten sich auf ihn, wie es verschiedene Meeresinsekten auf eine verwesende Muschel tun. Ich außer Hitt und Justice, die beide Originale sind, ebenso wie Hill, nach seiner Art, aber seine Gartenarbeit basiert nicht sehr auf Erfahrung. Die Schwester von Herrn Miller heiratete Ehret, dessen feiner Geschmack und botanische Genauigkeit sowie dessen prächtige Pflanzenzeichnungen die schönsten Schmuckstücke einer botanischen Bibliothek darstellen.

Herr Miller richtete seinen Wohnsitz neben dem Teil des Kirchhofs von Chelsea ein, in dem er begraben liegt. Er starb am 18. Dezember 1771. Herr Johnson gibt eine Liste seiner Schriften und der verschiedenen Ausgaben seines berühmten Wörterbuchs, das er „diese großartige Aufzeichnung unserer Kunst" nennt. Darüber hinaus wird er ihm voll und ganz gerecht, indem er seinen Namen auf S. 147 und S. 151, mit dem des „unsterblichen Schweden, dessen Meistergeist die Verwirrung und Zwietracht der Botanik in Harmonie reduzierte". Er nennt Miller „den perfekten Botaniker und Gärtner". [84] Die folgende lebhafte Hommage an Herrn Miller erschien im Gentleman's Magazine für Juni 1828:

„ Chelsea, 5. Juni.

„ HERR URBAN , – Im ersten Band, Seite 250, der gerade erschienenen zweiten Ausgabe von *Faulkners History of Chelsea , die einen sehr umfangreichen Fundus an historischen, antiquarischen und biografischen Informationen enthält, finde ich das Denkmal und das Epitaph von* Philip Miller, der von zeitgenössischen Botanikern zu Recht als „Prinz des Gartenbaus" bezeichnet wurde und dessen wohlverdienter Ruhm so lange anhalten wird, wie die Wissenschaften der Botanik und des Gartenbaus Bestand haben. Das Epitaph dieses angesehenen Mannes ist korrekt wiedergegeben; aber das Der Historiker scheint die Umstände, die die Fellows der Linnæan and Horticultural Societies of London dazu veranlassten, diesen dankbaren Tribut respektvoller Wertschätzung für ihn zu errichten, der in seinem Leben mehr getan hatte, offenbar nicht gebührend gewürdigt zu haben, wenn er sich dessen überhaupt bewusst war Als irgendein Mensch, ob alt oder modern, setzte er sich dafür ein, die Grenzen der Wissenschaft des Gartenbaus zu erweitern, und zwar in weitaus größerem Ausmaß auch der weitaus schwierigeren Wissenschaft der Botanik. Dies erreichte er in den zahlreichen Ausgaben seines konkurrenzlosen Wörterbuchs und in seinen ausführlichen Einführungen in das botanische Wissen .

„Die Gründe, die die oben genannten Gesellschaften dazu veranlassten, das fragliche Denkmal zu errichten, lagen hauptsächlich darin, dass weder ein Denkmal noch ein Grab noch eine öffentliche Aufzeichnung überhaupt (mit Ausnahme des ‚monumentum ære perennius' seiner eigenen unsterblichen Werke) vorhanden war die zuvor von irgendjemandem bereitgestellt wurden.

„Es gab nur sehr wenige Verwandte von Miller; er hatte keine Familie, außer zwei Söhnen, von denen einer früh starb, und dem anderen, Charles Miller, im Alter von 78 Jahren, der den größten Teil seines langen Lebens in Indien verbrachte, und kehrte erst nach der Beerdigung seines Vaters zurück; und über seinem Grab auf dem alten Kirchhof von Chelsea sind auf einem Stein und gemeißeltem Messing sein Name, sein Alter und seine Abstammung sowie die seines betagten und angeseheneren Vaters vermerkt. Auch dieser Stein , wurde von den oben genannten gemeinnützigen Gesellschaften (denen beiden der Autor die Ehre hat anzugehören) gleichzeitig mit dem von Faulkner gesetzten Denkmal für den nie sterbenden Ruhm des Vaters errichtet.

„Aber es ist bis heute kaum bekannt, dass, als diese verdienstvollen Zeugnisse öffentlicher Dankbarkeit über das Andenken von Philip Miller, der so lange und so erfolgreich in den von ihm geliebten Wissenschaften gearbeitet hatte, überschüttet wurden, nur ein einziges Individuum existierte, und dass es sich um eine sehr alte Person handelte, die die Beerdigung von Miller gesehen und daran teilgenommen hatte und die als Einzige genau die Stelle angeben konnte, an der der „Prinz des Gartenbaus" begraben lag. Der Name dieser ehrwürdigen Person war Goodyer; er war Pfarrer der Kirche von Chelsea ein halbes Jahrhundert lang und starb als solcher 1818 im hohen Alter von vierundneunzig Jahren.

„Dennoch sollte, obwohl zuletzt, nicht verschwiegen werden, dass ich selbst im Winter 1794/95 tatsächlich die nachlässige und schmähliche Tatsache festgestellt und veröffentlicht hatte, dass Miller keinen einzigen Grabstein hatte, geschweige denn ein Denkmal, nicht einmal eines Bestattungslinie, um den Ort zu bezeichnen, an dem in seinem „engen Haus" die sterblichen Relikte eines so großen Mannes verblieben sind; siehe meine Beobachtungen zur Gattung Mesembryanthemum, S. 311-14; und da möglicherweise nicht jeder Leser diese Veröffentlichung besitzt, die Folgender Auszug daraus wird hinzugefügt:

„So viel zu Miller; er, der leider so gut gefallen hat, oder besser gesagt, er, der so viel unterrichtete und erbaute und sogar von den Großen gestreichelt wurde, während er lebte, jetzt liegt, von seinen Freunden vergessen und begraben wurde." unter den gewöhnlichen, unauffälligen Toten, im trostlosen, kalten Hof der Chelsea-Kirche, dem eigentlichen Schauplatz seiner besten Taten, den physischen Gärten der Worshipful Company of Apothecaries, in Chelsea, keine halbe Meile entfernt, ohne Grab! ohne Stein! nein, ohne eine einzige Linie, um die Stelle zu markieren, an der, von all seinen Sorgen und nützlichen Mühen zurückgezogen, der abgenutzte Rahmen des „Prinzen des Gartenbaus" übrig bleibt! Wie sollen diese anspruchsvollen Ausländer, die die Sprache seines Wörterbuchs so verdienstvoll in ihre eigene übernommen haben, dies beurteilen? Nach welchem Maß sollen sie die Tatsache beurteilen? Miller war neben den sehr zahlreichen Ausgaben seines Wörterbuchs auch Autor mehrerer Veröffentlichungen und Kalender.'

Mit freundlichen Grüßen usw.
„ AH HAWORTH. "

SIR JOHN HILL. Viele seiner Werke sind in der Enzyklopädie aufgeführt. der Gartenarbeit. Die umfassendste Liste finden Sie im Weston-Katalog. Sein Porträt ist in Metz von Houston nach Coates eingraviert. Es ist ein Oval mit einem *Solitär*. Ein kurzer Bericht über sein Leben und seine Schriften wurde 1779 in Edinburgh veröffentlicht. Der allgemeinste Bericht über ihn findet sich in Hutchinsons Biog. Medizin. 2 Flüge. 8vo. Siehe auch die Biog. Dramatica, 2. Auflage. 1782.

BATTY LANGLEY wurde in Twickenham geboren, wo er auch lebte. Er war der Autor von,

1. Praktische Geometrie, 1726.

2. Neue Prinzipien des Gartenbaus oder der Anlage und Bepflanzung von Parterres, Hainen, Wildnisgebieten, Labyrinthen, Alleen, Parks usw. Schnitte, 1728, 4to.

3. Die sichere Methode zur Verbesserung von Grundstücken durch Bäume, 8vo. Eines seiner Kapitel ist „Über die Größe und das erstaunliche Wachstum der Bäume".

4. Pomona oder die Obstgärtnerin *mit Tellern* , fol. 1729. Am Ende steht ein Brief an Herrn Langley über Cyder von Hugh Stafford, Esq. von Pynes.

Es gibt eine 4to. Metz-Porträt von Mr. Langley, mit dem Namen Carwirtham als Graveur oder Druckverkäufer, 1741.

SIR WILLIAM WATSON , ein bedeutender Arzt, der 1787 starb, schrieb

1. Zur Kultur der Pilze. In Bd. 42 und 43 des Phil. Trans.

2. Bericht über die Überreste von Tradescant's Garden. In Bd. 46 der Phil. Trans.

3. Bericht über den Garten des Bischofs von London in Fulham. In Bd. 47 der Phil. Trans. außerdem viele wertvolle Aufsätze in mehreren Bänden dieser Transaktionen.

Er hatte das Vergnügen, *Kalm* und *Pallas* mit den meisten seltsamen Gärten in der Umgebung von London bekannt zu machen. Bei der Gründung des British Museum war er vor allem an der Einrichtung des Gartens mit nicht weniger als sechshundert Pflanzen beteiligt. Sein Haus (wie Dr. Pulteney bemerkt) „wurde zum Aufenthaltsort der genialsten und berühmtesten experimentellen Philosophen, die England rühmen konnte." Dr. Pulteney hat eine sehr liberale Abhandlung über ihn abgeschlossen, indem er Dr. Garthshores Zeugnis über das menschliche Gefühl, die soziale Höflichkeit und die Güte von Sir William eingefügt hat. Sein Porträt wurde von Abbot gemalt und von Ryder im Jahr 1791 gestochen. Es gibt einen vollständigen Bericht über ihn in Chalmers.

Der Schiedsrichter. WILLIAM HANBURY, der enge Freund von Churchill und Lloyd, erwähnt in seiner einzigartigen „History of the Charitable Foundations at Church Langton" (die sein eigenes wohlwollendes Herz und seine große Liebe zum Pflanzen und Gärtnern zeigt) auf Seite 185: ein Ganzkörperporträt von sich selbst, von Penny. Hätte es ein anderes Porträt von ihm gegeben, hätte Herr Nicholls es wahrscheinlich in seinem Leicestershire erwähnt, denn dieser Herr sowie Joseph Cradock, Esq. (beide sind kürzlich verstorben) hätte es höchstwahrscheinlich gewusst, wenn es jemals ein anderes Porträt dieses eifrigen Pflanzers gegeben hätte; Dies gilt auch für Dr. Thomas Warton, der Herrn Hanbury immer als einen großzügigen, desinteressierten und wohlwollenden Mann bezeichnete. Earlom gravierte 1775 ein Dreiviertel-Metzotinto nach dem obigen Porträt von Penny. Herr Hanbury veröffentlichte auch „A Complete Body of Planting and Gardening"; 2 Flüge. Folio. Außerdem: „Ein Essay über das Pflanzen und ein Plan, um es der Ehre Gottes und dem Vorteil der Gesellschaft förderlich zu machen"; Oxford, 8vo. 1s. 1758. Und „Der neue Kalender des Gärtners"; 8vo. 1758.

Herr Hanbury hatte erstmals im Jahr 1751 die Idee, in Church Langton seine riesigen Plantagen zu wohltätigen Zwecken zu errichten; nachdem er (insbesondere aus Nordamerika) „fast jede Art von Saatgut beschafft hatte, die beschafft werden konnte". Er schlug vor, dass eine jährliche Predigt gehalten werden sollte, entweder zum Lob der Kirchenmusik, der Pflicht, religiöse Häuser zu schmücken, der Wohltätigkeit im Allgemeinen oder den Wundern der Schöpfung; und dass ein Krankenhaus zur Linderung der wirklich Notleidenden gegründet werden sollte. Alle diese umfangreichen Pläne wurden vereitelt. Selbst als seine ersten zwanzigtausend Bäume gerade gepflanzt worden waren, war das Vieh der Pächter von Mrs. Dorothy Pickering und Frances Byrd (die ein paar Jahre später mit einem Vermögen von zweihunderttausend Pfund starben und deren Dorfbiographie seltsamerweise über die gesamte obige Geschichte verstreut ist) wurden absichtlich zwischen den *jungen* Bäumen herumgetrieben und zerstörten sie in kurzer Zeit alle. „Das war aber auch nicht alles; ich wurde wegen Hausfriedensbruchs mit siebenundzwanzig verschiedenen Kopien von Gerichtsurkunden an einem Tag angeklagt (von ihrem Anwalt, Valentine Price aus Leicester); zu solch einem Maß an Wut und Zorn wurden diese alten Damen erzogen, bei was man hätte denken sollen, jedes Herz hätte sich gefreut und freundlicherweise eine helfende Hand zurückgehalten." Herr Hanbury nennt viele Beispiele für die „giftige Wut und Leidenschaft" dieser beiden alten Frauen. Sie hatten, sagt er, „die Demütigung, sich völlig verachtet zu fühlen. Kein Herr und keine Dame würde sich ihnen nähern, mit Ausnahme zweier benachbarter Geistlicher, die eingeladen wurden, mit ihnen auf einem Wildbret zu speisen." Sie versuchten, aus dem Sohn des Saugelders ein Werkzeug zu machen, um ihnen die Durchführung ihrer gemeinen Pläne zu ermöglichen, und schickten ihm die Nachricht, dass es ihnen in der Pfarrei an nichts fehlen dürfe, was sie für ihn tun könnten. Seine Antwort war: „Daß von solchen Leuten zu solchen Bedingungen gewährte Gefälligkeiten niemals gelingen könnten, und er forderte den anderen auf, ihnen zu sagen, dass sie *zwei alte Schlampen seien* ." – „Diesen Sommer" (sagt Mr. Hanbury) wurde ermordet , auf die barbarischste Art und Weise, der beste Spaniel, der vielleicht jemals das Feld betreten hat, und der beste Windhund, der jemals gelaufen ist. Mit ihnen war ich oft auf meinen Morgenspaziergängen unterhalten worden. Um mir diese Freuden zu nehmen, gewährte er mir in meinen morgendlichen Freizeitaktivitäten Ich erhielt Entlassungen von Mrs. Pickering und Mrs. Byrd, weil ich sie in ihre Herrenhäuser mitgenommen hatte. Auf diese habe ich keine Rücksicht genommen, und da sie aus diesem Grund nie Klage erhoben haben, kann man annehmen, dass sie keine Gerechtigkeit finden konnten Grund, einen zu erden. Was ist dann zu tun? Es muss eine Methode gefunden werden, um mich meiner Begleiter zu berauben; der Spaniel war daher das erste Objekt, das zur Zerstörung bestimmt war. Er war klein, von schönem Schwarz und war benutzt worden ins Wohnzimmer, und nachdem er etwa eine Stunde abwesend war, kam er im Todeskampf taumelnd nach Hause; und starb etwa eine Viertelstunde später unter den scheinbar qualvollsten Folterungen. Ich vermutete eine Schurkerei und befahl, ihn zu öffnen, fand aber alles perfekt und vollständig; Dann ließ ich ihn häuten, und als ich in die Ferne kam, fand ich die Spuren einer Tafelgabel, die in den Nieren steckte und die Ursache für seinen schnellen und schrecklichen Tod war. Ein paar Tage später blieb mein bester Windhund auf ebenso barbarische Weise in der Ferne stecken, was den gleichen schnellen und qualvollen Tod zur Folge hatte; und das war die Katastrophe dieser beiden berühmten Hunde, über die viel gesprochen worden war und die unter Sportlern als die Vollkommensten ihrer Art bekannt waren. Einige Zeit später begrub ihr Wildhüter zusammen mit seinem Neffen *zwei Hunde lebendig*; Sie waren Eigentum von Mr. Wade, einem bedeutenden Viehzüchter, dessen Grundstücke an einen Versteck namens Langton Caudle angrenzten, wo es oft Wild gab; und wo die beiden unglücklichen Hunde, die von ihrem Herrn abgekommen waren, zur Jagd eingesetzt wurden. Als der Wildhüter und sein Neffe an diesem Ort schossen, machten sich die Hunde auf den Knall des Gewehrs auf den Weg zu ihnen. Es wäre barmherzig gewesen, sie zu erschießen oder aufzuhängen, aber sie haben sie lebendig begraben; Und welche Worte können den Abscheu vor einer solchen Barbarei gegenüber solch unschuldigen Geschöpfen ausdrücken, die den Geboten der Natur folgen? Um zu verhindern, dass sie sich einen Ausweg verschafften, bedeckten sie sie mit schwarzen Dornen; Darüber legten sie eine ausreichende Menge Erde und einen großen Stein, den sie mit ihren Hacken niederstampften. Tag für Tag waren die Hunde an diesem Ort zu hören, mit dem Heulen und Bellen verlorener Hunde. Einige Leute machten sich daran, sie herauszufinden, und wunderten sich, dass es keinen Zweck hatte, denn niemand konnte vermuten, dass die Hunde unter der Erde waren; und so kehrte er, nachdem er sie gerufen und gepfiffen und eine Zeit lang gesucht hatte, zurück und war erstaunt darüber, dass verlorene Hunde so lange an diesem Ort bleiben sollten; aber man konnte nie etwas davon sehen. Man bildete sich ein, der Lärm käme manchmal von einer Seite, manchmal von einer anderen; Und als sie sich dem Ort näherten, an dem sie waren, hörten sie auf zu heulen, weil sie erwarteten, dass ihre Befreiung nahe sei. Ich selbst hörte sie *zehn Tage* nach ihrer Beerdigung; Als er in der Ferne einige Leute sah, erkundigte er sich, was für Hunde das seien. *„Das sind ein paar Hunde, die verloren gegangen sind, Sir"*, sagten sie. *Sie sind vor einiger Zeit verloren gegangen*. Ich kam zu dem Schluss, dass nur einige Wilderer am frühen Morgen dort gewesen waren und durch eine überstürzte Flucht ihre Hunde zurückgelassen hatten. Kurz gesagt, das Heulen und Bellen dieser Hunde war fast drei Wochen lang zu hören, bevor es aufhörte. Mr. Wades Hunde fehlten, aber er konnte nicht vermuten, dass es sich dabei um seine Hunde handelte; und der Lärm hörte auf, die Gedanken, das Staunen und das Reden darüber hörten bald auch auf. Einige Zeit später entdeckte eine Person, die das Gebüsch umzingelt hatte, wo das Heulen zu hören war, aufgewühlte Erde und den Abdruck von Menschenabsätzen, die sie ganz in der Nähe wieder niederstampften; Als er Mr. Wades Diener sah, sagte er ihm, er glaube, dort sei etwas begraben. *Dann*, sagte der Mann, *sind es unsere Hunde, und sie wurden lebendig begraben: Ich werde einen Spaten holen und sie finden, wenn ich ganz Caudle umwühle*. Er brachte bald einen Spaten und nachdem er die oberste Erde entfernt hatte, gelangte er zu den Schlehen und dann zu den Hunden, von denen der größte die Hinterteile und den größten Teil der Hinterteile des Kleinen gefressen hatte Die Summen, die sie durch ihre karge Lebensweise anhäuften, waren immens. Sie hinterließen testamentarisch Vermächtnisse fast jedem, der nicht mit ihnen verwandt war, mit Ausnahme ihres eifrigen Anwalts Valentine Price , dem sie nichts hinterlassen haben. „Aber was ist seltsam und wunderbar, obwohl ihre Wohltätigkeitsorganisationen zu Lebzeiten in Langton nur aus einem Sechs-Penny-Laib pro Woche bestanden, das in so viele Teile aufgeteilt wurde, wie es Bittsteller gab, und an elf davon verteilt wurde." die Uhr an einem Sonntag, es sei denn, sie verließen die Stadt am Tag zuvor, was oft der Fall war, und die Armen würden ihr Kopfgeld mit Sicherheit nicht erhalten; Nach dem Tod der letzten vermachten diese Damen per Testament mehr als zwölftausend Pfund den verschiedenen Krankenhäusern und religiösen Institutionen im Königreich. Ein Feuer der Güte ging schließlich von ihnen aus und beendete so diese beiden armen, unglücklichen, barmherzigen, barmherzigen alten Herren.

Herr Marshall nennt ihn „den unermüdlichen Hanbury, dessen immense Arbeit der Öffentlichkeit gewissermaßen verloren geht". Keiner hatte mehr Freude daran, die Schönheit von Bäumen und Sträuchern zu beschreiben als Mr. Hanbury: Dies geht aus den Auszügen hervor, die Mr. Marshall in seinem Werk „Planting and Rural Ornament" gemacht hat.

WILLIAM SHENSTONE , Esq., wurde gerade für seinen reinen und klassischen Geschmack in der Landschaftsgärtnerei gefeiert. Seine zarten und erbärmlichen Gefühle leuchten in den meisten seiner Werke; und die Freundlichkeit und Einfachheit seines Temperaments und seiner Manieren machten ihn in der Nachbarschaft und bei seinen Bekannten beliebt. Dr. Johnson sagt, sein Leben sei frei von Verbrechen gewesen. Er sagt weiter über ihn: „Von dieser Zeit an begann er, seine Spaziergänge zu verwickeln und seine Wasser zu winden, was er mit solchem Urteilsvermögen und solcher Fantasie tat, dass sein kleines Reich den Neid der Großen und die Bewunderung der Geschickten hervorrief." Sein Haus war schäbig, und er verbesserte es nicht; seine Sorge galt seinem Grundstück. Wenn er von seinen Spaziergängen nach Hause kam, konnte es sein, dass sein Stockwerk von einem Regenschauer durch das kaputte Dach überflutet wurde; aber er konnte kein Geld für die Reparatur aufbringen. Mit der Zeit lösten seine Erfahrungen einen Lärm um ihn aus, der das Blöken des Lammes und den Gesang des Hänflings übertönte; und seine Haine wurden von Wesen heimgesucht, die ganz anders waren als Kitze und Feen. Er gab sein Vermögen aus, um ihn zu schmücken, und sein Tod wurde wahrscheinlich durch seine Ängste beschleunigt . Er war eine Lampe, die ihr Öl im Brennen verbrauchte. Es heißt, dass er, wenn er etwas länger gelebt hätte, von einer

Rente unterstützt worden wäre: Eine solche Gabe hätte nicht angemessener gewährt werden können; wenn sie nicht jemals verlangt worden wäre ist nicht sicher; es ist zu sicher, dass es nie genossen wurde.

Sein enger Freund, Robert Dodsley, sagt über ihn: „Zärtlichkeit war in der Tat im wahrsten Sinne des Wortes sein besonderes Merkmal; seine Freunde, seine Hausangestellten, seine armen Nachbarn, alle erlebten täglich seine wohlwollende Geisteshaltung. Er war es." Er war kein Ökonom; die Großzügigkeit seines Temperaments hinderte ihn daran, der Verwendung des Geldes gebührende Beachtung zu schenken: Er überschritt damit die Grenzen seines väterlichen Vermögens, das vor seinem Tod erheblich belastet war. Aber wenn man sich daran erinnert, was für ein vollkommenes Paradies er hatte Um ihn herum erzogen, die Gastfreundschaft, mit der er lebte, seine große Nachsicht gegenüber seinen Dienern, seine Wohltätigkeit gegenüber den Bedürftigen und das alles mit einem Besitz von nicht mehr als dreihundert Pfund pro Jahr, sollte man sich eher wundern, dass er welche hinterlassen hat Er ließ jedoch mehr als genug übrig, um alle seine Schulden zu begleichen, und machte sich durch sein Testament sein gesamtes Vermögen zu diesem Zweck zu eigen."

Sein Porträt ist seinen in 3 Bänden veröffentlichten Werken vorangestellt. 8vo. 1764. Sein zweiter Band enthält seine „Unverbundenen Gedanken zur Landschaftsgärtnerei"; und die Beschreibung der berühmten *Leasowes* in diesem Band wurde von („dem bescheidenen, sensiblen und humanen") Robert Dodsley verfasst. Seine Briefkorrespondenz erschien in 2 Bänden. 8vo. Die Titelseiten der oben genannten ersten drei Bände sind durch ihre Vignette oder ländlichen Verzierungen attraktiv. Ein Porträt von Shenstone wurde 1758 von Ross aufgenommen, das Hall 1780 für Dodsley gravierte; und dieses Bild von Ross befand sich im Besitz des verstorbenen hochwürdigen Dr. Graves aus Claverton, der vor einigen Jahren im fortgeschrittenen Alter von neunzig Jahren starb. Bells Ausgabe der Dichter enthält eine hübsche Kopie dieses Porträts. Dr. Graves schrieb „Erinnerungen an den verstorbenen William Shenstone". Er weihte ihm auch eine Urne und schrieb darauf folgende Zeilen:

Fremder! Wenn Wälder und Rasen wie diese sind,
wenn ländliche Szenen Ihnen gefallen, bitte, Ah! Halten Sie eine Weile inne und betrachten Sie die Urne des armen Shenstone nachdenklich: Wer hat wie Sie oft diese wohlgefälligen Wälder und Rasenflächen durchstreift und oft diese ländlichen Szenen gebilligt? Sei wie er der Freund der schönen Tugend, und Gesundheit und Frieden dein Schritte wartet.

Herr Shenstone starb 1763 und ist auf dem Kirchhof von Hales Owen begraben. Zu seinem Andenken wird in der Kirche eine Urne mit folgender Inschrift aufgestellt:

Wer auch immer du bist, mit Ehrfurcht betritt
diese heiligen Wohnstätten der Toten. – Nicht dass die monumentale Büste
oder das prächtige Grab HIER den Staub
von Reichen oder Großen bewacht: (Lass Reichtum, Rang, Geburt
ununterscheidbar auf der Erde schlafen;) Dies ist einfach Urne zeichnet
einen Namen auf, der mit noch größerem Ruhm erstrahlt. Leser! Wenn
Genie, Geschmack verfeinert, Eine angeborene Eleganz des Geistes; Wenn
Tugend, Wissenschaft, männlicher Sinn; Wenn Witz, der niemals Anstoß
erregte; Der klarste Kopf, das zarteste Herz, An deiner Wertschätzung hast
du je einen Teil beansprucht;
Ah! Schlage deine Brust und vergieße eine Träne,
denn wisse, der Staub DEINES Shenstones liegt hier.

Herr Mason spricht folgendermaßen über Shenstone:

– „Du
sollst auch nicht ohne dein Gebet vorübergehen, du Sohn des Friedens, der
es verstand, deine Schatten zu harmonisieren. Noch sanfter als dein Lied;
doch war dieses Lied weder unhöflich noch unharmonisch, wenn es auf
pastorale Klagen oder Geschichten über beleidigte Liebe abgestimmt war."

Und Mr. Whateley würdigt sein Andenken vor seinem meisterhaften
Überblick über seinen weithin berühmten und bezaubernden Sitz mit
folgender Hommage: „Eine Anspielung auf die Ideen der pastoralen Poesie
findet sich offensichtlich im Design der Leasowes wieder, wo sie so lieblich
erscheinen." Machen Sie die Erinnerung an ihren Autor beliebt und
rechtfertigen Sie den Ruf von Mr. Shenstone, der diesen berühmten Ort
bewohnte, schuf und leitete. Es ist ein perfektes Bild seines Geistes, einfach,
elegant und liebenswürdig und wird immer Zweifel aufkommen lassen, ob
der Der Ort inspirierte seine Verse, oder ob er in den Szenen, die er
gestaltete, nur die pastoralen Bilder verwirklichte, die in seinen Liedern
reichlich vorhanden sind. [85] George Mason lobt Shenstones Geschmack auf
vielen Seiten sehr: „Paine's Hill weist jedes Zeichen von schöpferischem
Genie auf und Hagley von richtigster Fantasie; aber die innigste Verbindung
mit der Natur hat *Shenstone* geschlossen." Herr Marshall macht in seinem
Werk „Planting and Rural Ornament" einige kritische Bemerkungen zu den
Leasowes , den Erfahrungen bei der Vervollkommnung, die Shenstone „auf
die Folterbank der Armut brachten und wahrscheinlich die Auflösung eines
freundschaftlichen und wertvollen Mannes beschleunigten". Er sagt, dass
Enville ursprünglich von Shenstone entworfen wurde und dass der Wasserfall
und die Kapelle mit Zuversicht als sein Eigentum bezeichnet wurden. [86]

LORD KAMES. Seinem Porträt sind die Memoiren von Lord Woodhouselee
in 2 Bänden vorangestellt. 4to. 1807. Es gibt eine Ausgabe desselben Werks

in 3 Bänden. 8vo. 1814, mit dem gleichen Porträt, das nach einer Zeichnung von D. Martin gestochen ist. Sein „Gentleman Farmer" verbreitete seinen Ruhm in ganz Schottland. Besonders interessant ist das Vorwort. Mr. Smellie fährt in seinen „Literarischen Leben von Gregory, Home, Hume, Adam Smith und Lord Kames" fort, nachdem er viele interessante Einzelheiten über letzteren gegeben und seine Güte gegenüber den Armen während seines gesamten langen Lebens bemerkt hat :-„Ein großes Merkmal des Charakters von Lord Kames war neben seinen literarischen Talenten und seinem öffentlichen Geist eine bemerkenswerte Unschuld des Geistes. Er ließ sich nicht nur nie herabwürdigen, sondern wenn in seiner Gesellschaft irgendeine Art von Skandal auftrat, Entweder schwieg er, oder er versuchte, dem Gespräch eine Wendung zu geben. Als natürliche Folge dieser freundschaftlichen Gesinnung mischte er sich nie in die Politik ein, selbst wenn die Politik in diesem Land unanständige Ausmaße annahm; und was noch bemerkenswerter ist, er schrieb nie ein Satz, der trotz seiner zahlreichen Veröffentlichungen keine direkte und offensichtliche Absicht hatte, seinen Mitgeschöpfen zu helfen. In seinem Wesen war er von Natur aus warmherzig, aber freundlich und liebevoll. In den Freundschaften, die er schloss, war er leidenschaftlich, eifrig und aufrichtig. Weit davon entfernt, zur Ungläubigkeit zu neigen, wie einige unwissende Fanatiker unterstellten, besaßen nur wenige Menschen eine fromme Denkweise. Ein ständiges Gefühl der Gottheit und eine Verehrung für die Vorsehung lebten in seinem Geist. Aus dieser Quelle entstand die Neigung, die in allen seinen Schriften zum Vorschein kommt, die letzten Ursachen zu erforschen und der Weisheit des höchsten Autors der Natur nachzuspüren." Er hatte die Ehre, von der berühmten Frau Montagu hoch geschätzt zu werden.

Im European Magazine vom November 1790, das ein eingraviertes Porträt von ihm enthält und eine Kopie davon ist, heißt es: „Er war einer der ersten, der zu großen juristischen Kenntnissen einen beträchtlichen Teil höflicher Literatur hinzufügte. Er kam." auf dem höchsten Rang, den ein Anwalt in seinem eigenen Land erreichen kann; und er hat der Welt solche literarischen Produktionen hinterlassen, die es seinen Freunden erlauben werden, ihn, wenn auch nicht in die höchste, so doch weit über die unterste, elegante Klasse einzustufen und höfliche Schriftsteller. Er starb 1783 und hinterließ der Welt den Beweis, dass die Aufmerksamkeit für die tiefgründigsten Zweige der Gelehrsamkeit nicht unvereinbar ist mit den angenehmeren Bestrebungen nach Geschmack und höflicher Literatur." Er war gutherzig und menschlich. Sein reiner Geschmack für Landschaftslandschaften wird von Herrn Loudon auf S. 81 der Encyclopædia of Gardening. *Blair Drummond* wird lange als sein Wohnsitz gefeiert, und er zeigte dort seinen hervorragenden Geschmack beim Pflanzen und Verbessern.

In seinen „Elements of Criticism" (einem wirklich originellen Werk) gibt es ein eigenes Kapitel über Architektur und Gartenarbeit. Darin wendet er sich an den Leser: „Diese oberflächlichen Beobachtungen über die Gartenarbeit sollen mit einigen Überlegungen abgeschlossen werden, die jeden Leser berühren müssen. Rauer, unbebauter Boden, düster für das Auge, weckt Verdrießlichkeit und Unzufriedenheit: Möge dies nicht eine Ursache für die Härte sein." Manieren der Wilden? Ein reich geschmücktes Feld mit wunderschönen Gegenständen verschiedener Art zeigt in vollem Glanz die Güte der Gottheit und die reichliche Vorsorge, die er für unser Glück getroffen hat. Sollte der Betrachter nicht von Dankbarkeit gegenüber seinem Schöpfer erfüllt sein? und mit Wohlwollen gegenüber seinen Mitgeschöpfen? Andere schöne Künste können pervertiert werden, um unregelmäßige und sogar bösartige Gefühle zu erregen; aber die Gartenarbeit, die die reinsten und raffiniertesten Freuden hervorruft, kann nicht umhin, jede gute Zuneigung zu fördern. Die Fröhlichkeit und Harmonie des Geistes, die sie hervorbringt , neigt den Zuschauer dazu, seine Zufriedenheit anderen mitzuteilen und sie so glücklich zu machen, wie er selbst ist, und neigt ganz natürlich dazu, in ihm eine Gewohnheit der Menschlichkeit und des Wohlwollens zu etablieren."

JOHN ABERCROMBIES männliches und ausdrucksstarkes Gesicht kommt am besten in dem Porträt zur Geltung, das einer Ausgabe in 2 Bänden vorangestellt ist. 8vo. veröffentlicht im Februar. 1, 1783, von Fielding und Debrett. Er ist auch in voller Länge in seinem Alter von zweiundsiebzig Jahren gezeichnet, in der sechzehnten Auflage, gedruckt im Jahr 1800, mit einer hübschen Ansicht eines Gartens im Hintergrund, sauber eingraviert. Dieser ehrliche, bescheidene Mann beharrte „ein langes Leben bei kaum unterbrochener Gesundheit" auf der leidenschaftlichen Verfolgung seiner Lieblingswissenschaft. Der Tenor seines Lebens veranschaulichte, wie sehr ein Garten den Geist beruhigt und seine turbulenten Leidenschaften ruhig zur Ruhe bringt. Mr. Loudons Enzyklopädie. of Gardening kommt, nachdem er einige interessante Punkte seiner Geschichte dargelegt hat, zu dem Schluss: „Im Frühjahr 1806, als er achtzig Jahre alt war, erlitt er einen schweren Sturz, bei dem er sich den oberen Teil seines Oberschenkelknochens brach. Dieser Unfall, Was ihm am 15. April widerfuhr, endete mit seinem Tod. Nachdem er in einem sehr schwachen, erschöpften Zustand ohne große Schmerzen gelegen hatte, verstarb er in der Nacht zwischen April und Mai, als die St. Pauls-Kirche zwölf schlug. Er wurde beklagt von allen, die ihn kannten, als fröhlich, harmlos und aufrichtig." Einer seiner Biographen berichtet über ihn: „Abercrombie starb im Alter von achtzig Jahren, als er im Dunkeln eine Treppe hinunterstürzte, und wurde in St. Pancras begraben. Er war bei der berühmten Schlacht von Preston Pans dabei, die knapp ausgetragen wurde." zu den Gartenmauern seines Vaters. In den letzten zwanzig Jahren seines Lebens ernährte er sich hauptsächlich von Tee, den er dreimal am Tag trank: Seine Pfeife war morgens sein erster Begleiter und abends der letzte. [87] Er erinnerte sich nie daran „Ich habe in seinem Leben vor seinem letzten tödlichen Unfall eine Dosis Medikamente eingenommen und auch nur einmal einen Tag lang krank gewesen." Eine Liste seiner Werke erscheint in Watts' Bibl. Brit. und einer der ausführlichsten in Johnsons „History of English Gardening", der mit vielen gesammelten Einzelheiten über Abercrombie den großen und ständig steigenden Verkauf einiger seiner Werke berichtet.

LAUNCELOT BROWNE , Esq. Sein Porträt wurde von Dance gemalt und von Sherwin gestochen. Unter diesem Porträt sind die folgenden Zeilen aus der Feder von Mr. Mason eingraviert, die auch auf dem Grab von Mr. Browne in der Kirche von Fen-Staunton, Huntingdonshire, eingraviert sind:

den schlichten Charme wahrer Kunst
wirklich schmeckt ,
kommt aus den Waldszenen, die sein Genie gezeichnet hat,
und bringt hier eure tributpflichtigen Seufzer dar.
Aber wisse, dass hier mehr als nur Genie schlummert,
Tugenden waren seine, die die besten Kräfte der Kunst übertreffen.
Komm, du überlegener Zug! wen diese verehren
und weinen den Christen, Ehemann, Vater, Freund.

Auch Herr Walpole macht Herrn Browne dieses elegante Kompliment: „Würden lebende Künstler in meinen Plan fallen, würde ich gerne Herrn Browne gerecht werden; aber er könnte ein Gewinn sein, wenn er einer fähigeren Feder vorbehalten bleibt." Dieser berühmte Landschaftsgärtner starb plötzlich am 6. Februar 1783 in Hertford Street, May Fair, nach seiner Rückkehr von einem Besuch bei seinem alten Freund, dem Earl of Coventry. Obwohl Mr. Browne in Stowe als gewöhnlicher Gärtner aufgewachsen war, besaß er einen kultivierten Geist, und seine Gesellschaft war sehr umworben. Joseph Cradock, Esq. nannte ihn „einen äußerst angenehmen, bescheidenen Mann". Er häufte ein großes Vermögen an. Er wurde von den meisten Adligen und Adligen konsultiert, und die Orte, die er anlegte oder veränderte, waren, wie Herr Loudon bemerkt, unvorstellbar. Herr Repton hat eine Liste seiner Hauptwerke gegeben.

Es war das Schicksal dieses herausragenden Meisters der Landschaftsverschönerung, von einigen heftig getadelt und von anderen überschwänglich gelobt zu werden. Der verstorbene scharfe und vollendete Beobachter von Landschaftsszenerien, Sir Uvedale Price, verurteilt scharf die allzu häufige kalte Monotonie und Zahmheit vieler von Mr. Brownes Schöpfungen und dass er in seinen Werken nie etwas von dem Geschmack und Geist, die in dem Dichter vorherrschen, übertragen hat Masons Gebote und Beschreibungen; und auf einer seiner scharfsinnigen, aber angenehmen

Seiten spielt er darauf an, dass er nur *ein* und denselben Operationsplan habe; *Sangrado* -ähnlich, alle Störungen auf die gleiche Weise behandeln. Vielleicht passt die allzu allgemeine Glätte und Zahmheit von Mr. Brownes Vergnügungsparks nicht zu Sir Uvedales Begeisterung für die erhabensten Ausblicke auf Waldlandschaften, reißende und steinige Wildbäche und Wasserfälle, wilde, verwickelte Hügel und schroffe Abgründe; oder mit den hohen und erhabenen Vorstellungen, die er aus der reichen Naturszenerie aufgenommen hatte, die er so oft in den Landschaften von *Claude* oder in denen von *Rubens* , *Gaspar Poussin* , *Salvator Rosa* oder *Tizian* , „dem größten aller Landschaftsmaler", betrachtete ." Vielleicht bevorzugte Sir Uvedale „unverkeilte und knorrige Eichen" gegenüber „der Zahmheit der armen, gerade aufgestellten Bäume einer Gentleman-Plantage" oder die bewaldeten Ufer eines Flusses gegenüber dem „kahlen, rasierten Rand eines Kanals". [88]

Daines Barrington sagte glücklich: „Kent wurde von Browne abgelöst, der sich zweifellos große Verdienste um die Anlage von Vergnügungsparks erworben hat; aber ich vermute, dass ich in einigen seiner Pläne eher Spuren des Küchengärtners des alten Stowe erkennen kann als von." Poussin oder Claude Lorraine: Ich könnte mir daher wünschen, dass Gainsborough den Entwurf gegeben hätte und dass Browne ihn ausgeführt hätte. [89] Herr Loudon bemerkt: „Dass Browne beträchtliche Talente besessen haben muss, wie das Ausmaß seines Rufs deutlich beweist; er war jedoch von einem großen Teil jener Vorliebe für malerische Schönheit durchdrungen, die die Werke von Kent, Hamilton und Shenstone auszeichnete." Wir glauben, dass dies kaum von jemandem behauptet werden kann, der solche Orte, von denen bekannt ist, dass sie seine Schöpfungen sind, aufmerksam beobachtet hat. Mr. George Mason fragt offenherzig: „Warum Browne wegen all der Fehler derjenigen angeklagt werden sollte, die sich seine Anhänger nennen, dafür habe ich keinen guten Grund gesehen, und ich kann mir auch nicht vorstellen, dass es möglich ist, einen solchen vorzulegen." Viele seiner Nachahmer zeigten in ihren Kreationen so wenig Talent, dass der Name von Herrn Browne in der Wertschätzung vieler erheblich litt.

Herr Gilpin spricht in höchsten Tönen von Brownes Verbesserungen in Blenheim. Mr. Marshall in seinem Survey of Stowe and Fisherwick, Bd. ich. von seinem „Planting and Rural Ornament" und auf S. 384, würdigt ihn gebührend. Viele allgemeine Informationen über ihn finden Sie in Herrn Loudons Kapitel „Über den Aufstieg, den Fortschritt und den gegenwärtigen Stand der Gartenarbeit auf den britischen Inseln". Die Offenheit und reiche Prägnanz dieser Rezension umfasst die ganze *Magie der Kunst* in Bezug auf Landschaftsgärtnerei. [90]

FRANCIS ZAVIER VISPRE schrieb „A Dissertation on the Growth of Wine in England", Bath, 8vo. 1786. Herr Vispré starb arm vor dreißig bis vierzig Jahren in St. Martin's Lane. Er zeichnete sich durch das Malen von Porträts mit Bleistift aus: Sir Joshua schätzte ihn sehr. Er war ein äußerst harmloser Mann mit den sanftesten Manieren und der reinsten Integrität. Ich habe sein Porträt in Bleistiften gesehen, in einem Oval, das er selbst fein angefertigt hatte, weiß aber jetzt nicht, wo das ist. Zu seiner Art, den Weinstock *sehr nahe am Boden zu erziehen* , siehe S. 757 der Enzyklopädie. der Gartenarbeit.

WILLIAM MASON , Präzentor und Kanoniker von York, starb 1797. Sein Freund, Sir Joshua Reynolds, malte ein beeindruckendes Porträt von ihm, das von Doughty gestochen wurde. Eine meisterhafte Kopie dieses schönen Porträts befindet sich in Mr. Cadells Contemporary Portraits. Auch der Ausgabe seiner Werke in 4 Bänden ist ein Exemplar beigefügt. 8vo. 1811, veröffentlicht von Herrn Cadell. Sein Porträt wurde ebenfalls von Vaslet aufgenommen und 1771 von Carter gestochen. Es handelt sich um eine große Metz-Radierung. Er übersetzte Du Fresnoys Art of Painting, zu dem Sir Joshua einige Anmerkungen hinzufügte. Herr Mason hat einen Brief an Sir Joshua vorangestellt, der wie folgt endet:

Und oh! Wenn dein Dichter
über seinen Lieblingswunsch hinaus vorgeben könnte, *dich Freund zu nennen* :
Sei es, dass hier seine melodische Arbeit die Muse von *Fresnoy* in eine
moderne Weste gekleidet hat;
Und mit der Fähigkeit, die ihm seine Fantasie verleihen konnte, brachte er
den engen Falten bei, leichter zu fließen. Sei es, dass hier dein teilweises
Lächeln die Mühen bestätigte, die er in die Kunst gesteckt hatte, die er
liebte.

Mr. Masons Leidenschaft für die Malerei bestand schon früh, ist in vielen seiner Schriften auffällig und in seinem Englischen Garten überall sichtbar:

– Fühlt euch dort ,
was *Reynolds* fühlte, als der Vatikan zum ersten Mal
seine Tore öffnete und seinem entzückten Auge all die gottgleiche Energie
schenkte, die aus *Michaels* Bleistift floss; Fühle, was *Garrick* fühlte, als er
zum ersten Mal die Seele von
Shakespeares Page einatmete .

Sir Joshua vermacht in seinem Testament Mr. Mason sein damals angebliches Porträt von Milton.

Herr Gray bemerkte Folgendes über Mason, als er in Cambridge war: „So unwissend über die Welt und ihre Sitten, dass ihm dies seiner Meinung nach nicht schadet; so aufrichtig und so unverhohlen, dass kein Geist mit einem Funken Großzügigkeit jemals darüber nachdenken würde. " Er ist so anfällig für Verletzungen, aber so träge, dass all seine guten Eigenschaften überhaupt nichts bedeuten, wenn er diese Angewohnheit nicht überwinden kann.

Herr Mason fand 1754 im Earl of Holderness einen Gönner, der ihm das Leben von *Aston* in Yorkshire schenkte. Dieses abgeschiedene Dorf kam seiner Liebe zur Poesie und malerischen Landschaften zugute; das sich in seinem Englischen Garten weithin zeigte und die Grundlage seiner dauerhaften Freundschaft mit Mr. Gilpin bildete, der ihm, um seine Wertschätzung zu bezeugen, seine „ *Observations on the Wye*" widmete . Ein Biograph des verstorbenen Mr. Shore aus Norton Hall (dem Freund von Priestley) erwähnt *Aston folgendermaßen* : „Dieser wirklich gewissenhafte, wirklich gebildete und ausgezeichnete Mann, Mr. Lindsey, verbrachte eine ganze Woche in dieser Nachbarschaft. Er war während dieser Zeit Gast seines Freundes Mr. Mason, der in seinem Pfarrhaus in *Aston* wohnte , dem Biographen von Gray und einem, dessen Geschmack diesem fröhlichen Dorf Schönheit und Poesie und Berühmtheit verlieh. Seine Freundschaft zu Mr. Gray endete erst mit dessen Tod. Im Jahr 1770 wurde Mr. Mason zum letzten Mal von ihm in Aston besucht. Sein letzter Brief an Herrn Mason stammte aus Pembroke-Hall, im Mai 1771 und am 31. des nächsten Monats, und an diesem Ort bezahlte dieses erhabene Genie die Schuld der Natur. Das folgende Epitaph wurde von Herrn Mason geschrieben und auf dem Denkmal in der Westminster Abbey eingraviert:

Nicht mehr herrscht die unübertroffene griechische Muse;
Möge Großbritannien die Ehrerbietung der Nationen erweisen: Sie spürte das Feuer eines Homer in Miltons Klängen, die Verzückung eines Pindar in der Leier von Gray.

Er unterdrückte seine Bindung an diesen eleganten Gelehrten weiter, indem er seine Gedichte und Briefe veröffentlichte, denen er Memoiren über ihn voranstellte. Er beginnt das dritte Buch seines Englischen Gartens mit einer Beschwörung seines Gedächtnisses und berichtet in erhabener Sprache, wie seine Augen glitzerten und seine Akzente glühten, als er den Charme der majestätischen Natur betrachtete – die Höhen von Skiddaw und die violetten Felsen von Borrowdale. Und in eine rustikale Nische im Garten von Aston, die er Mr. Gray gewidmet hatte, schrieb er diese Strophe aus der berühmten Elegie ein:

Hier finden sich oft verstreut die schönsten des Jahres,
von unsichtbaren Händen, Schauer von Veilchen;
Das Rotkehlchen liebt es, hier zu bauen und zu trällern,
und kleine Schritte hinterlassen sanfte Spuren auf dem Boden.

Herr Mason heiratete 1765 eine äußerst liebenswürdige Frau; Sie verfiel schließlich in eine schnelle Schwindsucht und starb in den Bristol Hot Wells. Grays Brief an Mr. Mason, als er sich an diesem Ort aufhielt, ist voller Beredsamkeit; Worauf letzterer bemerkt: „Ich habe es fast genau in dem Moment geöffnet, in dem es notwendigerweise am ergreifendsten war." Sein

Epitaph auf dem Denkmal, das er dieser Dame in der Kathedrale von Bristol
errichtete, atmet so zartes Gefühl und keusche Einfachheit, dass es das kann
Ich brauche mich nicht dafür zu entschuldigen, dass ich hier aufgefallen bin:

Nimm, heilige Erde! alles, was meiner Seele am Herzen liegt;
Nimm das beste Geschenk, das der Himmel vor Kurzem gemacht hat: Zu
Bristols Quelle trug ich mit zitternder Sorge Ihre verblasste Gestalt: Sie
verneigte sich, um die Welle zu schmecken, und starb. Liest die Jugend, die
Schönheit die Zeile? Beunruhigt mitfühlende Ängste ihre Brüste? Sprich,
tote Maria! atme eine göttliche Stimme: Schon aus dem Grab wirst du die
Macht haben, zu bezaubern. Bitte sie, keusch zu sein, sei unschuldig, wie
du; in Freundschaft und ebenso zärtlich in der Liebe. Sage ihnen, obwohl es
eine schreckliche Sache ist zu sterben, ('Es war dir selbst'), doch sobald der
schreckliche Pfad beschritten wurde, hebt der Himmel seine ewigen Tore
hoch und befiehlt „das." reinen Herzens schaue ihren Gott.

Kurz nachdem Mrs. Nach Masons Tod begann er seinen Englischen Garten
und beschwört das Genie sowohl der Poesie als auch der Malerei

– Dass bei meiner Geburt
Glück verheißend lächelte, und über meine Wiege fielen Diese magischen
Samen der Fantasie, die das Gefühl eines Dichters und das Auge eines
Malers erzeugen. – – mit mildem Lächeln, um zu jubeln, In dieser traurigen
Stunde, meine trostlose Seele. Denn glaubt nicht, dass ich die Leier wieder
aufnehme, um den Beifall der Welt zu erringen; Meine Jahre sind reif. Ich
habe gelernt, das Spielzeug zu schmälern. Nein, es geht darum, die Qual des
Herzens zu lindern, die sie allein, die am meisten geliebt haben, die am
meisten geliebt wurden, fühlen können, oder Mitleid: Mitleid, streng! Was
sie auch fühlte, als sie auf ihrer blassen Lippe den letzten Abschied nahm
hing zitternd und sprach den Wunsch aus, hier zu verweilen und die Arme
zu segnen, die sie zum Himmel verließ. – Sie starb, und der Himmel gehört
ihr! Sei mein, der nachdenkliche, einsame Balsam, den die Erinnerung
hervorbringt. Ja, reiner Engel! Solange die Erinnerung ihren Platz innehat,
wird dein Bild noch regieren und dort triumphieren; Und wenn, wie jetzt,
die Einbildungskraft eine göttliche Nymphe formt, um den fließenden Ton
zu leiten, wird dein bescheidenes Erröten, dein sanftes Benehmen, dein
ungeübtes Lächeln
diese
Nymphe zieren, und deine süße Einfachheit wird (ach, sanftmütige Maria!)
in dir gekleidet sein Reize.

Dr. Thomas Warton spricht über das obige Gedicht, als er Tussers
Husbandry rezensiert: „Das waren die groben Anfänge in der englischen
Sprache der didaktischen Poesie, die das gegenwärtige Zeitalter zu einem
verwandten Thema durch die Glücklichen zur Perfektion gebracht hat."

Kombination vernünftiger Vorschriften mit den elegantesten Verzierungen von Sprache und Bild in Mr. Masons Englischem Garten. Seine Elfrida und Caractacus werden für ihre kühne Konzeption und ihre erhabene Beschreibung bewundert. Elfrida wurde von Arne und erneut von Giardini vertont. Auch Caractacus wurde vertont. Mr. Masons Erfolg mit diesen beiden dramatischen Gedichten übertraf seine optimistischsten Erwartungen.

Dr. Darwin schrieb ein Epitaph über Mr. Mason; Diese Zeilen bilden den Schlussteil:

Webe den leuchtenden Kranz, um gerecht zu werden,
und hänge unverwelkte Rosenkränze an seine Brust; während die blasse Elfrida sich über seine Bahre beugt, einen sanften Seufzer ausstößt und die anmutige Träne vergießt; und der strenge Caractacus mit gesenkter Stirn die Kälte umklammert Marmor bis zu seiner gepanzerten Brust. In klaren Truppen werden sich Chorjungfrauen drängen, mit abwechselnder Stimme das Lied ihres Dichters singen. Und, oh! in goldenen Buchstaben schreibe jedes feste, unveränderliche, unsterbliche Wort auf!

„Diese letzten beiden Zeilen aus dem Schlusschor von Elfrida (sagt Miss Seward) schließen diese Hommage an den, der als Lyriker nach Gray an zweiter Stelle steht, auf bewundernswerte Weise ab; dessen Englischer Garten eine der glücklichsten Bemühungen der didaktischen Verse ist , das die reinsten Elemente des gärtnerischen Geschmacks enthält, durch Freiheit und Tugend gewürdigt, durch Episoden interessant gemacht und in jenen energischen und wogenden Takten gehalten, die leere Verse ausgezeichnet machen; dessen unbekannte Satiren, die aber sicherlich seine sind, der heroische Brief an Sir William Chambers, und sein Nachwort sind gleichzeitig originell in ihrem Stil, harmonisch in ihren Zahlen und pointiert in ihrer Lächerlichkeit; deren Tragödien sind die einzigen pathetischen Tragödien, die in unserer Sprache nach dem strengen griechischen Vorbild geschrieben wurden. Der Samson Agonistes trägt Spuren von a stärker, aber auch von schwererer Hand, und zweifellos weniger berührend als die süße Elfrida und der erhabene Caractacus.

Herr Mason veröffentlichte 1756 vier Oden. „Es wäre schwer zu sagen (sagt der Biograph der jährlichen Nekrologie von 1797), was am meisten zu bewundern ist: die Lebendigkeit der Konzeption oder der Geist der Freiheit und die glühende Liebe zur Unabhängigkeit, die überall herrscht. Die Ansprache an Milton in seiner Ode an die Erinnerung und an Andrew Marvel, darin an die Unabhängigkeit, kann nicht genug bewundert werden. In der Zeit, als die Wahlen in Middlesex so aufgeregt waren, schloss er sich mit jenen unabhängigen Grundbesitzern zusammen, die durch ihre Erklärungen und Petitionen im ganzen Land widersetzte er sich der

Korruption und forderte eine Reform im Parlament; und als sich die Grafschaft York 1779 versammelte, gehörte er dem Komitee an und hatte großen Anteil an der Ausarbeitung ihrer energischen Resolutionen. Die lebhafte Bestätigung des Verhaltens der Freeholders und andere Papiere sind, obwohl anonym in den Zeitungen abgedruckt und so in Mr. Wyvills Sammlung politischer Traktate in 3 Bänden abgedruckt, wohlbekannt, dass sie das Werk von Mr. Mason sind. Dieses Verhalten machte ihn für die Gerichtspartei unausstehlich. Zu dieser Zeit war er einer der Kapläne des Königs, aber als er an der Reihe war, vor der königlichen Familie zu predigen, ernannte die Königin eine andere Person zu seinem Nachfolger. Es wurde beobachtet, dass seine Gefühle in einem späteren Abschnitt seines Lebens eine der Freiheit weniger zuträgliche Färbung annahmen. Ob aus Angst vor dem Vormarsch der Französischen Revolution oder aus der Ängstlichkeit des Alters, wir wissen es nicht. Sein Freund Horace Walpole wirft ihm schlichten Abfall vom Glauben vor: „Der *Heroic Epistle* to Sir W. Chambers und das *Heroic Postscript* sollen nun eindeutig von Mr. Mason geschrieben worden sein. Mr. Thomas Warton bemerkte: „Möglicherweise waren sie es." geschrieben von Walpole und mit einem Buckram versehen von Mason.

Der verstorbene Sir U. Price spricht im großzügigen und patriotischen Schluss seines Briefes an Herrn Repton ein zartes Kompliment an das Genie von Herrn Mason in allem, was ländliche Landschaften betrifft; und sein Respekt für Mr. Mason und seine hohe Meinung von seinen Talenten kommen auf den Seiten weiter zum Ausdruck. 295 und 371 seines ersten Bandes und auf S. 295 und 371 seines ersten Bandes. 94 von Bd. ii. Nachdem Mr. Mathias Mr. Mason für den Verfasser des Heldenbriefs gehalten und seiner allgemeinen Poesie ein großes Lob ausgesprochen hat, schließt er seine großzügige Würdigung wie folgt ab:

Woher kommt dieses Stöhnen? Britannia schläft nicht mehr,
sondern beugt sich über ihren geliebten Musæus und weint. Siehe, alle griechischen, alle britischen Musen verstreuen die frischen Blumen und den lieblichen Tau, wo MASON liegt!
Und in seiner Brust wohnte jede sanfte Zuneigung, die Liebe und Freundschaft kennt; Jede Schwesterkunst, mit all den Farben und Klängen, mit allem, was das Sylvan-Theater zieren kann, hat in der Seele von MASON seinen Platz gefunden!
Tief sinkt der mit Lorbeer geschmückte Kopf: In Monas Land sehe ich sie vorbeiziehen, es ist Madors herabhängende Schar, zu Harfen des Wehs, in heiligsten Trauerfeierlichkeiten, in jenem Grab singen sie: „Unsere Druiden lügen!"

ERASMUS DARWIN. Im Leben dieses zu Recht gefeierten Arztes von Miss Seward teilt sie uns mit, dass er im Jahr 1770 Herrn Wright aus Derby vorstand; und dass es „ein kontemplatives Porträt von vollkommenster

Ähnlichkeit" sei. Ob es eingraviert wurde, weiß ich nicht. Er war damals in seinem achtunddreißigsten Lebensjahr. Dr. Thornton hat in seinem hervorragenden Werk über Botanik ein schönes Porträt von Dr. Darwin in einer fortgeschritteneren Phase seines Lebens gegeben. Es atmet Intelligenz in jedem Merkmal und ist ein meisterhaftes Abbild. Der verstorbene Herr Erzdiakon Clive bewahrte ein hochvollendetes Miniaturporträt von ihm auf, das von Dr. Darwin ausdrücklich in Auftrag gegeben wurde, um es diesem würdigen Geistlichen, den er so sehr schätzte, zu präsentieren. [91]

Dr. Darwin veröffentlichte:

1. Zoonomia oder die Gesetze des organischen Lebens.

2. Phytologia oder die Philosophie der Landwirtschaft und des Gartenbaus, 4to. 1800. „Ein riesiges Feld wertvoller Beobachtungs- und wissenschaftlicher Literatur."

3. Der Botanische Garten.

Lord Byron und andere äußerten sich streng zu diesem Gedicht. Die Zeilen jedoch über die Frau und die Kinder des Soldaten, nachdem sie die Schlacht von Minden gesehen hatten – diese animierten Zeilen an Mr. Howard – oder als die Mutter während der Pest in London ihre Kinder dem Grab übergab,

Als über der freundlosen Bahre keine Riten gelesen wurden, wurde
kein Klagelied langsam gesungen und kein Leichentuch ausgebreitet;

diese lassen einen mit Freude anerkennen, dass pathetische Kräfte die Gabe von Darwins Muse waren. Die Erhabenheit der folgenden Ansprache an unseren *ersten* mutigen æronauten verdient eine Einfügung:

– Erhebe dich, großer Mongolfier! Fordern Sie Ihren mutigen Flug
hoch über dem blassen, vom Eis reflektierten Licht des Mondes. Hoch
über dem perlmuttfarbenen Stern, dessen strahlendes Horn im Osten
hängt, fröhlicher Vorbote des Morgens. Lassen Sie das rote Auge des Mars
auf schnellen Flügeln, Jupiters silberne Wächter , und Saturns düsterer
Ring; Verlasse die schönen Strahlen, die aus der Ferne kommen. Spiele mit
neuen Kronleuchtern um den georgischen Stern. Meide mit starken Rudern
den attraktiven Thron der Sonne, den brennenden Tierkreis und die
milchige Zone: Wo kopfüber mit zunehmender Kraft durch andere
Systeme biegt Ihr brennender Kurs! Für dich zieht Cassiope ihren Stuhl
zurück, für dich zieht der Bär seine zottigen Pfoten zurück;
Hoch über dem Norden wird deine goldene Kugel rollen
und ewig um den wundersamen Pol strahlen. [92]

Nachdem Frau Seward erklärt hatte, dass Dr. Darwins Arztpraxis in Lichfield durch professionelle Großzügigkeit ausgezeichnet wurde, sagt sie weiter: „Er kümmerte sich auch eifrig um die Gesundheit der Armen in dieser Stadt und danach in Derby und versorgte sie mit Nahrungsmitteln und anderen lebensnotwendigen Dingen." alle Arten von Wohltätigkeitshilfe. In jeder dieser Städte war *er* ein fröhlicher Vorstand mit fast offener Gastfreundschaft, ohne Extravaganz oder Stolz, wobei er immer die ersteren für ungerecht, die letzteren für unmännlich hielt. Großzügigkeit, Witz und Wissenschaft waren seine Hausgötter. " [93] Sie stellt erneut fest, dass, als er von Lichfield nach Derby zog, „sein Ansehen als Arzt im Laufe der Zeit noch zunahm und sein sterbliches Leben vom Mittag an abnahm. Patienten aus allen Teilen der Welt wandten sich immer mehr an ihn." des Königreichs und oft vom Kontinent. Alle Ränge, alle Gesellschaftsschichten, alle Religionen stützten sich auf seine Macht, um Krankheiten zu lindern und die Existenz zu verlängern. Die starren und streng frommen Menschen, die versucht hatten, auf seine Hilfe zu verzichten, von a Der Aberglaube, dass die Vorschriften eines Skeptikers keinen Segen erwarten würden, opferte nach einiger Zeit ihre abergläubischen Skrupel dem unfreiwilligen Bewusstsein seiner mächtigen Fähigkeiten. Obwohl Herr Mathias einige von Dr. Darwins Werken heftig kritisiert, nennt er ihn dennoch zu Recht „diesen sehr genialen Mann und hervorragenden Arzt, denn das war er zweifellos."

, die er (trotz seines immensen beruflichen Engagements) an der Landschaft der Natur und in den Gärten *empfand* düstere und weglose Wälder, die uns mit einem Gefühl feierlicher Abgeschiedenheit beeindrucken, wie die Einsamkeiten von *Tinian* oder *Juan Fernandes* mit seinem „stillen und unbefleckten Bach", den er in seinen bewundernswerten Zeilen so rein und maßvoll an den jugendlichen Besitzer dieses Ortes richtet Anspielen auf:-

O Freund des Friedens und der Tugend,
für dich fließt immer mein stiller und unbefleckter Strom, rein und unbefleckt wie dein tadelloses Leben! Lass keine fröhliche Konversation deine Schritte in die Irre führen, um meine keusche Welle mit unbescheidenem Wein oder mit dem giftigen Kelch zu vermischen, welche Hand Chemias (gefallene Zauberin!) den Söhnen der Torheit zuteil werden lässt! So wird junge Gesundheit deine täglichen Spaziergänge begleiten, Webe für deine graue Stirn die Frühlingsblume der Fröhlichkeit und mit seinem nervösen Arm halte die unerbittliche Sense der Zeit fest.

So früh und tatsächlich sein ganzes Leben lang hat Dr. Darwin die glücklichen Folgen von Mäßigung und Nüchternheit durchgesetzt; aus seiner Überzeugung von den schädlichen Auswirkungen aller Arten von Unmäßigkeit auf die jugendliche Konstitution. Er hatte eine absolute Abscheu vor Geistern aller Zauber, wie abgeschwächt sie auch sein mochten. Reines Wasser war während des größten Teils seines gemäßigten Lebens sein Lieblingsgetränk. Wegen einiger seiner religiösen Vorurteile wurde er heftig getadelt (zweifellos zu Recht). Der alte Walter Mapes, der fröhliche Kanoniker von Salisbury, Präzentor von Lincoln und Erzdiakon von Oxford, hielt im elften Jahrhundert *Wasser* für nur für *Ketzer geeignet* .

Man kann seine Vorliebe für die reiche Naturlandschaft wieder erkennen, als er 1777 ein wildes, schattiges Tal in der Nähe von Lichfield mit seiner moosigen Quelle reinsten Wassers kaufte. Diesen Platz kultivierte er liebevoll. Die botanischen Fähigkeiten, die er an dieser Stelle an den Tag legte, entgingen dem prüfenden Auge von Herrn Loudon nicht, denn auf S. 807 seiner Encyclop. Als Gärtner spricht er ihm ein verdientes Kompliment aus. [94] Miss Seward schrieb einige Zeilen über dieses beliebte Tal, und diese sind ein Teil davon:

Ö! Möge kein unhöflicher Schritt diese Lauben entweihen,
keine Mitternachtssegler die Ebene verunstalten; und wenn die Stürme des winterlichen Tages die vielfältigen Blätter des goldenen Herbstes wegblasen, Winde des Nordens, halte deine eisigen Stürme zurück, noch kühle den Busen dieser heiligen Täler.

Seine Vorliebe für Gärten veranlasste ihn, das Andenken von Herrn Mason durch Zeilen zu ehren, die einst für sein Denkmal bestimmt waren; und er schlug Verbesserungen an der Priorität in Derby vor (und die er gerade am letzten Morgen seines Lebens in einem lebhaften Brief an einen Freund beschrieben hatte), als das verhängnisvolle Signal gegeben wurde, und einige Stunden später, am 18. April , 1802, und in seinem neunundsechzigsten

Lebensjahr sank er in seinen Stuhl und starb. „So erlosch in einer Stunde (sagt sein liebevoller Biograph) das lebenswichtige Licht, das in der vorangegangenen Stunde in schmeichelhafter Helligkeit und verheißungsvoller Dauer gestrahlt hatte (das ist oft die listige Schmeichelei der Natur), dieses Licht, das ein halbes *Jahrhundert* lang hatte seinen Glanz und seine Wärme so weit verbreitet; dieses Licht, in dem die Not aufgeheitert worden war, in dem sich die Wissenschaft ausgeweitet hatte; in dessen Reiche die Poesie alle ihre Bilder gebracht hatte; vor dessen Einfluss sich die Krankheit immer wieder zurückgezogen hatte und der Tod sich so oft „beiseite gewandt" hatte Sein gezielter Pfeil!" [95] Dass Dr. Darwin in seiner *Zoonomia* große Fehleinschätzungen hinsichtlich seiner religiösen Prinzipien oder Vorurteile an den Tag legte, daran kann kein Zweifel bestehen. Ein bedeutender Verfechter des Christentums stellte wahrhaftig fest, dass Dr. Darwin „ war mit mehr Gliedern in der Kette der *zweiten* Ursachen vertraut, als wahrscheinlich irgendjemand vor ihm gewusst hatte; aber dass er sich so sehr und so *ausschließlich* auf zweite Ursachen konzentrierte, dass auch er im Allgemeinen vergessen zu haben scheint, dass es eine erste gibt besser als wir können. Obwohl der *anklagende Geist* errötet sein muss, als er ihnen nachgab, hoffen wir doch, dass der *registrierende Engel* sie aus Barmherzigkeit gegenüber seinem menschlichen Herzen und seinen vielen guten und wertvollen Eigenschaften ausgelöscht hat für immer.

REV. WILLIAM GILPIN, der, wie Mr. Dallaway in seinen Observations on the Arts bemerkt, „zweifellos die glückliche Fähigkeit besitzt, mit Worten zu malen"; und der ihn außerdem in seinem ergänzenden Kapitel über modernes Gärtnern lobt, das seiner erweiterten Ausgabe von Mr. Walpoles Anekdoten beigefügt ist. Der Topograph sagt, er „beschreibe mit der Sprache eines Meisters die schlichten Szenen der unkultivierten Natur". Herr Walpole würdigt ihn in seinem Nachwort zu seinem Katalog der Graveure, nachdem er davon ausgegangen ist, dass es sich vielleicht lohnen könnte, „diesen Band einzuschmelzen und neu zu gießen", wie folgt: „Hätte ich die nötige Autorität, um Namen zu nennen?" Mein Nachfolger oder könnte ihn dazu bewegen, sich herabzulassen, ein Amt anzunehmen, das er mit mehr Geschmack und Geschick ausüben könnte; von dessen Händen die Öffentlichkeit so viele Informationen und Vergnügen erhalten könnte wie vom Autor des Essays über Drucke und *von* den *Tours* , usw.? Und wann wurde die Öffentlichkeit jemals mit Feder und Bleistift gleichzeitig und mit gleicher Exzellenz im Stil von beiden unterrichtet, als von Mr. Gilpin?"

Hätte Herr Gilpin nichts weiter als seine „Vorlesungen über den Katechismus" geschrieben, hätte ihm allein das den Namen eines verdienstvollen Schriftstellers verliehen. Seine Anspielung auf Platon, seine Überlegungen zum Jüngsten Gericht, seine lebhafte Ansprache an die Jugend und sein Abschluss seiner sechzehnten Vorlesung müssen jedem Leser tief ins Herz dringen. Seine „Predigten, die einer Landgemeinde gehalten wurden" beweisen ihn als einen frommen, wohltätigen und wertvollen Mann. [96]

Die leuchtende Bildsprache seines Stils birgt beim Betrachten der wunderschönen Landschaften in vielen Teilen Englands und einigen der weiten und prächtigen Gebiete Schottlands viele leidenschaftliche Reize. Dennoch sind wir gezwungen, uns Herrn Mathias anzuschließen, der so zu Recht Einwände gegen die Fachsprache einiger seiner Sprachen erhebt. Mr. Gilpins erstes Werk über malerische Schönheit waren seine „Observations on the River Wye" aus dem Jahr 1770. Anschließend veröffentlichte er:

Waldlandschaft – Malerische Schönheiten der Highlands – Berge von Cumberland und Westmoreland – Westliche Teile Englands – Cambridge, Norfolk, Suffolk und Essex – Hampshire, Sussex und Kent. Drei Essays über malerische Schönheit, malerische Reisen und das Skizzieren von Landschaften, denen ein Gedicht über Landschaftsmalerei hinzugefügt wird. Eine vollständige Darstellung seiner zahlreichen Werke finden Sie in Watts' Bibl. Brit. Eine vollständige Liste davon gibt auch Herr Nichols in Bd. ich. seiner Illustrationen, mit einer kurzen Erinnerung. Herr Johnson gibt auch eine Liste seiner Werke, die sich auf malerische Landschaften beziehen, mit ihren Gesamttiteln. Sein Porträt wurde von Walton gemalt und von Clint in Metz gestochen.

JAMES ANDERSON veröffentlichte die folgenden Werke; und ich habe den Preis derjenigen angegeben, die im landwirtschaftlichen Katalog des verstorbenen Mr. Harding erschienen sind:

1. The Bee, or Literary Intelligencer, 18 Bde. 8vo. *Edinb.* 1791.

2. Freizeitaktivitäten in Landwirtschaft, Naturgeschichte, Kunst und sonstiger Literatur, 6 Bde. 8vo. *London.* 3 *l.* 10s.

3. Essays zu Landwirtschaft und ländlichen Angelegenheiten, 3 Bde. 8vo. 1 *l.* 7s.

4. Praktische Abhandlung über die Trockenlegung von Mooren, 8vo. 6s.

5. Praktische Abhandlung über Torfmoos, 8vo. 5s.

6. Über Kalk als Zement und Mist, 8vo. 2s. 6d.

7. Ein Bericht über die verschiedenen Schafarten, die in den russischen Dominions und unter den tatarischen Horden gefunden wurden, 8vo. 6s.

8. Untersuchung der Ursachen der Knappheit von 1800. 8vo. 2s. 6d.

9. Verschiedene Gedanken zum Pflanzen von Holzbäumen, hauptsächlich für das Klima Schottlands, von Agricola, 8vo. *Edinb.* 1777.

10. Beschreibung eines Patent-Hot-House, 1804. 12 Monate. 5s.

In „Public Characters of 1800 and 1801" wird ein Porträt von ihm gegeben, eine Liste seiner Werke, und es wird folgendermaßen von ihm gesprochen: „Die Manieren dieses genialen und sehr nützlichen Mannes waren schlicht und offen, ein Zeichen von Ehrlichkeit." und ein gutes Herz. Er war gütig und großzügig, ein zärtlicher Elternteil und ein herzlicher Freund und wurde in seinem Bekanntenkreis sehr geschätzt. Es gibt ein Porträt von ihm, gemalt von Anderson und gestochen von Ridley. Eine Kopie ist im Mirror (herausgegeben von Vernon und Hood) vom November 1799 enthalten. Eine weitere Kopie ist im Gentleman's Magazine enthalten. Er starb 1808 im Alter von 69 Jahren in West Ham, Essex. Herr Lysons gibt im Supplement to his Environs of London einige Einzelheiten über ihn an.

HORACE WALPOLE. Er war der jüngste Sohn von Sir Robert Walpole, der so lange die Geschicke Englands leitete und dessen attraktives und wohlwollendes Privatleben das Lob von Popes eleganter Muse völlig verdient zu haben scheint:

Ich habe ihn gesehen; aber in seiner glücklicheren Stunde
des gesellschaftlichen Vergnügens, das schlecht gegen Macht eingetauscht wurde,
sah ich ihn unbelastet mit dem korrupten Stamm,
ohne Kunst lächeln und ohne zu schnappen siegen.

Die besten Porträts dieses intelligenten und scharfsinnigen Schriftstellers Horace Walpole sind das Porträt in Mr. Dallaways reich verzierter Ausgabe der Anecdotes of Painting von Sir Joshua Reynolds und das in Mr. Cadells Contemporary Portraits von Lawrence. Auch der Tanz zog ihn an. Ein weiteres Porträt ist dem neunten Band seiner Werke in 4to vorangestellt. 1825, nach einem Bild im Besitz des Marquis von Hertford. Es gibt ein weiteres von Pariset gestochenes Porträt von Falconot. Herr Walpole starb im März 1797 im Alter von achtzig Jahren an seinem Lieblingssitz in Strawberry-Hill. Seine Manieren waren sehr gepflegt, da er im Laufe seines langen Lebens häufig die ersten Gesellschaften besucht hatte. Sein Gespräch war voller interessanter Anekdoten und spielerischem Witz. Fröhlichkeit in der Erzählung und Lebendigkeit im Ausdruck zeichnen seine anmutige Feder aus. Der Prince de Ligne (ein perfekter Richter) spricht über seine *Geschichte des modernen Geschmacks im Gartenbau* : „Ich bewundere nicht weniger die Beredsamkeit und die Tiefe seiner Arbeit über Gärten." Herr Walpole selbst sagt: „Wir haben der Welt das wahre Modell der Gartenarbeit gegeben: Lassen Sie andere Länder unseren Geschmack nachahmen oder verfälschen; aber lassen Sie ihn hier auf seinem grünen Thron regieren, originell durch seine elegante Einfachheit und stolz auf keinen anderen." Kunst als die, die Härte der Natur zu mildern und ihre anmutigen Berührungen zu kopieren.

Sir U. Price, in Bd. ip 18 seiner Essays zollt Herrn Walpole großen Respekt und unterscheidet sich von ihm „mit großer Ehrerbietung und Zurückhaltung". Er bemerkt: „Ich halte es kaum für nötig, eine Entschuldigung dafür zu finden, Lord Orford Mr. Walpole zu nennen; es ist der Name, unter dem er in der literarischen Welt am bekanntesten ist und dem seine Schriften weit darüber hinaus Berühmtheit verliehen haben." was jede erbliche Ehre verleihen kann." Herr Johnson bemerkt: „Seiner Skizze der von Bridgman und Kent und diesen Gartenkünstlern, ihren unmittelbaren Nachfolgern, eingeführten Verbesserungen können wir das größte Lob aussprechen; er scheint ein treuer und beredter Chronist zu sein." Es ist unmöglich, an dieser Hommage vorbeizukommen, ohne meinen Leser daran zu erinnern, dass Mr. Johnsons eigene Rezension unserer Ziergärtnerei energisch und leuchtend ist; ebenso wie sein gesamter umfassender allgemeiner Überblick über die Gartenarbeit von der frühesten Periode bis zum Ende des letzten Jahrhunderts.

DER HON. DAINES BARRINGTON. Er widmete sich literarischen Beschäftigungen; war ein profunder Antiquar und ein wirklich würdiger Mann. Er starb 1800 im Alter von 73 Jahren in seinen Gemächern im Tempel und wurde in der Tempelkirche beigesetzt. Man könnte sagen, dass die attraktiven Verbesserungen in den dortigen Gärten auf ihn zurückzuführen sind. Er betrachtete sie möglicherweise als klassischen Boden; Denn in diesen Gärten gelobte der stolze Somerset, seine weiße Rose blutrot zu färben, und Warwick prophezeite, dass es zu einer Schlägerei kommen würde

– im Tempelgarten
werden zwischen der roten und der weißen Rose tausend Seelen in den Tod und in die tödliche Nacht geschickt.

Er veröffentlichte,

1. Bemerkungen zu den älteren Statuten, 4to. Der 5. Auflage aus dem Jahr 1796 ist sein Porträt vorangestellt.

2. Der Kalender des Naturforschers, 8vo.

3. Eine Übersetzung von Orosius, geschrieben an Alfred, mit Anmerkungen, 8vo.

4. Traktate über die Wahrscheinlichkeit, den Nordpol zu erreichen, 4to.

5. In Bd. vii. der Archæologia, ist sein Aufsatz „On the Progress of Gardening". Es wurde von Herrn Nichols als separates Traktat zum Preis von 1 Sektion gedruckt. 6d.

6. Verschiedenes zu verschiedenen Themen, 4to.

Herr Nichols nennt ihn in seinem Buch „Life of Bowyer" „einen Mann mit liebenswürdigem Charakter, höflich, kommunikativ und liberal"; und im fünften Band seiner Illustrationen zur Literaturgeschichte des 18. Jahrhunderts gibt er ein sorgfältig graviertes Porträt von Mr. Barrington und einige Denkmäler oder Briefe von ihm. Herr Boswell („der fröhliche, angenehme, unnachahmliche Biograph seines berühmten Freundes") beschreibt Dr. Johnsons Wunsch, Herrn Barrington kennenzulernen: „Kurz nachdem er seine hervorragenden Beobachtungen zu den Statuten veröffentlicht hatte, Johnson Er wartete auf diesen würdigen und gelehrten Herrn, sagte ihm seinen Namen und sagte höflich: „Ich habe Ihr Buch mit großer Freude gelesen, Sir, und möchte Sie besser kennen." So begann eine Bekanntschaft, die mit gegenseitiger Achtung fortgesetzt wurde, solange Johnson lebte. John Harris, Esq. Der gelehrte Autor von „Philological Inquiries" spricht über Mr. Barringtons „Observations on the Statutes": „ein wertvolles Werk, bei dem es schwierig ist zu entscheiden, ob es unterhaltsamer oder lehrreicher ist."

JOSEPH CRADOCK , Esq. dessen „Village Memoirs" seinen feinen Geschmack in der Landschaftsgärtnerei widerspiegeln. Dieser gefühlvolle und großzügige Mann, dessen sanfte Manieren, höfliche Gelehrsamkeit und hervorragende Talente ihn dazu berechtigten, die ersten Charaktere dieser Zeit kennenzulernen, starb 1826 im hohen Alter von fünfundachtzig Jahren. Dieser klassische Gelehrte und gebildete Gentleman, der (wie es im Gentleman's Magazine vom Januar 1827 heißt) „die Angewohnheit hatte, alles, was er sagte, mit einem gewissen Lichtblick und einem ehrenvollen Tonfall zu beleben und zu verschönern", glänzte David Garrick und Warburton, Hurd, Johnson, Goldsmith, Percy und Parr gehörten zu den ersten literarischen Kreisen und zählten (neben vielen anderen aufgeklärten Personen) zu seinen innigen und geschätzten Freunden. Dr. Johnson nannte ihn „einen sehr angenehmen Herrn". Tatsächlich scheint er in jeder Hinsicht ein freundlicher und kompetenter Mensch gewesen zu sein. Er hatte die Ehre, ausgewählt zu werden, ein Menuett mit der anmutigsten aller Tänzerinnen, Mrs. Garrick, beim Stratford Jubilee. An Herrn Cradock richtete Dr. Farmer seinen unbeantwortbaren Aufsatz über die Gelehrsamkeit Shakespeares. In puncto Menschlichkeit und Freundlichkeit wurde er von wenigen übertroffen. Popes Aussage vom *fröhlichen Gewissen eines gut verbrachten Lebens* hätte durchaus auf Mr. Cradock übertragen werden können. Als er in Leicestershire war, „wurde er von Menschen aller Parteien wegen seines Wertes respektiert und von den Armen wegen seiner Güte vergöttert." Dieser ehrliche und ehrenhafte Mann beschrieb im letzten Teil seiner Inschrift seine eigene Meinung über die Ufer des Sees, die er auf seinem romantischen und malerischen Gelände in dieser Grafschaft angelegt hatte:

1773 entnahm er seine „Zobeide" teilweise einer unvollendeten Tragödie Voltaires. Als er Ferney eine Kopie schickte, schloss der aufgeklärte Veteran seine Antwort mit den Worten: „Sie haben einem alten, kranken Mann von achtzig Jahren zu viel Ehre erwiesen. Ich bin mit aufrichtigster Wertschätzung und Dankbarkeit

„Herr, Ihr gehorsamer Diener,
„ VOLTAIRE ." [98]

Ich kann es mir nicht verkneifen, einen kurzen Auszug aus der oben zitierten Zeitschrift hinzuzufügen, da er einem einen weiteren hochgeschätzten und würdigen Mann in Erinnerung ruft: „Hier ist es vielleicht zulässig, auf die aufrichtige Verbundenheit zwischen Mr. Cradock und seinem Mann hinzuweisen." alter Freund Mr. Nichols. Herr Nichols war es viele Jahre lang gewohnt, Mr. Cradock einen jährlichen Besuch in Gumley Hall abzustatten; aber als Mr. Cradock sich in London niederließ, wurde der Verkehr unaufhörlich, und wir bezweifeln nicht, dass es sich um die tägliche Korrespondenz handelte die zwischen ihnen stattfand, trug dazu bei, die letzten Tage dieser beiden Veteranen der Literatur zu erfreuen. Sie hatten beide in jungen Jahren den schmeichelhaften Vorteil einer Vertrautheit mit denselben herausragenden Charakteren genossen und die verschiedenen Anekdoten gehört, die in ihren animierten Geschichten zum Ausdruck kamen Gespräche über Johnson und andere zu führen, war in der Tat ein intellektueller Leckerbissen ohne gewöhnliche Beschreibung. Mr. Cradock und Mr. Nichols besaßen eine Ähnlichkeit in Geschmack und Urteilsvermögen. Sie waren beide mit einer besonderen Schnelligkeit des Verständnisses ausgestattet und verfügten über Fähigkeiten und eine Genauigkeit des Gedächtnisses, die selten erreicht wurden ." Man kann von dem liberal gesinnten Herrn Nichols sagen, was Herr Murphy von Dr. Johnson sagte, dass seine Liebe zur Literatur eine Leidenschaft war, die bis zu seinem letzten Standpunkt anhielt. Die Werke von Herrn Cradock wurden seit seinem Tod von Herrn JB Nichols in 4 Bänden veröffentlicht. 8vo. Sie enthalten seinen Essay über Gartenarbeit und Dorferinnerungen. Sie werden durch ein Miniaturporträt von Hone aus dem Jahr 1764 bereichert, als Mr. Cradock in seinem zweiundzwanzigsten Lebensjahr in der Blüte seines Lebens war und man annahm, dass seine durchdringenden Augen und sein intelligentes Gesicht denen von Mr. Cradock ähnelten Herr Garrick. Es gibt auch ein Profilbild von Mr. Cradock, das nur einen Monat vor seinem Tod von ihm aufgenommen wurde. In der oben zitierten Zeitschrift befindet sich eine Kopie dieses Profils mit einer Abhandlung.

SIR JOSEPH BANKS. Es gibt ein schönes Porträt von ihm von Russell, gestochen von Collyer. In Mr. Cadells zeitgenössischen Porträts befindet sich ein weiteres schönes Bild aus der Feder von Lawrence. Sein Porträt wird von der Horticultural Society of London aufbewahrt und im British Museum befindet sich seine Büste, gemeißelt und präsentiert vom Hon. Frau. Damer. Ein gutes Exemplar des Kupferstichs von Collyer befindet sich im European Magazine vom Februar. 1795, und aus den dort gegebenen Memoiren wähle ich Folgendes aus:

„Wenn es darum geht, die Würde der ersten literarischen Gesellschaft der Welt zu unterstützen und durch Festigkeit und Offenheit die Achtung ihrer Mitglieder zu versöhnen; wenn es darum geht, die Verlockungen der Verschwendung abzulehnen, unbekannte Wissenschaften zu erforschen und die männlichsten Qualitäten des Menschen zu kultivieren." Wenn es Umstände sind, ein fürstliches Vermögen für die Erweiterung der Wissenschaft, die Förderung von Genies und die Linderung von Not auszugeben, die irgendjemandem einen überdurchschnittlichen Anteil an Respekt einräumen, werden nur wenige den Anspruch der Person, deren Porträt abgebildet ist, bestreiten schmückt das vorliegende Magazin ... Kurz gesagt, er hat Anspruch auf jedes Lob, das Wissenschaft, Liberalität und Intelligenz ihren angesehensten Favoriten verleihen können.

Dr. Pulteney spielt in seiner schönen Widmung seiner Sketches on the Progress of Botany an Sir Joseph folgendermaßen auf seine Reise mit Cook an: „An wen könnte ein Werk dieser Art mit so viel Anstand gerichtet werden, als an wen?" Er hatte nicht nur für eine Reihe von Jahren alle Verlockungen, die eine gebildete Nation dem Reichtum entgegenbringen konnte, aufgegeben, sondern sich auch zahllosen Gefahren und dem wiederholten Risiko des Lebens selbst ausgesetzt, um höhere Grade dieses Wissens zu erreichen, das er besaß Diese Skizzen sollen kommunizieren."

Die Akademie der Wissenschaften in Dijon apostrophiert in ihrer „Notice sur Sir Jos. Banks" sein Andenken: „Shadow of Banks! Erscheinen Sie an diesem Ort, der dem Kult der Wissenschaften und der Literatur gewidmet ist; kommen Sie und nehmen Sie den Platz ein, den Sie dort haben." Bewahre die Musen, nimm die Kronen an, die sie selbst für dich geflochten haben! Komm, empfange den Tribut unserer Gefühle, das aufrichtige Zeugnis unseres Schmerzes und unseres Bedauerns; und durch die Erinnerung an deine Tugenden, komm und entflamme unsere Herzen mit dieser Liebe zum Guten , das war der Beweggrund all Ihrer Handlungen!" [99]

Herr Johnson nennt ihn in seiner Geschichte des englischen Gartenbaus zu Recht „diesen universellen Förderer der Künste und Wissenschaften. Die Naturgeschichte war der Lieblingsgegenstand seiner wissenschaftlichen Studien, und jeder Teil davon wurde durch seine Forschungen bereichert."

Er lobt ihn erneut als „einen großzügigen Freund der Wissenschaft und Literatur". Der Name Banks wird immer mit dem von Solander, dem Lieblingsschüler von Linné, und dem des unsterblichen Kochs verbunden sein. De Lille schließt seine *Jardins* mit einer äußerst großzügigen und lebhaften Beschwörung des Andenkens an diesen unerschrockenen Seefahrer.

WILLIAM FALCONER. Das Porträt dieses bedeutenden Arztes aus Bath wurde von Fitler nach einem Gemälde von Daniel aus Bath aus dem Jahr 1791 gestochen. Es ist seinem Werk „Einfluss der Leidenschaften auf Störungen" vorangestellt. Er starb im August 1824 im Alter von einundachtzig Jahren. Er veröffentlichte,

1. Essay über die Erhaltung der Gesundheit von in der Landwirtschaft beschäftigten Personen, 1s. Bad, 1789.

2. Verschiedene Traktate zur Naturgeschichte; ausgewählt aus den wichtigsten Schriftstellern der Antike. 1793. 4to.

3. Bemerkungen zum Einfluss von Klima, Situation, Beschaffenheit des Landes usw. Die Enzyklopädie. of Gardening nennt dies „eine äußerst interessante Arbeit". Ein Autor im New Monthly Mag. sagt: „Es zeigt ein nahezu unbegrenztes Ausmaß an Lernen und Forschung."

4. Ein historischer Blick auf die Vorliebe der Völker der Antike für die Gartenarbeit und das Anlegen von Grundstücken. 8vo. 1s. 6d. 1783. *Dilly*.

Eine Liste seiner anderen Werke (fast zwanzig an der Zahl) finden Sie im Dictionary of Living Authors oder in Bd. xii. des New Monthly Mag.; In dem letzten Werk heißt es, dass der verstorbene Lord Thurlow, an dessen Tisch er fast ein ständiger Gast war, erklärte: „Er hat noch nie einen solchen Mann gesehen; dass er alles wusste und es besser wusste als jeder andere." Weder diese letzte Veröffentlichung noch Dr. Watts in seiner Bibl. Brit. Erwähnen Sie Dr. Falconers historische Sicht auf den Geschmack für Gartenarbeit.

WILLIAM CURTIS. Dieser ehrliche, hochgeschätzte und harmlose Mann veröffentlichte, obwohl er als Botaniker zu Recht eine herausragende Stellung einnahm, nur das folgende Werk über den Gartenbau: „Anweisungen für die Kultivierung der Crambe Maritima oder Meerkohl für den Tischgebrauch." Eine neue Ausgabe, erweitert, mit drei Stichen. 2s. 6d. Herr Loudon sagt, dass diese Broschüre mehr dazu beigetragen hat, die Kultur des *Meerkohls zu empfehlen* und das Wissen darüber zu verbreiten, als alle seine Vorgänger. Fast drei Seiten der Enzyklopädie sind mit dem Ergebnis all dessen bereichert, was von englischen, schottischen oder französischen Schriftstellern über den Anbau dieses Gemüses veröffentlicht wurde.

Die botanischen Werke von Herrn Curtis genießen seit langem hohes Ansehen. Die erste Nummer seiner Flora Londinensis erschien 1777. Er begann sein Botanical Magazine im Jahr 1787. Seine Observations on British Grasses erschienen 1790 in einer zweiten Auflage mit farbigen Tafeln. Seine Lectures wurden nach seinem Tod veröffentlicht, dem ein Präfix vorangestellt ist sein Porträt. Sein Porträt ist auch in Dr. Thorntons Botany enthalten. Er starb 1799, wurde auf dem Kirchhof von Battersea begraben und auf seinem Grabstein sind folgende Zeilen eingraviert:

Während lebendige Kräuter üppig wild sprießen
oder Gärten alles Süße und Fröhliche hegen,
so lange werden deine Werke erfreuen, liebes Kind der Natur,
so lange wird deine Erinnerung keinen Verfall erleiden.

THOMAS MARTYN , Professor für Botanik in Cambridge, dessen beeindruckendes Porträt nach einem Bild von Russell in Dr. Thorntons hervorragendem Werk über Botanik erscheint. Er starb im Juni 1825, im neunzigsten Jahr seines Lebens. Seine Ausgabe von Miller's Gardener's Dictionary erschien in 4 Bänden. Folio. Herr Johnson bemerkt, dass dieses Werk „keinen Kommentar erfordert. Es ist ein praktisches Standardwerk, das niemals zu übertreffen ist." Herr Martyn veröffentlichte auch *Flora Rustica* , eine Beschreibung von Pflanzen, die in der Landwirtschaft nützlich oder schädlich sind, *mit farbigen Tafeln* , 4 Bände. 8vo.

SIR W. CHAMBERS. Es gibt Porträts von ihm von Sir J. Reynolds, gestochen von Collyer und Green; eines von Cotes, gestochen von Houston, 1772; und ein Profil von Pariset nach einer Zeichnung von Falconot. Er starb 1796 im Alter von neunundsechzig Jahren. Er veröffentlichte,

1. Entwürfe für chinesische Gebäude.

2. Pläne und Ansichten der Gebäude und Gärten in Kew.

3. A Dissertation on Oriental Gardening, zweite Auflage, mit Ergänzungen. Dem ist ein erläuternder Diskurs beigefügt, 4to. 1773. Aus diesem Werk entstanden die klugen Satiren *An Heroic Epistle* und *An Heroic Postscript* .

HUMPHREY REPTON , Esq. Seinem Porträt ist sein Folio „Observations on the Theory and Practice of Landscape Gardening" vorangestellt. 1803. Er veröffentlichte auch zu diesem Thema:

1. Brief an U. Price, Esq. über Landschaftsgärtnerei, 8vo. 1794.

2. Skizzen und Hinweise zur Landschaftsgärtnerei, Folio, 1795.

3. Untersuchung der Veränderungen im Landschaftsgartenbau, 8vo. 1806.

4. Zur Einführung der indischen Architektur und Gartenarbeit, Folio, 1808.

5. Über die angebliche Wirkung von Efeu auf Bäume. Ein charmanter kleiner Aufsatz im *Linn. Trans.* Flug. xi.

6. Fragmente zur Theorie und Praxis des Landschaftsgartenbaus, 4to. 1816. In p. 80 der Enzyklopädie. of Gardening, sind einige allgemeine Informationen über Herrn Repton.

WILLIAM FORSYTH , Esq. Sein Porträt ist der siebten Auflage seiner Abhandlung über die Kultur und Bewirtschaftung von Obstbäumen, 8vo, vorangestellt. 1824; auch zum 4to. Ausgabe desselben Werks im Jahr 1802. Er veröffentlichte auch Beobachtungen zu Krankheiten, Defekten und Verletzungen bei allen Arten von Obst- und Waldbäumen, mit einem Bericht über eine bestimmte Heilmethode, 8vo. 1791. Herr Forsyth starb 1804.

HERR JAMES DICKSON , der den bekannten Samen- und Kräuterladen in Covent Garden gründete und vor einigen Jahren im Alter von 86 Jahren starb, schien sehr geschätzt zu sein. Seine Familie in Croydon besitzt sein Porträt, und es gibt ein weiteres, das von der Horticultural Society aufbewahrt wird. Als zweite Frau heiratete er eine Schwester des unerschrockenen Reisenden Mungo Park. Herr Dickson wurde 1789 von ihm begleitet, als er auf den Hebriden nach Pflanzen suchte. Herr Dickson wird in seinem Werk „Life of Mungo Park", das dem „Journal of a Mission to the Interior of Africa" vorangestellt ist, ausführlich erwähnt. Im obigen Leben ist die freundliche und großzügige Hilfe, die Sir Joseph Banks sowohl Mr. Dickson als auch Mungo Park entgegenbrachte, sehr angenehm dokumentiert. Eine Abhandlung von Mr. Dickson findet sich im 5. Band. des Horts. Transaktionen. Er veröffentlichte: Fasciculus Plantarum Cryptog. Brit. 4 Aktien 4to. 1785-1801.

RICHARD PAYNE KNIGHT , Esq. Autor von The Landscape, einem Lehrgedicht, 4to. 1794. Eine zweite Auflage *mit einem Vorwort* erschien in 4to. im Jahr 1795. Dieses Gedicht ist die einzige Produktion von Mr. Knight zum Thema Landschaftsszenerie, mit Ausnahme seiner gelegentlichen Anspielungen darauf in seiner Analytical Inquiry into the Principles of Taste, deren zweite Auflage in 8vo erschien. im Jahr 1805. Dieses letztere Werk umfasst eine Vielzahl von Themen und enthält viele energiegeladene Seiten, insbesondere solche über Homer und das englische Drama. Sein philosophischer Überblick über das menschliche Leben „in seinen letzten Stadien" (S. 461), in dem er auf „die Haken und Glieder anspielt, die die Neigungen des Alters festhalten", verdient jedes Lob ; es ist tief, feierlich und berührend. Die anderen Veröffentlichungen dieses Herrn sind in Dr. Watts' Bibl. aufgeführt. Brit. Mr. Knight in seiner Landschaft, nachdem er sich auf das Genie Vergils in Bezug auf sein Genie berief

——O der du mich gelidisst in vallibus Hœmi
Sistat, et ingenti ramorum protegat unbrâ,

——befahl dem Bach, die Ufer zu glätten, damit er gleiten konnte;
Verbannte das Dickicht des hohen Laubholzes, das über der spiegelglatten
Flut schwebte: Wo ich vor der Hitze des Tages abgeschirmt und geschützt
war, ruhte ich oft auf dem moosbewachsenen Stein und hatte eine ruhige
Aussicht würde der klare Bach unten, braun mit über hängendem Schatten,
in kreisenden Wirbeln fließen. Liebe friedliche Szenen, die jetzt nicht mehr
vorherrschen, Dein Verlust wird jede weinende Muse bedauern! Dein
Dichter auch an einem geliebten Ort ‚Soll zeigen, dass deine Schönheiten
nicht ganz vergessen sind: Schütze vor all der sakrilegischen
Verschwendung falscher Verbesserung und vorgetäuschtem Geschmack,
Ein ruhiges Tal! [100] wo er oft, aus Sorge zurückgezogen,
der Muse den Hof macht und glaubt, er sei inspiriert; er beruhigt
geschäftiges Denken und die wachsende Hoffnung, zur Ruhe zu kommen,
und hemmt jeden Wunsch, der es wagt, seinen Frieden zu stören.

Nachdem er „die feierlichen, leeren Spielzeuge der Weisheit" verachtet hat,
fährt er fort:

Lass mich mich vom Geschäft, der Arbeit und dem Streit zurückziehen,
inmitten von Büchern und Einsamkeit mein Leben schließen, unter deinen
hohen Felsen im Dickicht umherstreifen, oder meditierend durch den Hain
wandern, oder von der Höhle aus den Mittag betrachten Tanze auf dem
Plätschern des klaren Baches, während die wilde Waldrebe über meinem
Kopf baumelt und verschiedene Blumen ihren Duft verbreiten.

Dann heimwärts, während ich weiterschlendere,
beginnt die Nachtigall ihr Abendlied; sie singt ein Requiem für das
vergangene Licht, das den Raben der düsteren Nacht glättet.

Nach einer lebhaften Hommage an *Homer* blickt er auf das Aufkommen und
Schlummern oder Versinken der Künste inmitten von Kriegsstürmen und
düsterer Bigotterie.

Sei gegrüßt, göttliche Künste! – möge dein süßer Trost immer noch
die Nischen meines ruhigen Rückzugs erhellen; und jedes gemeine Streben
verbannen, das es wagt, die Ruhe des Lebens mit niedrigen, ehrgeizigen
Sorgen zu trüben. Eitel ist der Prunk des Reichtums: seine prächtigen
Hallen und gewölbten Dächer halten ihn aufrecht 'd durch Marmorwände.
– In Staatsbetten seufzt blasses Leid oft und bekommt auch keine
Erleichterung von vergoldeten Baldachinen: Aber Künste können immer
noch neue Erholung finden, um die Probleme des geplagten Geistes zu
lindern; erinnern Sie sich an die ideale Arbeit der alten Tage, und Erhebe
den Menschen in seiner eigenen Wertschätzung; Visionen von Herrlichkeit

verleihen seinen Augen und erfreuen mit bewusstem Stolz sein
herabhängendes Herz.

Nach einer Betrachtung unserer verschiedenen Holzbäume und einer
Hommage an unsere heimischen Bäche und Wälder; und nachdem er in
fröhlichen Zeilen *Kamtschatkas* trostlose Küste beschrieben hat, schließt er
sein Gedicht mit Betrachtungen über die unglückliche *Königin von Frankreich
ab* , deren

Schwindende Schönheit, in der Düsternis des Kerkers,
Fühlt, doch lebendig, die Schrecken des Grabes!

Das von Sir Thomas Lawrence gemalte Porträt von Herrn Knight wird im
Downton Castle in der Nähe von Ludlow aufbewahrt. und ist unter Cadells
zeitgenössischen Porträts eingraviert. Es ist auch von Bromley gestochen,
vom selben Maler. Ein weiteres Porträt befand sich in der Bibliothek des
verstorbenen Herrn Johnes in Havod.

DR. ANDREW DUNCAN. Er starb im Juni 1828 im hohen Alter von
vierundachtzig Jahren in Edinburgh. Sein Porträt wurde von Raiburn
gezeichnet und von Mitchell gestochen. Er war Zeitgenosse mehrerer
bedeutender Persönlichkeiten, deren Gesellschaft und Freundschaft zu den
größten Freuden seines Lebens zählten. Es gab kaum eine Institution, die
zugunsten seiner Heimatstadt Edinburgh vorgeschlagen wurde und an der
sein Name nicht beteiligt gewesen wäre. Tatsächlich war er der Schirmherr
und Wohltäter aller öffentlichen Wohltätigkeitsorganisationen. Im Jahr 1809
plante er die Horticultural Society of Edinburgh, und durch seine
Bemühungen gelang es ihm, sie zu gründen. Seine lebhaften und
wissenschaftlichen Vorträge, die er auf den Tagungen der Caledonian
Horticultural Society hielt, werden von jedem Gärtner stets mit großer
Freude gelesen. In seiner im Dezember 1814 gehaltenen und in den fünften
Band ihrer Memoiren eingefügten Schrift jubelt dieser eifrige Anhänger
seiner Heimatstadt: „Ich habe jetzt, meine Herren, das siebzigste Jahr meines
Lebens überschritten, und das habe ich getan." Ich war seit der frühesten
Zeit meiner Jugend ein beständiger Bewunderer sowohl von Flora als auch
von Pomona. Während eines ziemlich langen Lebens hatte ich Gelegenheit,
Gärten in drei verschiedenen Teilen der Welt zu besuchen, in Europa, in
Asien, und in Afrika; und nach dem, was ich gesehen habe, bin ich
entschieden der Meinung, dass es heutzutage keine große Stadt auf der Welt
gibt, die über einen größeren Vorrat an pflanzlichen Lebensmitteln, in
größerer Vielfalt oder in größerem Umfang verfügt höhere Vortrefflichkeit
als die Stadt Edinburgh. Von der Kartoffel bis zur Ananas — von den
nützlichsten bis zu den köstlichsten Erzeugnissen des Pflanzenreichs werden
wir, soweit meine Beobachtung reicht, derzeit nicht im Großen und Ganzen

übertroffen Stadt auf der Erde." Man kann durchaus davon ausgehen, dass seine medizinischen Talente nicht gering waren, wenn man bedenkt, dass er in der Praxis der Rivale der berühmten Cullen, der Monros und Gregorys war und keineswegs ein erfolgloser. Im Privatleben zeichnete sich Dr. Duncan vor allem durch seine soziale Einstellung und seinen Wunsch aus, der gesamten Menschheit zu helfen. Er war Mitglied mehrerer sozialer Vereine. Seine Lieblingsbeschäftigung war *Gartenarbeit* . Er besaß einen Garten in der Nähe von Edinburgh, den er ausschließlich mit eigenen Händen pflegte und an dessen Tür in auffälligen Buchstaben „ *hinc salus* " angebracht war. Er war besonders freundlich zu den Studenten, die seine Vorlesungen besuchten, und schenkte jeden Sonntagabend abwechselnd etwa einem Dutzend von ihnen einen Teetrinken, die sich um sechs Uhr versammelten und um acht Uhr gingen. Als er alt war, vergaß er manchmal den Lauf der Zeit und sprach in seinen Vorlesungen häufig über den *verstorbenen* Herrn Haller, der ein Jahrhundert zuvor gelebt hatte. Bis zum letzten Jahr seines Lebens versäumte er es nie, am Morgen des 1. Mai hinaufzugehen, um sein Gesicht im Tau des Gipfels eines Berges in der Nähe von Edinburgh, genannt Arthur's Seat, zu waschen. Er hatte das Verdienst, der Vater des jetzigen Dr. Duncan zu sein, des berühmten Autors des Edinburgh Dispensatory und Professors für Materia Medica. Die Beerdigung von Dr. Duncan fand ordnungsgemäß im Rahmen einer öffentlichen Beerdigung statt, an der die Professoren, Richter und medizinischen Einrichtungen von Edinburgh teilnahmen, um ihre Trauer und ihren Respekt zu bezeugen.

SIR UVEDALE PRICE. Sein Porträt wurde von Sir Thomas Lawrence aufgenommen und befindet sich jetzt in Foxley. [101] Das Hereford Journal vom Mittwoch, 16. September 1829, berichtet über seinen Tod: „Am letzten Montag starb in Foxley, in dieser Grafschaft, Sir Uvedale Price, Bart. im dreiundachtzigsten Lebensjahr. Der Der Nachruf von 1829 wird keinen begabteren oder teureren Namen nennen! In einer Grafschaft, in der er einer der ältesten und beständigsten Einwohner war, war es überflüssig, seine vielen Ansprüche auf Auszeichnung und Bedauern aufzuzählen. Seine Gelehrsamkeit, sein Scharfsinn, sein exquisiter Geschmack, sein unermüdlicher Eifer hätten einen Mann zu einer herausragenden Persönlichkeit gemacht, der durch seine Stellung im Leben, durch seine Korrespondenz mit den bedeutendsten Literaten Europas und durch die Anziehungskraft und Eleganz seiner Konversation viel weniger auffiel Manieren. Da er seine bewundernswerten Fähigkeiten bis in ein so ehrwürdiges Alter besitzt, müssen wir es bedauern, dass ein Herr, der unserer Grafschaft solche Ehre erwiesen hat, aus der gelehrten Zurückgezogenheit entfernt wird, an der er sich erfreute, und aus der bezaubernden Szene, die er in jeder Hinsicht so sehr schätzte geschmückt. Sein Nachfolger in seinem Titel ist sein einziger Sohn, jetzt Sir Robert Price, einer unserer Vertreter."

Sir Uvedale veröffentlichte Folgendes:

1. Ein Essay über das Malerische im Vergleich zum Erhabenen und Schönen und über die Verwendung des Studiums von Bildern zur Verbesserung der realen Landschaft, 8vo. 1794. Dieser Band wurde später 1796 in 8 Bänden veröffentlicht. mit *beträchtlichen Ergänzungen* , und 1798 wurde in *Hereford* ein zweiter Band veröffentlicht, ein Essay über künstliches Wasser, ein Essay über Dekorationen in der Nähe des Hauses und ein Essay über Architektur und Gebäude im Zusammenhang mit der Landschaft.

2. Ein Brief an H. Repton, Esq. über die Anwendung der Praxis und Prinzipien der Landschaftsmalerei auf die Landschaftsgärtnerei. Als Ergänzung zu den Essays gedacht. Dem ist Mr. Reptons Brief an Mr. Price vorangestellt. London. 1795, 8vo. Zweite Auflage, *Hereford* , 1798, 8vo. Dies ist eine spielerische Darstellung von angenehmem Witz, ausgefeilter Gelehrsamkeit und tiefer Bewunderung für die großen Landschaftsmaler. So eifrig einige seiner Seiten auch sind und beklagen, dass es bezüglich der Werke von Launcelot Browne eine Kontroverse hätte geben sollen („oder sich gegenseitig an die Brust beugen"), „vertraue ich jedoch (sagt er), dass meine Freunde Ich werde für mich bürgen, dass, egal wie scharf mein Stil sein mag, in meinem Herzen kein Groll ist." Herr Repton würdigt in seiner Untersuchung über die Veränderungen im Landschaftsgartenbau „die elegante und Gentleman-artige Art und Weise, in der Herr Price meine Meinungen geprüft hat." Tatsächlich zeigen viele Seiten dieses Briefes dies.

3. Ein Dialog über die unterschiedlichen Charaktere des Malerischen und des Schönen, als Antwort auf die Einwände von Mr. Knight, 1801, 8vo. [102]

Einen allgemeinen Überblick über Sir Uvedales Ideen zu diesem Thema gibt Herr Loudon offenherzig auf S. 78 seiner Enzyklopädie. nach einer ausführlichen Studie aller *modernen* Schriftsteller, die sich bemüht haben, „einen Geschmack für die Harmonie und Verbindung natürlicher Landschaften" zu entwickeln. Herr Loudon nennt ihn außerdem „den großen Reformator des Landschaftsgartenbaus".

dolce prima vera, gioventù dell'anno nennt , und dessen Blüten, Blumen und „die Fülle an frischen, fröhlichen, und wunderschöne Farben und Süßigkeiten", auf die er auf vielen seiner Seiten so herzlich einging, und obwohl die Zahl dieser Quellen fast denen entsprochen haben muss, die die Tage von Lord Kames, des ehrenwerten Horace Walpole, von Mr. Gilpin vergoldeten, und von Joseph Cradock, Esq. Dennoch müssen wir bedauern, dass seine klassische Feder der Öffentlichkeit keine anderen Werke seines Genies und seines kultivierten Geschmacks präsentiert hat als die wenigen oben genannten angesehenen Werke. Hätte er sich dafür entschieden, bei der Beschreibung dessen, was getan wurde, um „das Angesicht dieses edlen Königreichs zu verschönern" (um seine eigenen Worte zu zitieren), seinen eigenen Fähigkeiten freien Lauf gelassen zu haben, hätten wir möglicherweise beschreibende Seiten gelesen, die seiner eigenen kritischen und raffinierten Rezension von Blenheim ebenbürtig wären , oder von Powis Castle, und von einem ebenso hohen und reinen Charakter wie die von Thomas Whateley. Um dies zu beweisen, brauchen wir nur auf viele Seiten seiner Essays zu verweisen – nicht nur, wenn er die Reize der abgeschiedenen Natur, sei es in ihren tiefen Winkeln oder *überdacht mit üppigem Eglantine , so gut malt* , sondern auch in der „bescheidenen und …“ den zurückgezogenen Charakter eines Baches“ – die ländliche Einfachheit eines Häuschens mit seinen Flieder- und Obstbäumen, seiner rustikalen Veranda, die mit Weinreben oder Efeu bedeckt ist, aber wenn er sich auf die Ruinen und die „religiöse Ruhe“ unserer Abteien konzentriert, [103] oder auf unseren alten Herrenhäusern mit ihren Terrassen, ihren mit Efeu bedeckten und mit wilder Vegetation vermischten Sommerhäusern. Und wir brauchen weiter nur auf die Gefühlsseiten in seinem zweiten Band hinzuweisen, wo er beklagt, dass seine eigene Jugend und Unerfahrenheit (um der albernen Torheit des Modeseins zu folgen) einen alten Mann zum plötzlichen und völligen Untergang verurteilt *haben* sollte väterlichen Garten mit all seinen Verzierungen, und dessen Zerstörung auf diesen Seiten alle Gefühle seiner Jugend wieder aufleben lässt; und er schließt diese Seiten des Bedauerns mit dem offenen Geständnis, dass er wenig, aber „viel Schwierigkeiten, Erfahrung und Schmutz“ gewonnen hat, und dass er seine Leser dadurch davon abhält, zu erzählen, was ihn persönlich so sehr betrifft, „weil es nichts gibt, das für andere so nützlich ist.“ , so demütigend es für uns selbst auch sein mag, als offenes Eingeständnis unserer Fehler und ihrer Ursachen. Kein Mensch kann ebenso wie die Person, die sie begangen hat, anderen das Ausmaß des angerichteten Unheils und das daraus resultierende Bedauern einprägen.“ Es ist schmerzhaft, Seiten zu hinterlassen, die so interessant sind wie die, die unmittelbar auf dieses Zitat folgen. [104]

Es gibt wenige Dinge, die der aufgeklärte Geist von Sir Uvedale nicht bemerkt hat. Nehmen Sie als Beispiel Folgendes:

„Nichts ist so fesselnd oder scheint so sehr mit unseren Vorstellungen von Schönheit übereinzustimmen wie das Lächeln eines schönen Gesichtsausdrucks; dennoch haben sie manchmal eine auffallende Mischung des anderen Charakters. Von dieser Art sind jene Lächeln, die plötzlich aus einem hervorbrechen ernst, manchmal mit fast strengem Gesichtsausdruck, und die, wenn dieser Glanz vorüber ist, keine Spur davon hinterlassen –

Kurz wie der Blitz in der kollidierten Nacht,
der in einer Milz sowohl Himmel als auch Erde entfaltet,
und wann immer ein Mann Zeit hat zu sagen: Siehe!
Die Klauen der Dunkelheit verschlingen es tatsächlich.

Es gibt ein anderes Lächeln, das in gleichem Maße nur mit den Vorstellungen von Schönheit übereinzustimmen scheint: Es ist das Lächeln, das einem Geist voller Sanftheit und Sensibilität entspringt und das, wenn es vorbei ist, immer noch seine Milde auf dem Gesicht hinterlässt und freundlicher Eindruck; Wie nach dem Untergang der Sonne ist der milde Schein ihrer Strahlen noch immer über jeden Gegenstand gestreut. Dieses Lächeln mit dem damit einhergehenden Glanz wurde von Milton wunderschön gemalt, da er einem Bewohner des Himmels am ehesten würdig ist:

der Engel mit einem Lächeln, das
himmlisches Rosenrot in der richtigen Farbe der Liebe erstrahlen ließ.

Das große Ziel der oben genannten Essays besteht darin, die Gestaltung des Geländes durch das Studium der Werke „der großen Künstler zu verbessern, *die die Schönheiten der Natur mit größter Sorgfalt studiert haben"*. Zu diesem Thema hat er in diesen Bänden die Ergüsse seiner Werke reichlich dargelegt begabter Geist, bei seiner Betrachtung der Werke dieser wirklich großen Maler, deren Landschaftsbilder, von den ländlichsten bis zu den großartigsten, „durch lange ununterbrochene Bewunderung geweiht wurden." Anstelle der engen, mechanischen Praxis einiger weniger englischer Gärtner, Er wünscht sich, dass „die edlen und vielfältigen Werke der herausragenden Maler aller Zeiten und jedes Landes und die ihrer *höchsten* Herrscherin, DER NATUR, die großen Vorbilder der Nachahmung sein sollten." [105] Das hat er getan stützte viele seiner Meinungen oder Beobachtungen oder verschönerte oder belebte sie durch scharfsinnige Anspielungen, nicht nur auf Milton, sondern auch auf Shakespeare, den er „den originellsten Schöpfer und genauesten Beobachter" nennt.[106]

Er hat seinen eigenen Geist in p dargestellt. 378 des ersten Bandes seiner Essays; denn nachdem er das despotische System der Verbesserung beklagt hat, das verlangt, dass alles offengelegt wird, alles, was sich dem Erdboden gleichmacht, Häuser, Obstgärten, Gärten, alles weggefegt wird, nichts, was dazu beiträgt, den Geist zu humanisieren, und dass ein Despot Er hält jeden Menschen für einen Eindringling, der in sein Reich eindringt, der Hütten und Wege zerstören und allein regieren will, und fährt so fort: „Hier kann ich nicht widerstehen, der Erinnerung an einen geliebten Onkel Tribut zu zollen und allen gegenüber ein Wohlwollen zum Ausdruck zu bringen." Die Menschen um ihn herum beeindruckten mich seit meiner frühesten Erinnerung; und es ist ein Eindruck, den ich immer in Ehren halten möchte. Es schien, als hätte er seine ausgedehnten Spaziergänge sowohl für sie als auch für sich selbst gemacht; sie nutzten sie ebenso großzügig und zu ihrem Vergnügen gehörte ihm. Das Dorf war ein deutliches Zeichen der Aufmerksamkeit von ihm und seinem Bruder (denn in dieser Hinsicht schienen sie nur eine Meinung zu haben) für die Annehmlichkeiten und Vergnügungen seiner Bewohner. Solche aufmerksamen Freundlichkeiten

werden durch liebevolle Rücksichtnahme reichlich belohnt Ehrfurcht; und
wenn sie im gesamten Königreich verbreitet wären, würden sie viel mehr
dazu beitragen, uns vor demokratischen Meinungen zu schützen

Mehr als zwanzigtausend Soldaten, nachweislich bewaffnet.

Die Fröhlichkeit der Szene, die ich erwähnt habe, und all die interessanten
Umstände, die sie begleiten (die sich so sehr von denen einsamer
Erhabenheit unterscheiden), haben mich davon überzeugt, dass derjenige,
der Wohnungen, Gärten und Gehege zerstört, um der Muttergröße und
Parade willen des Eigentums erweitert nur die Grenzen der Monotonie und
des trostlosen, selbstsüchtigen Stolzes; sondern steht im Gegensatz zu denen
der Eitelkeit, des Vergnügens und der Menschlichkeit.

Man kann auch seinen gefühlvollen Geist bis zum Ende seines zweiten
Bandes verfolgen, wo nach vielen erfreulichen Seiten über die ländliche
Landschaft von Hütten, Weilern und Dörfern „wo ein Liebhaber der
Menschlichkeit so viele Quellen der Unterhaltung finden kann." und
Interesse") und über die Mittel, sie zu verschönern: „Ich könnte mir
wünschen (sagt er), den Geist der Verbesserer von zu viel Anhänglichkeit an
einsame Parade hin zu Objekten zu lenken, die mehr mit allgemeinem
Wohnen und Verschönern verbunden sind; ... und Man kann mit Fug und
Recht behaupten, dass es keine Möglichkeit gibt, wie Reichtum eine so
natürliche, unberührte Vielfalt und ein solches Interesse hervorbringen kann,
wie durch die Verschönerung eines echten Dorfes und die Förderung des
Komforts und der Freuden seiner Bewohner. Goldsmith hat höchst
einfühlsam beschrieben (mehr , Ich vertraue den Verwüstungen des reichen
Stolzes aus der Wärme einer poetischen Vorstellungskraft und einer
schnellen Sensibilität als aus wirklichen Tatsachen. Mein Ziel ist es zu zeigen,
dass sie dem echten Geschmack nicht weniger feindlich gegenüberstehen als
der Menschheit; und sollte es mir gelingen, Es ist möglich, dass diejenigen,
die alle ergreifenden Bilder und pathetischen Berührungen von Goldsmith
nicht davon abgehalten hätten, ein Dorf zu zerstören, sogar dazu veranlasst
werden könnten, eines zu bauen, um ihren Geschmack bei der Dekoration
und Anordnung von Dorfhäusern und Cottages zu zeigen . " Nach vielen
Spuren dörflicher Landschaft fährt er folgendermaßen fort: „Die Kirche ist
zusammen mit dem Kirchhof aus verschiedenen Gründen ein interessanter
Gegenstand für die Dorfbewohner jeden Alters und jeder Stimmung; für die
Alten und Ernsthaften als geweihter Ort." zu den Zwecken der Religion, wo
der lebende Christ seine Andachten verrichtet und wo sein Körper nach
seinem Tod in der Nähe der seiner Vorfahren und verstorbenen Freunde
und Verwandten beigesetzt wird: zu den Jungen und Gedankenlosen, als ein
Ort, an dem, auf dem Am Ruhetag von der Arbeit treffen sie sich in ihrer
Festtagskleidung; und auch (was einen einzigartigen Kontrast zu Gräbern
und Grabsteinen bildet) als der Ort, der bei ihrer Totenwache der

Hauptschauplatz ihrer Fröhlichkeit und ihrer ländlichen Vergnügungen ist. " Nachdem er von der Eibe gesprochen hat, die aufgrund der Feierlichkeit ihres Laubs am besten für Kirchhöfe geeignet ist und ebenso den Toten geweiht wurde wie die Zypresse bei den Alten, sagt er: „Es scheint keinen Grund zu geben, warum in der In den südlicheren Teilen Englands sollten Zypressen nicht mit Eiben vermischt werden, oder warum sollten Libanus-Zedern, die vollkommen winterhart sind und viel schneller wachsen als Eiben, nicht eingeführt werden? In hochromantischen Situationen, insbesondere dort, wo die Kirche- Wenn der Hof über dem allgemeinen Niveau liegt, hätte eine Zeder, die ihre Zweige von dieser Höhe nach unten ausbreitet, die malerischste und gleichzeitig feierlichste Wirkung.“

FUSSNOTEN:

[1] Nur wenige Menschen haben eine größere Verbundenheit mit Familienporträts gezeigt als Miss Seward. Dies wird deutlich durch mehrere Vermächtnisse in ihrem Testament veranschaulicht; nicht nur in ihrem Vermächtnis an Emma Sneyd, sondern auch darin an Mrs. Powys, sondern auch im Folgenden: „Das Miniaturbild meines verstorbenen lieben Freundes, Mr. Saville, das 1770 vom verstorbenen berühmten Künstler Smart gezeichnet wurde und das zum Zeitpunkt seiner Aufnahme und in vielen aufeinanderfolgenden Jahren war Eine genaue Ähnlichkeit mit dem Original vermache ich seiner Tochter, Mrs. Smith, von der ich weiß, dass sie es als über alles kostbares Juwel schätzen und bewahren wird; und im Falle ihres früheren Ablebens vermache ich die besagte kostbare Miniatur ihrer Tochter, Frau Honora Jager ermahnt die besagte Honora Jager und ihre Erben, in deren Hände auch immer es fallen mag, es mit heiliger Sorgfalt vor der Sonne und vor Feuchtigkeit zu schützen, so wie ich es behütet habe, damit die Nachkommenschaft meines geschätzten Freundes erhalten bleibt Vielleicht wissen Sie, was in seiner Blütezeit die Form von ihm war, dessen Geist im Laufe seines Lebens, durch die Anerkennung aller, die ihn kannten und die überlegenen Kräfte von Talent und Tugend erkennen konnten, der Sitz liberaler Begabung, warmer Frömmigkeit und Energie war Wohlwollen."

Da ich gerade beim Thema Porträts bin, möchte ich anmerken, dass wir nicht immer auf ein treues Abbild stoßen. Eine Rezension von Mad. In *Petrarch et Laure von de Genlis* heißt es zu Recht: „Es ist zweifelhaft, ob eines der noch erhaltenen Porträts von *Petrarca* zu seinen Lebzeiten gemalt wurde. Wie dem auch sei, es ist unmöglich, in ihnen die Höhe zu erkennen." seines Geistes, das Feuer seiner Fantasie oder die nachdenkliche Melancholie seiner Seele. In den Essays über Petrarca von Ugo Foscolo teilt er uns mit, dass „die Person *Petrarcas* , wenn wir seinen Biographen vertrauen, von so beeindruckender Schönheit war, dass sie allgemeine Bewunderung erregte. Sie stellen ihn mit großen und männlichen Gesichtszügen und Augen voller Feuer dar.", ein strahlender Teint und ein Gesicht, das all das Genie und die Fantasie verriet, die in seinen Werken zum Ausdruck kommen. Kennen wir schon ein wirklich gutes Abbild von *Maria Stuart, der Königin von Schottland*?

[2] Es ist mir oft (vielleicht fälschlicherweise) aufgefallen, dass die Vorliebe, die der große Sully für Gärten bis in die letzte Periode seines langen Lebens (zweiundachtzig) verdrängte, in gewissem Maße gehegt worden sein *könnte* oder erweitert aus den Schriften des großen Lord Bacon. Als dieser berühmte Herzog sich auf seine Landsitze zurückzog, zutiefst verletzt von

der Niedrigkeit derer, die ihm zu Henrys Lebzeiten geschmeichelt hatten, widmete sich sein edler und ehrlicher Geist der Verschönerung seiner Gärten. Ich werde ganz kurz zitieren, was die Geschichte erzählt: „Das Leben, das er auf seinem Rückzug in *Villebon* führte, war von Erhabenheit und sogar Majestät begleitet, wie man es von einem so ernsten und würdevollen Charakter wie ihm erwarten kann. Sein Tisch wurde bedient." mit Geschmack und Pracht; er ließ nur den Adel seiner Nachbarschaft, einige der vornehmsten Herren und die Damen und Hofdamen der Herzogin von Sully zu. Er ging oft in seine Gärten und ging durch eine Eine kleine überdachte Gasse, die den Blumengarten vom Küchengarten trennte und über eine Steintreppe (die der jetzige Herzog von Sully zerstören ließ) hinaufführte, führte in einen großen Lindengarten und auf eine Terrasse auf der anderen Seite des Gartens Damals hatte man den Geschmack, viele schmale Spaziergänge zu machen, die sehr dicht mit vier oder fünf Baumreihen oder Palisaden beschattet waren. Hier saß er auf einem grün gestrichenen Sofa und vergnügte sich damit, auf der einen Seite einen Leckerbissen in der Hand zu halten Landschaft und auf der anderen Seite eine zweite Gasse auf einer äußerst schönen Terrasse, die ein großes Stück Wasser umgab und von einem Wald mit hohen Bäumen abgeschlossen wurde. Es gab kaum eines seiner Ländereien, vor allem diejenigen, auf denen sich Burgen befanden, auf denen er nicht Spuren seiner Pracht hinterließ, zu der ihn hauptsächlich der Grundsatz der Nächstenliebe und die Rücksichtnahme auf das Gemeinwohl trieben. In *Rosny* ließ er die schöne Terrasse, die entlang der Seine verläuft, in ungeheurem Ausmaß anlegen, sowie die großen Gärten voller Haine, Lauben und Grotten mit Wasserwerken. Er verschönerte *Sully* mit Gärten, deren Pflanzen die schönsten der Welt waren, und mit einem Kanal, der durch den kleinen Fluss Sangle mit frischem Wasser versorgt wurde, den er in diese Richtung lenkte und der später in der Loire verloren geht. Er baute eine Maschine, um das Wasser zu allen Becken und Brunnen zu leiten, von denen die Gärten voll sind. Er vergrößerte das Schloss *La Chapelle d'Angillon* und verschönerte es mit Gärten und Terrassen.

Diese Gärten erinnern ein wenig an die folgenden Zeilen, zitiert von Barnaby Gooche:

Halten Sie süße Quellen bereit oder moosiges Wasser
oder einen angenehmen Bach, der durch die Wiesen fließt und angenehm zu sehen ist.

Dass die schönen Gärten Sully entzückten, geht sogar aus seiner eigenen Aussage über seinen Besuch beim Herzog d'Aumale in Anet bei Ivry (wo Henry und Sully in dieser berühmten Schlacht kämpften) hervor, denn er sagt: „Freude belebte die." Das Gesicht von Madame d'Aumale, sobald sie mich erblickte. Sie empfing mich äußerst freundlich und freundlich, nahm mich bei der Hand und führte mich durch diese schönen Galerien und wunderschönen Gärten, die Anet zu einem äußerst bezaubernden Ort machen. Man kann auf Sully mit Recht das anwenden, was er selbst auf den Bischof von Evreaux anwendet: „Ein Mann, für den Beredsamkeit und große Gefühle einen starken Reiz hatten.“

Ich hatte vor einigen Jahren geplant, eine Rezension über einige der prächtigsten Gärten Frankreichs während der Herrschaft Heinrichs IV. zu veröffentlichen. und während der folgenden Regierungszeiten, bis zum Tod Ludwigs XV., verziert mit Tafeln einiger der kostbaren und prächtigen Dekorationen jener Zeit; mit Auszügen von solchen bedeutenden Schriftstellern, deren Briefe oder Werke sich gelegentlich mit Gärten befasst haben. – Mein Motto, in Ermangelung eines besseren, hätten diese beiden Zeilen von Rapin sein können:

———*Frankreich erscheint in all seiner ländlichen Pracht*
mit zahlreichen angelegten Gärten.

Vielleicht wäre ich so gierig und unverschämt gewesen, dass ich mir angemaßt hätte, unsere Shakespeare-Linie zu monopolisieren: „Ich liebe *Frankreich* so sehr, dass ich mich nicht von einem Dorf davon trennen werde; ich werde alles mir gehören.“

Isaac Walton gibt die folgenden Zeilen aus einer Übersetzung eines deutschen Dichters wieder, die einen ebenso lieb für England machen:

Wir sahen so viele Wälder und fürstliche Lauben, süße Felder, tapfere
Paläste und stattliche Türme,
so viele mit seltsamer Sorgfalt geschmückte Gärten ,
dass die Themse mit dem königlichen Tiber verglichen werden könnte.

[3] Die Encyclopædia of Gardening hat eine umfangreiche Seite (35), die Le Nôtre gewidmet ist. Das neue Diktat. Hist. So dokumentiert er sein Genie und seine großartigen und großartigen Bemühungen: „Dieser große Mann wurde ausgewählt, um die Gärten des Schlosses von Vau-le-Vicomte zu schmücken. Er machte es zu einem bezaubernden Aufenthalt mit den neuen Ornamenten voller Pracht, die er Dann sahen wir zum ersten Mal Portiken, Wiegen, Höhlen, Wege, Labyrinthe usw., die das Schauspiel der Gärten verschönerten und variierten. Der König, Zeuge dieser Wunder, gab ihm die Richtung aller seiner Parks. Er verschönerte sie mit seine Kunst, Versailles, Trianon, und er hat in St. Germain diese berühmte Terrasse geschaffen, die wir immer mit neuer Bewunderung sehen. Die Gärten von Clagny, von Chantilly, von St. Cloud, von Meudon, von Sceaux, das Bett des Tiber, und die Kanäle, die diesen ländlichen Ort in Fontainebleau schmücken, sind

immer noch sein Werk. Er bat darum, aus Italien anzureisen, in der Hoffnung, sich neues Wissen anzueignen; aber sein schöpferisches Genie erlaubte ihm dies. hatte zur Perfektion geführt. Er sah nichts Vergleichbares zu dem, was er in Frankreich getan hatte.

Ungeachtet der oben genannten gerechten und hohen Würdigung zögere ich nicht zu sagen, dass es dem magischen Bild aus der faszinierenden Feder von Mad nicht überlegen ist. de Sevigné hat in seinem Brief vom August auf Le Nôtres kreatives Genie hingewiesen. 7, 1675. Viele andere Briefe dieser bezaubernden Frau zeugen von ihrer Liebe zu Gärten.

[4] Das neue Diktat. Hist. so spricht er über Pere Rapin: „Zu einem glücklichen Genie und einem guten Geschmack fügte er absolute Redlichkeit, ein aufrichtiges Herz, einen liebenswürdigen Charakter und sanfte Moral hinzu. Er war von Natur aus ehrlich, und er war immer noch höflich im Beruf der Großen." . Unter seinen verschiedenen lateinischen Gedichten heben wir das Gedicht der Gärten hervor. Es ist sein Meisterwerk; es ist des Jahrhunderts des Augustus würdig, sagt der Abt Des Fontaines, wegen der Eleganz und Reinheit der Sprache, wegen des Geistes und der Gnaden, die herrschen Dort." Unter den Briefen von Rabutin de Bussy sind viele der interessantesten von diesem würdigen Vater.

[5] „Nichts ist bewundernswerter als Pater Vanieres naive Malerei ländlicher Vergnügungen; wir sind gleichermaßen verzaubert vom Reichtum und der Lebendigkeit seiner Fantasie, der Brillanz und Harmonie seiner Poesie, von der Wahl der Reinheit seiner Ausdrücke. Er starb." in Toulouse im Jahr 1739, und mehrere Dichter schmückten sein Grab mit Blumen." – Nouv. Diktat. Hist.

[6] Die Comtesse de la Riviere bezieht sich auf dieses Kloster: „Madame de Sevigné hegt eine unaussprechliche Verehrung für dieses Kloster; sie sorgt dafür, dass man sich diesem Ort nicht nähert, ohne in sich eine göttliche Salbung zu spüren."

[7] Der verstorbene Sir U. Price lobt dieses exquisite Gedicht auf S. 31, Bd. ich. seiner Essays, die er mit dem gerechtesten Geschmack und der brillantesten Bildsprache beendete.

[8] Im Garten des Earl of Harcourt in Nuneham in Oxfordshire (an einigen Stellen unter den Augen und dem feinen Geschmack des Dichters Mason angelegt) stehen auf einer Büste von Rousseau diese Zeilen:

Sprich, ist dein ehrliches Herz für die Tugend warm? Kann Genie deine Gefühlsbrust beleben? Nähere dich, sieh diese ehrwürdige Gestalt; 'Tis Rousseau!' Lass deinen Busen den Rest sprechen.

Es gibt attraktive Seiten in diesem kleinen Band der Viscounts, die sowohl Shenstone als auch Gainsborough interessiert hätten, insbesondere die Seiten 59, 143, 145 und 146 (der Übersetzung von Mr. Malthus), denn auf diesen Seiten „fühlen wir alles." die Wahrheit und Energie der Natur." Ein kurzer Auszug aus S. 131 wird es dem Leser ermöglichen, den Stil des Autors zu beurteilen: „Wenn der kühle Abend seine sanften und entzückenden Farbtöne verströmt und die Stunden des Vergnügens und der Ruhe ankündigt, dann herrscht überall erhabene Harmonie. Es ist glücklich." In dem Moment, in dem Claude die zarte Färbung, die bezaubernde Ruhe, die Herz und Augen gleichermaßen berührt, erfasst hat, wandert die Fantasie mit Ruhe über ferne Szenen. Massen von Bäumen, durch die das Licht eindringt und unter deren Blätter sich ein Wind windet angenehmer Weg; Wiesen, deren mildes Grün noch durch die transparenten Farbtöne des Abends gemildert wird; kristallklares Wasser, das alle nahen Objekte in seiner reinen Oberfläche widerspiegelt; sanfte Farbtöne und Entfernungen aus blauem Dunst; das sind im Allgemeinen die Objekte, für die man am besten geeignet ist Eine westliche Belichtung. Bevor die Sonne den Horizont verlässt, scheint sie Erde und Himmel zu verschmelzen, und vom Himmel aus erhalten die Abendansichten ihre größte Schönheit. Die Fantasie verweilt mit Freude bei der exquisiten Vielfalt sanfter und angenehmer Farben, die sie verschönern ihnen die Wolken und das ferne Land, in dieser friedlichen Stunde des Genusses und der Einkehr."

[9] Mit Begeisterung widmete er sich der Pflege seiner Gärten, die bezaubernde Landschaften, üppige Spaziergänge und herrliche Wasserfälle boten. Als er so die reine Luft des Landlebens einatmete, packten ihn die blutbefleckten Monster von 1793 in seinem Garten und führten ihn zum Schafott. „Er hörte ungerührt seinen eigenen Satz, aber die Verurteilung seiner Tochter und Enkelin riss ihm das Herz: Der Gedanke, zwei schwache und hilflose Geschöpfe sterben zu sehen, erschütterte seine Standhaftigkeit. Als er zur Conciergerie zurückgebracht wurde, kehrte sein Mut zurück und *er* ermahnte seine Kinder, um sich auf den Tod vorzubereiten. Als die Todesglocke läutete, erlangte er all seine gewohnte Fröhlichkeit zurück; nachdem er der Natur den Tribut des Gefühls erwiesen hatte, wollte er seinen Kindern ein Beispiel von Großmut geben; sein Aussehen zeigte die erhabene Heiterkeit der Tugend, und lehrte sie, den Tod unbeirrt zu betrachten. Als er den Karren bestieg, unterhielt er sich mit seinen Kindern, unbeeindruckt vom Lärm der wilden Bevölkerung; und als er am Fuße des Schafotts ankam, nahm er unmittelbar danach ein letztes und feierliches Lebewohl von seinen Kindern er wurde in die Ewigkeit entlassen."

Sir Walter Scott, nachdem er „die wilden und schmutzigen Züge" von Marat bemerkt hatte, der „in einer dunklen Dachstube oder einem Keller versteckt lag, zwischen seinen Halsabschneidern, bis ein Sturm aufzog, als, wie ein

Vogel mit bösem Omen, sein Tod …" „Erneut war ein Kreischen zu hören", so heißt es über den Tod eines anderen Mörders der Malherbes: „Robespierre hatte sich bei einem erfolglosen Versuch, sich selbst zu erschießen, nur einen schrecklichen Bruch am Unterkiefer zugefügt. In dieser Situation wurden sie wie gefunden . " Wölfe in ihrem Versteck, voller Blut, verstümmelt, verzweifelt und dennoch nicht fähig zu sterben. Robespierre lag auf einem Tisch in einem Anti-Raum, sein Kopf wurde von einer Schachtel aus Tannenholz gestützt und sein abscheuliches Gesicht war halb von einem blutigen und blutverschmierten Gesicht verdeckt schmutziges Tuch um sein zerschmettertes Kinn gebunden. Als die tödlichen Wagen zur Guillotine fuhren, wurden diejenigen, die sie füllten, vor allem Robespierre, von Verwünschungen überwältigt. Die Art seiner vorherigen Wunde, von der das Tuch nie entfernt worden war, bis der Henker es *riss* es ab, was zur Folter des Leidenden beitrug. Der zerschmetterte Kiefer klappte herunter und der Unglückliche schrie zum Entsetzen der Zuschauer laut auf. Eine von diesem schrecklichen Kopf abgenommene Maske wurde lange Zeit in verschiedenen Ländern Europas ausgestellt und erschreckte den Betrachter durch ihre Hässlichkeit und die Mischung aus teuflischem Ausdruck und körperlichem Schmerz.

Mons. Malherbes erzählte gern eine Antwort, die ihm ein gewöhnlicher Mann während seines Aufenthalts in Paris gegeben hatte, als er gezwungen war, viermal täglich in das Gefängnis des Tempels zu gehen, um dem König beizuwohnen: Sein hohes Alter erlaubte es ihm nicht zu Fuß gehen, und er wurde gezwungen, eine Kutsche zu nehmen. Besonders eines Tages, als das Wetter sehr streng war, bemerkte er, als er aus dem Fahrzeug stieg, dass der Fahrer vor Kälte taub war. „Mein Freund", sagte Malherbes in seiner natürlich zärtlichen Art zu ihm, „Sie müssen von der Kälte durchdrungen sein, und es tut mir wirklich leid, Sie in dieser bitteren Jahreszeit ins Ausland zu bringen." – „Das ist nichts, M. de Malherbes; in einer solchen Sache würde ich bis ans Ende der Welt reisen, ohne mich zu beschweren." – „Ja, aber Ihre armen Pferde konnten das nicht." – „Herr", antwortete der ehrliche Kutscher, „meine Pferde denken wie ich . "

[10] Ich kann nicht am Namen Heinrich vorbeigehen, ohne mich daran zu erinnern, was ein Historiker über ihn sagt: „Abbé Langlet du Fresnoy hat in seiner neuen Ausgabe des Journal de Henry III neunundfünfzig Briefe eines guten Königs veröffentlicht." wir bemerken dort das Feuer des Geistes, die Vorstellungskraft und vor allem diese Beredsamkeit des Herzens, die an einem Monarchen alles gefällt. - Er wurde aufgefordert, bestimmte Stellen in der Liga, die er mit Gewalt geschrieben hatte, mit Strenge zu behandeln: *Die Die Befriedigung, die wir durch Rache bekommen, währt nur einen Moment* (erwiderte dieser großzügige Prinz) , *aber die, die wir durch Gnade bekommen, ist ewig* . Je

mehr wir Henry kennen, desto mehr werden wir ihn lieben, desto mehr bewundern wir ihn."

[11] Der König kannte seinen guten Geschmack für Bildhauerei und Malerei und schickte ihn nach Italien und ins Nouv. Diktat. Hist. gibt diese Anekdote: „Der Papst erfuhr von seinen Verdiensten, wollte ihn sehen und gab ihm eine ziemlich lange Audienz, an deren Ende Unseres ausrief und sich an den Papst wandte: Ich habe die größten Männer der Welt gesehen, Eure Heiligkeit, und der König mein Herr. Da gibt es einen großen Unterschied, sagte der Papst; der König ist ein großer siegreicher Fürst, ich bin ein armer Priester und Diener der Diener Gottes. Die unseren waren von dieser Antwort entzückt und vergaßen, wer es zu ihm geschafft hatte. und indem er dem Papst auf die Schulter tippte, antwortete er seinerseits: „Mein ehrwürdiger Vater, es geht dir gut und du wirst das gesamte Heilige Kollegium begraben." Der Papst, der den Franziskus hörte, lachte über die Prognose. Unsere, bezauberte immer mehr von seiner Güte Als er die besondere Wertschätzung erkannte, die er dem König entgegenbrachte, warf er sich dem Papst um den Hals und küsste ihn. Es war seine Gewohnheit, alle zu küssen, die die Lobpreisungen Ludwigs Als dieser Prinz vom Land zurückkehrte.

[12] Abschließen möchte ich mit der Erwähnung eines zu Recht gefeierten Mannes, der offenbar seinen Garten nicht allzu sehr liebte, obwohl er sowohl Boileau als auch Mad sehr verbunden war. de Sevigné, – ich meine den äußerst beredten Prediger Bossuet, von dem ein Biograph, nachdem er erklärt hatte, dass er so sehr in das Studium der alten Kirchenväter vertieft war, „dass er sich nur sehr kurze Entspannungspausen gönnte. Selbst in seinem Haus ging er selten spazieren." Sein Gärtner sagte eines Tages zu ihm: „ *Wenn ich die Heiligen Augustiner und Chrysostomus pflanzen würde, würdest du kommen und sie sehen; aber um deine Bäume machst du dir kaum Sorgen* ."

[13] Herr Worlidge, der während eines Teils der Regierungszeit Karls II. schrieb. und Jakob II. stellt mit Bedacht fest, dass „die Pracht der französischen Paläste, die unseren englischen Augen oft in Skulpturen dargestellt wird, *mit ihren wunderschönen Gärten vor ihnen geschmückt ist* ; ohne diese würden sie ohne Glanz und Erhabenheit erscheinen."

[14] Er wurde mit einer Geldstrafe von 30.000 Pfund belegt, weil er einen Günstling des Königs im Saal seiner Anwesenheit an der Nase gepackt, ihn beleidigt und anschließend aus dem Zimmer gezerrt hatte.

[15] An diesen Adligen richtete Addison seinen eleganten und erhabenen Brief, nachdem er mit den Augen und dem Genie eines klassischen Dichters die Denkmäler und Heldentaten des antiken Roms überblickt hatte.

[16] Lord Chesterfield spricht über diesen angesehenen Mann: „Sein Privatleben war weder von Lastern befleckt noch von irgendeiner Gemeinheit besudelt. Seine Beredsamkeit war von jeder Art; aber seine Beschimpfungen waren schrecklich und wurden mit solch einer Energie in der Diktion und Ausdrucksweise geäußert." Gesichtsausdruck, dass er diejenigen einschüchterte, die am bereitwilligsten und am besten in der Lage waren, ihm zu begegnen. Sir W. Chatham Trelawney pflegte über ihn zu bemerken, dass es für die Mitglieder der Gegnerseite im Unterhaus unmöglich sei, ihm ins Gesicht zu sehen, wenn er in einer Debatte erhitzt sei: Er schien ihnen allen einen Hochmut zuzusprechen Misstrauen. „Ich für meinen Teil", sagte Trelawney, „ich habe es nie gewagt, meinen Blick auf ihn zu richten, denn wenn ich es tat, haben *sie mich auf den Boden genagelt*."

Smollet sagt, dass er „eine so unwiderstehliche Energie der Argumentation und eine solche Kraft der Sprache an den Tag legte, dass seine Zuhörer Erstaunen und Bewunderung erregten. Es blitzte wie der Blitz des Himmels gegen die Minister und Söhne der Verderbnis, explodierte dort, wo er traf, und verwelkte." die Nerven der Opposition; aber sein größeres Lob basierte auf seiner uneigennützigen Integrität, seinem unbestechlichen Herzen, seinem unbesiegbaren Geist der Unabhängigkeit und seiner unveränderlichen Verbundenheit mit den Interessen und der Freiheit seines Landes." Ein anderer Biograph erwähnt ihn folgendermaßen: „Sein erhabenes Aussehen erregte Ehrfurcht und stumme Aufmerksamkeit bei allen, die ihn betrachteten, während in seinem Verhalten eine gewisse Anmut lag, die sich aller Würden seiner Situation und der feierlichen Szene, in der er auftrat, bewusst war." als sein eigener erhabener Charakter schien er den Respekt, den er erhielt, anzuerkennen und zu erwidern; seine ehrwürdige Gestalt, gebeugt von Gebrechlichkeit und Alter, aber beseelt von einem Geist, den nichts zu bändigen vermochte; sein Geist schien durch ihn hindurch und bewaffnete sein Auge mit Blitzen und Gewändern seine Lippen mit Donner; oder, wenn mildere Themen angeboten wurden, harmonierte sein Gesicht mit einem Lächeln und seine Stimme mit Sanftheit, denn der Umfang seiner Kräfte war unendlich. Da keine Idee zu groß, keine Vorstellungskraft zu erhaben war für die Größe und Majestät seiner Art; keine Einbildung war zu verspielt, keine Anspielung zu komisch für die Leichtigkeit und Fröhlichkeit, mit der er sich dem Anlass anpassen konnte. Aber der Charakter seiner Redekunst war Würde; dies herrschte in jeder Hinsicht, sogar bei seinen Ausfällen der Höflichkeit."

[17] Sir Walter Scotts Vorliebe für Gärten kommt sogar in seinem Leben als Swift zum Ausdruck, wo seine liebevollen Nachforschungen den abgelegenen und romantischen Garten von *Vanessa* in Marley Abbey entdeckt haben.

[18] So dachte Sir W. Raleigh;

Süße Veilchen, das Paradies der Liebe, die deine anmutigen Düfte verbreiten ... Auf den sanften Flügeln eines ruhig atmenden Windes, der mitten in der Ebene spielt.

Die Zeilen in Twelfth Night, die wir alle sammeln:

Wieder diese Sorte; – sie hatte einen sterbenden Sturz: O, sie kam über mein Ohr wie der süße Süden, der auf einer Veilchenbank atmet , stehlend und Duft verbreitend.

Es besteht kaum ein Zweifel daran, dass diese Blumen Shakespeares Lieblingsblumen waren – Perditta nennt sie liebevoll

————süßer als die Lider von Junos AugenOder Cythereas Atem.

Als Petrarca Laura zum ersten Mal sah: „Sie trug ein grünes Kleid, ihre Lieblingsfarbe, gesprenkelt mit *Veilchen* , der bescheidensten aller Blumen." – Childe Harold malt diese Blume folgendermaßen:

Die Süße der tiefblauen Augen des Veilchens (geküsst vom Hauch des Himmels) scheint von seinem Himmel gefärbt zu sein.

[19] Man glaubt fast, Lord Bacons Verbundenheit mit Gärten oder ländlichen Angelegenheiten zu erkennen, selbst in der Rede, die er vor dem Adel hielt, als er zum ersten Mal seinen Sitz im High Court of Chancery einnahm; er hoffte, „dass die gleichen *Dornen* , die sich über Gerechtigkeit, unnötige Kosten und Ausgaben und alle Arten von Forderungen *erheben* , ausgerottet werden könnten"; Außerdem fügte er hinzu, dass unmittelbare und „ *frische* Gerechtigkeit das *Süßeste* " sei. Nachdem Mr. Mason Lord Bacons malerische Idee eines Gartens ein großes Lob ausgesprochen hatte, kam er in einer Notiz zu seinem Englischen Garten zu dem Schluss: „So, als er sich den Angelegenheiten von mehr Eleganz zuwandte (denn als wir ... Von Lord Bacon zu sprechen, darüber zu sprechen bedeutete herabzusteigen) waren die erstaunlichen Kräfte dieses universellen Genies.

[20] Mr. Popes Freude an Gärten wird sogar in der komprimierten Anspielung sichtbar, die er in einem Brief an Mr. Digby auf sie macht; „Ich bin mehr als einen Monat lang in Buckinghamshire und Oxfordshire herumgeschlendert, von Garten zu Garten, bin aber immer noch mit neuer Zufriedenheit zu Lord Cobham's zurückgekehrt. Es würde mir leid tun, My Lady Scudamore's zu sehen, bis es den vollen Vorteil von Lord Bathurst's hatte Verbesserungen."

[21] So spricht ein Biograph über den Prinzen von Ligne: „Als sich die Könige 1814 in Wien trafen, machten sie es sich alle zur Pflicht, ihn mit Auszeichnung zu empfangen, und waren von der Lebhaftigkeit seines Geistes und seiner unerschöpflichen Fröhlichkeit entzückt." der ihn trotz seiner Gebrechen und seines hohen Alters noch nicht verlassen hatte. Seine Ausfälle und Witze wurden wie zuvor für alle wiederholt. Sein großzügiges Herz spricht so von der misshandelten und unglücklichen Marie Antoinette: „Der Hauch der Verleumdung hat nicht einmal das Andenken der schönsten und besten aller Frauen respektiert, für deren makelloses Herz und tadelloses Verhalten niemand einen stärkeren Beweis erbringen kann als ich." Ihre Seele war so rein, wie ihr Gesicht schön war; doch weder Tugend noch Schönheit konnten das Opfer sanguinischer Freiheit retten. Als er das erzählte (sagt sein Biograph), versagte seine Stimme und seine Augen waren mit Tränen gefüllt. Mit seinem gewohnten Humor und seiner Lebhaftigkeit schildert er daher kurz sein Gespräch mit Voltaire über den Garten in Ferney:

P. *de L.* – Herr, Herr, das muss Sie sehr verstören, was für ein bezaubernder Garten!

Volt. -Oh! Mein Gärtner ist ein Biest: Ich war es, der alles gemacht hat.

P. *de L.* – Ich glaube es.

[22] Monsieur Thomas sagt in seiner Lobrede auf Descartes, es hätte am Fuße von Newtons Statue verkündet werden sollen: oder besser gesagt, Newton selbst hätte sein Lobpreis sprechen sollen. Von dieser Lobrede hat Voltaire in einem äußerst schönen Brief an Mons. So sagt Thomas: „Ihr Werk verzaubert mich vom Anfang bis zum Ende, und ich werde es noch einmal lesen, sobald ich meinen Brief diktiert habe." Der Schlaf und das Ausbreiten von Blumen werden am interessantesten von Herrn Loudon auf S. 187 seiner Encyclop. und von MVH de Thury im obigen Diskurs, einige Seiten vor seiner verführerischen Beschreibung des herrlichen Gartens von M. de Boursault.

Noch im Jahr 1804 wurde in Avignon vorgeschlagen, in Vaucluse einen Obelisken zum Gedenken an Petrarca zu errichten: „Es wurde beschlossen, dass wir ihn gegenüber dem alten Garten von Petrache errichten werden, dem Ort, an dem die … " Sorgue-Bett bildet einen Winkel.

[23] Dieser Garten wurde (wie Herr Walpole bemerkt) vom Dichter angelegt und von ihm mit der märchenhaften Gabe des ewigen Sommers bereichert.

[24] Herr Pope erwähnt die Weinreben rund um diese Höhle folgendermaßen:

Abhängig von den Reben ist die Regalhöhle
mit violetten Büscheln durch das Grün errötet.

[25] Fast acht Seiten von Mr. Loudons Encyclop. widmen sich einer sehr interessanten Forschung über die Gärten der Römer. Sir Joseph Banks hat einen Artikel über die Zwangshäuser der Römer mit einer Liste der von ihnen angebauten Früchte, die sich jetzt in unseren Gärten befinden, in Bd. 1 des *Horts. Trans.*

[26] Dr. Pulteney führt eine Liste mehrerer Manuskripte in der Bodleian Library an, deren Verfasser unbekannt sind und deren Daten nicht genau bestimmt sind, von denen aber angenommen wird, dass sie geschrieben wurden, wenn nicht vor der Erfindung des Buchdrucks, so doch zumindest davor die Einführung dieser Kunst in England. Ich wähle die beiden folgenden aus:

Nr. 2543. De Arboribus, Aromatis und *Floribus* .

Nr. 2562. Glossarium Latino-anglicum Arborum, *Fructuum* , Frugam usw.

Und er sagt Folgendes aus Bib. S. Petri Cant:—

Nr. 1695. Notabilia von Vegetabilibus et Plantis.

Dr. Pulteney bemerkt, dass die obige Liste zwar erheblich erweitert worden wäre, dass sie aber den Artikel, den er damals schrieb, unnötig vergrößert hätte.

Das neue Diktat. Hist. erwähnt eine Persönlichkeit, deren Verbundenheit mit seinem Garten und eines der Motive für die Bewirtschaftung dieses Gartens keine Beachtung verdienen: „Attalos III., König von Pergamon, Sohn von Stratonikes, unterwarf den Thron, indem er das Blut seiner Freunde vergoss Eltern. Dann gab er die Sorge um seine Angelegenheiten auf, *um sich ganz um seinen Garten zu kümmern* . Er kultivierte dort Gifte wie Aconitum und Hemlocktanne, die er manchmal als Geschenke an seine Freunde schickte. Er starb 133 Jahre vor Jesus Christus."

[27] Um die verschiedenen kontrastierenden Wechselfälle im Leben dieses armen *Suffolk*- Bauerns zu vervollständigen , hätte er zu seinen anderen Beschäftigungen die eines anderen *Suffolk- Mannes hinzufügen sollen, des verstorbenen W. Lomax, der* in der schönen Stadt Bury *als Totengräber gearbeitet* hatte St. Edmund's, seit sechsunddreißig Jahren, und der außerdem über einen längeren Zeitraum als sechsunddreißig Jahre bei allen Wahlen für diesen Bezirk als *Morricentänzer aufgetreten war.*

[28] Als Gerarde von guten Apfel- und Birnensorten spricht, erwähnt er den oben genannten *Pointer* : „Meister Richard Pointer lässt sie alle auf seinem Grundstück in Twickenham in der Nähe von London wachsen, der ein

äußerst listiger und neugieriger Pfropf- und Pflanzer ist." alle Arten von seltenen Früchten; und auch im Boden eines hervorragenden Pfropf- und Pflanzermeisters, Meister Henry Bunbury aus Touthil-Street, in der Nähe von Westminster; und ebenso im Boden eines fleißigen und überaus liebevollen Pflanzenliebhabers, Meister Warner, neere Horsely Down, bei London; und in verschiedenen anderen Gründen über London.

[29] Das Schicksal dieses armen Mannes erinnert an das, was von Corregio erzählt wird: „Er erhielt von den gemeinen Chorherren von Parma für seine Aufnahme in die Jungfrau Maria das kleine Almosen von zweihundert Livres, und es wurde ihm ausgezahlt." Er eilte mit dem Geld zu seiner hungernden Familie, aber da er noch sechs bis acht Meilen von Parma zurücklegen musste, verstärkten das Gewicht seiner Last und die Hitze des Klimas die Beklemmung seines brechenden Herzens, eine Rippenfellentzündung befiel ihn ihn, der in drei Tagen seiner Existenz und seinen Sorgen in seinem vierzigsten Jahr ein Ende setzte.

Wenn man ein Porträt eines der in der vorstehenden Liste genannten Autoren entdecken könnte, könnte man meiner Meinung nach unter jedes dieser Porträts diese Verse schreiben:

Diese Macht und so manches Buch des Malers und der Schrift wird Ihr Gesicht und Ihren Geist empfangen und lebendig machen.

Sie sind unter einem alten Porträt aus dem Jahr 1555 eingraviert, das Herr Dibdin in seinem Bericht über Caen aufbewahrt hat und das er wie folgt einführt: „Wir lieben es, mit den Personen derer bekannt zu werden, von denen wir Unterweisung erhalten haben und . " Vergnügen Sie sich, lieber Leser, eine Darstellung von Bourgueville.

[30] „Herr John Parkinson, ein Apotheker dieser Stadt (der dennoch für das Gemeinwohl lebte und arbeitete), veröffentlichte im Jahr 1629 ein Werk mit dem Namen Paradisus Terrestris, zu dem er die Zahlen *angibt* alle Pflanzen, die wegen der Schönheit ihrer Blumen in Gärten aufbewahrt werden und in Fleisch oder Soßen verwendet werden; und auch ein Obstgarten für alle Bäume, die Früchte tragen, und solche Sträucher, die wegen ihrer Schönheit in Obstgärten und Gärten gehalten werden, mit der Reihenfolge , Pflanzen und Bewahren von all dem. In diesem Werk hat er sich nicht oberflächlich mit diesen Dingen befasst, sondern ist genau auf die Varietäten jeder Art eingegangen, weshalb ich meinen Leser, der von diesen Freuden begeistert ist, hin und wieder auf dieses Werk verwiesen habe. besonders bei Blumen und Früchten, mit denen ich nicht zu viel Zeit verbringen wollte, vor allem, weil ich dem, was er zuvor zu diesem Thema getan hatte, nichts hinzufügen konnte.

[31] „Herr Hartlib (sagt Worlidge) erzählt Ihnen von den Vorteilen von *Obstgartenfrüchten*, dass sie neugierige Spaziergänge zum Vergnügen, Nahrung für das Vieh im Frühling, Sommer und Winter (d. h. unter ihrem Schatten) bieten Feuer, Schatten für die Hitze, Physik für die Kranken, Erfrischung für den Klang, reichlich Nahrung für den Menschen, und zwar nicht vom Schlimmsten, und Getränke auch vom Besten."

Auch Milton spricht im obigen Traktat so: „In diesen Frühlingszeiten des Jahres, wenn die Luft ruhig und angenehm ist, wäre es eine Beleidigung und eine Verdrießlichkeit gegen die Natur, nicht hinauszugehen, um ihre Reichtümer zu sehen und an ihrer Freude teilzuhaben. " mit Himmel und Erde."

[32] Im obigen Traktat von Dr. Beale lobt er die Obstgärten dieser *tiefen und reichen* Grafschaft: „Vom größten Menschen bis zum ärmsten Häusler sind alle Wohnorte von Obstgärten und Gärten umgeben." an den meisten Orten sind unsere Hecken mit Reihen von Obstbäumen, Birnen oder Äpfeln bereichert. Alle unsere Dörfer und im Allgemeinen alle unsere Straßen (alle unsere Täler sind dicht mit Reihen von Dörfern besetzt) werden im Frühling mit dem versüßt und verschönert Blühende Bäume, die ihre wechselhafte Vielfalt an Zierde fortführen, bis sie (am Ende des Herbstes) unsere Speicher mit angenehmen Früchten und unsere Keller mit reichhaltigen und weinigen Likören füllen. Obstgärten, der Stolz unseres Landkreises, sind nicht nur süß , sondern reinigt auch die Umgebungsluft, was meiner Meinung nach sehr zur dauerhaften Gesundheit und dem langen Leben beitragen wird, für die unser Landkreis seit jeher berühmt ist. Wir machen üblicherweise einen schattigen Spaziergang von unseren Gärten aus durch unsere Obstgärten (die am reichsten sind). , süßester und schönster Hain) in unsere Niederwälder oder Holzwälder. Dr. Beale lobt nicht ihr ganzes Land. Er beschreibt einige als „hungrig, mürrisch und dürftig, wie das niedrigste Land auf den Welch Mountains". Dafür verhängt er jedoch Geldstrafen, denn er beschreibt die auf ihren Anhöhen gezüchteten Nörgler als sehr verschieden von unseren heutigen Droschkenpferden; Sie „sind luftig und sehnig, voller Elan und Kraft, in der Form wie der *Bart* , sie machen Boden frei und sammeln Mut und Freude an ihrer eigenen Geschwindigkeit."

[33] Eine Lady Gerard wird in zwei Briefen von Mr. Pope an W. Fortescue, Esq., erwähnt. Sie haben kein Datum für sie. Sie erscheinen in Polwhele's History of Devonshire. „Ich habe gerade eine Nachricht von Mrs. Blount erhalten, dass sie und Lady Gerard heute hier speisen werden." Und „Lady Gerard sollte sich Chiswick Gardens ansehen (wie ich es mir vorgestellt hatte) und war daher gezwungen, um fünf Uhr von hier wegzugehen; es war eine Demütigung für Mrs. Blount, dorthin zu gehen, obwohl die Hoffnung bestand, Sie und Mr. Fortescue zu sehen." Es gibt drei weitere Briefe ohne Datum an Martha Blount, geschrieben aus den Wells in Bristol und aus

Stowe, in denen Pope sagt: „Mir bleibt nichts anderes übrig, als Lady Gerard meine herzlichen Dienste zu leisten." Und „noch einmal meine Dienste für Lady Gerard." „Ich möchte, dass Sie einen Postbrief an meinen Mann John schreiben und angeben, wann Sie die Ananas haben würden, um sie an Lady Gerard zu schicken." Wahrscheinlich war Lady Gerard von Martha Blount ein Nachkomme von Rea.

[34] Ein äußerst merkwürdiger Bericht über die *Tulipomania* oder Tulpenwut, die früher in Holland herrschte, ist in Phillips' Flora Historica zu finden.

[35] Vielleicht hat niemand wirklich reichhaltigere pastorale Szenen gemalt als Isaac Walton. Dies kommt auf vielen, vielen Seiten seines entzückenden *Angler vor*. Der kürzlich überaus begabte und zu Recht beklagte Sir Humphry Davy hat in seiner *Salmonia* den Charme von Waltons Seiten liebevoll eingefangen. Seine Feder schwebt in der Wildnis, der schönen, süßen, köstlichen Landschaft der Natur: „Wie herrlich im frühen Frühling, an einem klaren Bach entlangzuwandern, zu sehen, wie das Blatt aus der purpurnen Knospe platzt, die Düfte davon zu riechen." das Ufer, parfümiert vom Veilchen und gleichsam emailliert von Primel und Gänseblümchen; um auf dem frischen Rasen unter dem Schatten der Bäume zu wandern, deren leuchtende Blüten von der Musik der Biene erfüllt sind. Herr Worlidge sagt in seinem Systema Agriculturæ, dass die Freude am Angeln „die Einfallsreichen am frühen Frühlingsmorgen aufweckt, damit sie in den Genuss der süßen und angenehmen Morgenluft kommen, die viele aufgrund ihrer Trägheit nicht genießen; so dass sie gesund bleiben." (der größte Schatz, den die Sterblichen genießen) und Vergnügen gehen bei dieser Übung Hand in Hand. Was kann man mehr darüber sagen, als dass die Geniösesten es am meisten nutzen." Mr. Whately malt in seinem gewohnt charmanten Stil den Frühling folgendermaßen: „Was auch immer die Szene belebt, es passt zur Jahreszeit, die voller Jugend und Kraft ist, frisch und lebhaft, erhellt durch das Grün der Gräser, und …" Die Wälder sind voller Blüten und Blumen und werden vom Gesang der Vögel in all ihrer Vielfalt belebt, von der rohen Freude der Feldlerche bis zur Zartheit der Nachtigall.

[36] Tusser scheint einer Meinung von Meager zu sein:—

Säe Erbsen und Bohnen, wenn der Mond abnimmt. Wer sie früher sät, der sät zu früh, damit sie mit dem Planeten ruhen und aufstehen und gedeihen können, mit reichlicher Weisheit.

Der berühmte Quintinye sagt: „Ich erkläre feierlich, dass ich es nach einer sorgfältigen Beobachtung der Mondveränderungen über einen Zeitraum von dreißig Jahren und einer Untersuchung, ob sie irgendeinen Einfluss auf die Gartenarbeit hatten, deren Bestätigung bei uns so lange etabliert ist, erkannt habe." war nicht schwerer als Ammenmärchen."

Da der Mond (sagt Herr Mavor) Einfluss auf die Gezeiten und das Wetter hat, sollte er früher seine Macht über die gesamte Natur ausdehnen.

Es gibt eine Abhandlung von *Claude Gadrois* über die *Einflüsse der Sterne* . Sicherlich verdient dies eine Durchsicht, wenn der Nouv. Diktat. Hist. so spricht er über ihn: „Er war ein Freund des berühmten Arnauld und verdiente es aufgrund *der Korrektheit seines Geistes* und der Reinheit seiner Moral, aufgrund der Güte seines Charakters und aufgrund der Aufrichtigkeit seines Herzens."

Das folgende weise Experiment findet sich in einem alten Buch über Tierhaltung; aber wenn die beiden dort erwähnten Parteien mit Leonard Meager zusammengelebt hätten, darf man ihm nicht das Unrecht tun und annehmen, er wäre zu ihrer Meinung konvertiert: – „ *Archibius soll Antiochus* geschrieben (oder höchstwahrscheinlich eine Nachricht geschickt) haben . König von *Syrien* , dass, wenn du eine gesprenkelte Kröte in einem irdenen Topf mitten in deinem Garten vergräbst, diese vor allen schädlichen Witterungseinflüssen und Stürmen geschützt wird." Mager wird jedoch von Herrn Worlidge im Zaum gehalten, der dies in seinem Kapitel der Prognostik am Ende seines interessanten Systemæ Agriculturæ tatsächlich feststellt

Wenn die Eingeweide des Hundes knurren und Geräusche machen, deutet das auf Regen oder Schnee hin.

Indem die Katze ihr Gesicht wäscht und ihren Fuß über ihr Ohr legt, deutet sie auf Regen hin.

Das Quietschen und Hüpfen von Mäusen und Ratten bringt Regen.

So bemerkt Leonard Meager über einen Gärtner seiner Zeit: „Hier folgt ein Katalog verschiedener Obstsorten, den ich von meinem sehr lieben Freund, Captain Garrle, hatte, der in der großen Gärtnerei zwischen Spittlefields und Whitechapel wohnte; ein sehr angesehener und genialer Gärtner." ." Vielleicht ist dies derselbe Gärtner, den Rea in seiner *Pomona* erwähnt. Er sagt (nachdem er einige ausgezeichnete Birnbäume genannt hat): „Man kann sie in den Baumschulen rund um London finden, besonders in denen von Herrn Daniel Stepping und Herrn Leonard Girle, die diejenigen, die diese oder andere Arten wünschen, *treu* liefern werden." von seltenen Obstbäumen, deren Treue bei der Lieferung der richtigen Arten ich in verschiedenen Einzelheiten seit langem erfahre, eine Tugend, die Männern dieses Berufs nicht gemein ist. Zu dieser Zeit muss der Raum zwischen Spittlefields und Whitechapel aus Gärten und vielleicht prächtigen Landhäusern bestanden haben. Der Earl of Devonshire hatte ein schönes Haus und einen Garten in der Nähe der Petticoat-Lane. Sir W. Raleigh hatte eines in der Nähe von Mile-end. Jemand (ich habe den Autor vergessen) sagt: „Auf beiden Seiten dieser Gasse (Petticoat-Gasse) gab es einst Hecken und

Reihen von Ulmen, und die Gemütlichkeit der benachbarten Felder veranlasste mehrere Herren, hier ihre Häuser zu bauen; darunter auch ...“ der spanische Botschafter, von dem Strype annimmt, dass er Gondamour war. Gondamour war die Person, die diesen schwachen Monarchen dazu drängte, das Leben von Raleigh zu opfern.

In der eigenen Erinnerung ist es schmerzhaft, über die vielen schönen Felder, gepflegten Koppeln, ländlichen Spaziergänge und Gärten (die reine Luft atmen) nachzudenken, die diese Metropole kilometerweit umgeben und die jetzt schlecht gegen eine Unermesslichkeit eingetauscht werden Es gibt eine Reihe neuer Straßen, von denen viele nur aus Rauch und gesundheitsschädlichen Stoffen bestehen.

[37] Diese Zeilen stammen von ihm, bei dessen Tod (sagt Sir W. Scott in seiner großzügigen und glühenden Laudatio) wir „durch eine dieser Todesnotizen, die in Abständen abgezogen werden, wie aus der Trompete eines Erzengels“ erschüttert wurden – sie stammen von „diesem mächtigen Genie, das unter den Menschen wandelte als etwas, das der gewöhnlichen Sterblichkeit überlegen war, und dessen Kräfte mit Erstaunen und etwas, das dem Schrecken nahekam, betrachtet wurden, als ob wir nicht wüssten, ob sie gut oder böse wären“ – sie stammen von „dem“. edler Baum, der nie mehr Früchte tragen oder blühen wird! Der in seiner Stärke abgeholzt wurde, und die Vergangenheit ist alles, was uns von Byron bleibt: dessen Vorzüge jetzt allgemein anerkannt *werden* und seine Fehler (hoffen und glauben wir).) wird in seinem Epitaph nicht erwähnt. Sein „tief entrückter Geist“ (um Miltons Worte auf ihn anzuwenden) setzt seine Moralisierung fort:

Was sind die Hoffnungen des Menschen? Der alte ägyptische König
CHEOPS errichtete die erste
und größte Pyramide; Ich dachte, es wäre genau das Richtige, um sein
Gedächtnis intakt zu halten, und Mama versteckte sich;

Aber irgendjemand stöberte und zerschmetterte einbrecherisch den
Sargdeckel: „Kein Denkmal soll dir oder mir Hoffnungen machen, denn
von CHEOPS IST NICHT EINE PRISE STAUB ÜBRIG .“

In der Rezension von „Light's Travels“ stellt die Quarterly Review fest, dass „Cheops zwanzig Jahre lang dreihundertsechzigtausend seiner Untertanen beschäftigte, um diese Pyramide oder diesen Steinhaufen mit einem Gewicht von sechs Millionen Tonnen zu errichten und ihn kostbar zu machen.“ Staub sicherer, die enge Kammer war nur durch kleine, komplizierte Gänge zugänglich, die durch Steine von enormem Gewicht versperrt und äußerlich so sorgfältig verschlossen waren, dass man sie nicht wahrnahm. Doch wie vergeblich sind alle Vorsichtsmaßnahmen des Menschen! Kein Knochen blieb von Cheops übrig, entweder im Steinsarg oder in der Gruft, als Shaw die düstere Kammer betrat. Sir Walter Scott selbst hat zu Recht viele Lobreden erhalten. Vielleicht nichts, das so tief empfunden wurde, wie die Worte, die der beredte und ehrliche Anwalt, der jetzige Lord Chief Justice des Court of Exchequer, bei einem späten Celtic-Treffen in Schottland abgegeben hat und die mit langem, lautem und anhaltendem Applaus aufgenommen wurden.

[38] John Bauhine schrieb 1591 eine Abhandlung mit dem Titel De Plantis à Divis sanctisve nomen habentibus.

Ihr Vorwort zum obigen Bd. ii. hat diese Beobachtung: „Pflanzen, wenn sie von den Orten genommen werden, von denen sie ihre Ernte beziehen, und in andere mit unterschiedlicher Qualität gepflanzt werden, *verraten eine solche Vorliebe für ihre Heimaterde* , dass sie mit großer Schwierigkeit dazu gebracht werden, in einer anderen zu gedeihen; und zwar in dieser besteht darin, dass die Kunst des Floristen darin besteht, *jede Pflanze* mit dem Boden, der Sonne, dem Schatten, dem Grad der Trockenheit oder Feuchtigkeit und der Umgebung, in der sie sich erfreut, in Einklang zu bringen (denn zwischen einigen Pflanzen besteht eine natürliche Antipathie, insofern sie nahe beieinander nicht gedeihen) sind Dinge, die nicht leicht zu erreichen sind, sondern durch langes Studium und Anwendung.

[39] Was diese Rüschen und Wimpern waren, weiß ich nicht. Vielleicht treffen die Worte Johnsons auf sie zu:

Das Schicksal verletzt das großzügige Herz nie tiefer, als wenn die Beleidigung eines Dummkopfs den Pfeil zielt. Diese traurige Wahrheit wird überall bekannt, Langsam steigt der Wert, durch Armut unterdrückt.

[40] Barnaby Gooche nennt die Sonne in seinem Kapitel über Gärten „den Kapitän und Autor der anderen Lichter, *die eigentliche Seele der Welt* ".

[41] In einer Übersetzung von De Lilles Garten heißt es:

Oh! bei diesen Schatten, unter deren abendlichen Lauben die Dorftänzer die ausgelassenen Stunden tanzten; bei diesen tiefen Büscheln, die die Gräber eurer Väter zeigten, verschont, ihr Profanen, ihre ehrwürdige Düsternis! Um ihr heiliges Zeitalter zu verletzen, hütet euch, was e' in der ehrfurchtsvollen Hand der Zeit verschwendet.

[42] Herr Whateley bemerkt: „Ihm (dem Landschaftsgärtner) steht die ganze Bandbreite der Natur offen, vom Parterre bis zum Wald; und was für die Sinne oder die Vorstellungskraft angenehm ist, kann er dem Ort anpassen." er soll sich verbessern; es gehört zu seinem Geschäft, die Freuden, die im

Allgemeinen über verschiedene Arten von Land verteilt sind, an einem Ort zu sammeln.

[43] Auf Seite 24 heißt es: „ *Cato* , einer der berühmtesten Schriftsteller über Ackerbau und Gartenbau bei den Römern (der, wie aus seiner Einleitung hervorgeht, das Vorbild seiner Vorschriften von den *Griechen übernommen hat*), schreibt in seiner hervorragenden Abhandlung *De Re Rustica* hat die Vorzüglichkeit und den Nutzen dieser guten Pflanze (des Brokkolis) so sehr gelobt, dass sie nicht nur in der Ernährung, sondern auch in der Physik und Pharmazie zu einer der besten Pflanzen aller Zeiten zählt Feld oder Garten produziert.“

[44] Sein Kapitel über die Wasserwerke der alten Römer, Franzosen usw. ist charmant geschrieben. Diejenigen, die Freude an der Gestaltung von Flüssen, Brunnen, Wasserfällen oder Kaskaden als Dekoration ihrer Gärten haben, können sich die Hydrostatik dieses genialen Mannes ansehen. Und ein weiteres Beispiel seines Genies ist in dem prächtigen Eisentor zu sehen, das heute in *Leeswood* , in der Nähe von Mold, verbleibt und von dem ein Abdruck in Pughs *Cambria Depicta zu finden ist* .

[45] In diesem Band befindet sich ein an Switzer geschriebener Brief von seinem „genialen Freund Mr. Thomas Knowlton, Gärtner des Earl of Burlington, der aufgrund seines eigenen Fleißes und der Gelegenheit, die er hatte, eine Ausbildung unter dem... Der später erfahrene Dr. Sherrard beansprucht einen sehr fortgeschrittenen Platz in der Liste der Botaniker. Dieser Brief ist vom Juli 1728 in Lansborough datiert. Ich füge einen Teil dieses Briefes ein: „Ich hoffe, Sir, Sie werden die Freiheit, die ich mir nehme, entschuldigen, Ihnen meine Meinung zu sagen, da ich immer Respekt vor Ihren Bemühungen in der Landwirtschaft und im Gartenbau hatte.“ Seit Sie als Autor angefangen haben. Ihre Einführung in und die Art und Weise, mit diesen geliebten Themen umzugehen (deren Verkauf ich zu fördern versucht habe), genießt bei mir große Wertschätzung und ist (wie ich denke) die nützlichste von allen, die es getan haben Ich habe zu diesen nützlichen Themen geschrieben. Wenn Sie später über ein Thema sprechen oder darüber schreiben, wird jede meiner Mitteilungen für Sie nützlich oder nützlich sein, ich bin sehr bereit, dies zu tun. Ich wünsche Ihnen von Herzen viel Erfolg bei allem, was Sie tun unternehmen, da es einem öffentlichen Wohl dient.“ Dr. Pulteney sagt über Knowlton: „Sein Eifer für die englische Botanik war ungewöhnlich groß und empfahl ihn erfolgreich den gelehrten Botanikern dieses Landes. Von Sir Hans Sloane erhielt er herausragende Höflichkeit.“

[46] Es gibt nur wenige kurze Notizen über Namen, die früher in der Gartenarbeit eine herausragende Rolle spielten: „Mein verstorbener genialer und mühsamer Freund, Mr. *Oram* , Gärtner aus Brompton-Lane.“

„Dieser große Virtuose und Ermutiger der Gartenarbeit, Herr Minister Johnson, in Twickenham.“

„Ihre wunderschönen Erscheinungen in Töpfen (die unvergleichlich sind) und mitten in der Wüste waren der Ruhm eines der großzügigsten Förderer der Gartenarbeit, die dieses Zeitalter hervorgebracht hat, ich meine den Ehrenwerten Lord Castlemain.“

„Der verstorbene edle und äußerst gemeinnützige Förderer der Künste und Wissenschaften, insbesondere der Gartenarbeit, seine Gnaden, der Herzog von Montague, in Ditton.“

„Die Elrouge-Nektarine ist auch bei uns heimisch, der Name ist die Umkehrung von *Gourle* , einem berühmten Gärtner in Hogsden zur Zeit König Karls des Zweiten, von dem sie gezüchtet wurde.“

Und wenn er vom erfolgreichen Anbau von Weinreben im Freien spricht, bezieht er sich auf den Garten eines Herrn *Rigaud* in der Nähe der *Swallow-Street* ; und an einen anderen großen Weinzüchter, „von dessen Freundschaft ich Beweise habe, den Rev. Mr. *Only* aus *Cottesmore* in Rutland, der vor einiger Zeit verstorben ist; einer der neugierigsten Liebhaber der Gartenarbeit, die dieses oder jedes andere Zeitalter hat.“ produziert.“ Dieser Herr veröffentlichte 1765 „Ein Bericht über die Sorgfalt, die in den meisten zivilisierten Nationen für die Hilfe der Armen aufgewendet wird, insbesondere in Zeiten der Knappheit und Not“; 4to. 1s. Davis. Ich glaube, dass derselbe Herr im Jahr 1765 auch eine Abhandlung „Vom Preis des Weizens“ veröffentlichte.

[47] Lord Bacon sagt: „Weil der Atem der Blumen in der Luft (wo er kommt und geht, wie das Trillern der Musik) viel süßer ist als in der Hand, daher eignet sich nichts besser für diese Freude, als zu wissen, was.“ Seien Sie die Blumen und Pflanzen, die die Luft am besten parfümieren. Der Prinz von Ligne sagt:

Ich möchte nicht die stolze Tulpe haben;
Der Geruch im Garten ist mein oberstes Prinzip.

In der Übersetzung von *Spectacle de la Nature* , einem sehr erfreulichen Werk, heißt es: „Blumen sind nicht nur dazu bestimmt, die Erde mit ihren leuchtenden Farben zu verschönern, sondern der größte Teil von ihnen verbreitet einen Duft, der die Unterhaltung exquisiter macht.“ Parfümiert die ganze Luft um uns herum; und es sollte so aussehen, als wären sie bestrebt, *ihre Düfte für den Abend und den Morgen aufzubewahren* , wenn das Gehen am angenehmsten ist; aber ihre Süßigkeiten sind während der Hitze des Tages, wenn wir sie besuchen, sehr schwach am wenigsten."

Ich muss noch einmal auf die Seiten des großen Bacon eingehen, indem ich kurz die *natürliche Wildheit* zeige, die er in einen Teil seines Gartens einführen möchte: „Dickichte, die nur aus Dornbusch und Geißblatt bestehen, und einige wilde Weinreben umgeben, und das." Der Boden ist mit Veilchen, Erdbeeren und Primeln bepflanzt; denn diese sind süß und gedeihen im Schatten.

Die Tau- oder Perlmutttropfen, die man morgens auf Schlüsselblumen sieht, erinnern an das, was über Mignon gesagt wird: „Seine Werke sind kostbar für die Kunst, mit der er die Blumen in all ihrem Glanz und die Früchte mit all ihren Facetten darstellte." Frische. Der Tau und die Wassertropfen, die sie auf die Blumen streut, sind in ihren Gemälden so gut nachgeahmt, dass man versucht ist, sie zu berühren." Es wird auch gesagt, dass in den Werken von Van-Huysum „die Samtigkeit der Früchte, die Helligkeit der Blumen, die Transparenz des Taus, alles in den Gemälden dieses bewundernswerten Malers verzaubert." Sir U. Price stellt über diesen letztgenannten Maler fest, „dass die Natur selbst in ihren zartesten Werken kaum weicher und zarter ist als die Kopien davon von Van-Huysum." Zwei Blumenstücke dieses Malers, verkauft beim Houghton-Auktion für 1200 *l.*

In den Werken von *Bos*, einem flämischen Maler, wurde der Tau so naturnah dargestellt, dass er allgemeine Zustimmung verdiente.

Bernazzano malte so natürlich Erdbeeren an eine Wand, dass, wie uns erzählt wird, der Putz durch das häufige Picken von Pfauen abgerissen wurde.

Vergessen wir inmitten dieser berühmten Maler, dieser bewundernden Naturkenner, unseren nie sterbenden Hogarth nicht; Sein durchdringender Blick entdeckt sich sogar in seinem Brief an Mr. Ellis, den Naturforscher: „Was Ihre hübschen kleinen Samenbecher oder Vasen betrifft, sie sind eine süße Bestätigung der Freude, die die Natur daran zu haben scheint, den meisten eine Eleganz der Form zu verleihen." ihrer Werke, wo immer man sie findet. Wie dürftig und stümperhaft sind alle Erfindungen der Kunst!"

[48] Die sehr zahlreichen Werke dieses unermüdlichen Schriftstellers, die so viele Themen umfassen, lassen vermuten, dass er mit seiner Zeit genauso vorsichtig umgegangen sein muss wie der berühmte Freund des geistreichen Boileau: der menschliche, wohlwollende und *würdevolle* Kanzler *Aguesseau*, der feststellte, dass seine Frau ihn immer eine Stunde nach dem Klingeln des Abendessens warten ließ, beschloss, diese Zeit dem Schreiben einer Arbeit über Rechtswissenschaft zu widmen. Er setzte dieses Projekt in die Tat um und schuf im Laufe der Zeit ein Quartwerk in vier dicken Bänden.

[49] So wird dieser Kastanienbaum in einer Zeitung vom August 1829 erwähnt: „Der berühmte Kastanienbaum, Eigentum von Lord Ducie in

Tortworth, in der Grafschaft Gloucester, ist der älteste, wenn nicht der größte Baum in England." Er hat in diesem Jahr das Alter von 1002 Jahren erreicht, hat einen Umfang von 52 Fuß und behält dennoch so viel Kraft, dass er noch vor zwei Jahren Nüsse trug, aus denen jetzt junge Bäume gezogen werden.

[50] Es gibt ein 8vo. veröffentlicht im Jahr 1717, genannt „Lady's Recreation", von *Charles* Evelyn, Esq. Es sind zwei Briefe beigefügt, die der Pfarrer an diesen Autor geschrieben hat. Herr Lawrence. Auf den Seiten 103, 105, 129 und 141 sollte man meinen, dass dies nicht der Sohn des berühmten Mr. Evelyn war. Ich finde jetzt heraus, dass Herr Lawrence im Vorwort zu seinem Kalender, der am Ende seiner fünften Auflage eingefügt ist, der Öffentlichkeit versichert, „dass das Buch mit dem Titel „The Lady's Recreation" mit meiner Zustimmung nicht veröffentlicht werden konnte, weil es nie gesehen wurde von mir, bis es gedruckt wurde; außerdem habe ich Grund zu der Annahme, dass es ein Kunstgriff der Buchhändler war, der Welt unter dem geliehenen Namen Evelyn aufzudrängen.

[51] Diese Predigt wurde mehrere Jahre lang von Dr. Colin Milne gehalten, von dem sie 1799 veröffentlicht wurde, und danach von Rev. Herr Ellis von der Merchant Taylors' School. Herr Ellis gibt uns in seiner Geschichte von Shoreditch viele Informationen über dieses Vermächtnis; Dabei ist das stattliche Benehmen von Herrn Denne, einem ehemaligen Pfarrer, nicht im geringsten interessant. Mr. Nichols, in Bd. iii. seiner literarischen Anekdoten zeugt von Dr. Dennes Gefühl gegenüber den Armen und Notleidenden und seiner Verbundenheit mit literarischen Aktivitäten. Drei dieser Predigten befinden sich im zweiten Band von „Thirty Sermons on Moral and Religious Subjects, by the Rev. W. Jones"; 2 Flüge. 8vo. 1790, Preis 16s. Es gibt andere Ausgaben von Mr. Jones' Predigten, nämlich. Rev. W. Jones, of Nayland, his Theological, Philosophical, and Miscellaneous Works, with Life, 12 Bde. 8vo. *pur* , 7 *l.* 7 *Sek.* 6 *Tage* 1801. Predigten des verstorbenen Rev. William Jones aus Nayland, Suffolk: Kaplan rechts Rev. George Horne, Bischof von Norwich; 1 Bd. 8vo. mit Porträt des Autors, Preis 12 *s.* Dove, St. John's Square, Drucker, 1828. „Von diesem treuen Diener Gottes (Reverend W. Jones) kann ich sowohl aus persönlichem Wissen als auch aus seinen Schriften sprechen. Er war ein Mann mit schnellem Durchblick und umfassender Gelehrsamkeit." , und die tiefste Frömmigkeit; und er hatte mehr als jeder andere Mann, den ich jemals kannte, das Talent, über die tiefsten Themen mit dem klarsten Verständnis zu schreiben." – *Bishop Horsley's Charges.* Der Schiedsrichter. Samuel Ayscough vom British Museum begann 1790, diese jährliche Predigt zu halten, und ich glaube, er setzte sie vierzehn Jahre lang fort.

[52] Mr. Ellis aus *Little Gaddesden* , in seinem Practical Farmer, 8vo. 1732 sagt zu diesem Thema: „Was für ein bezaubernder Anblick ist ein großer Baum

in der Blüte, und wenn er danach mit Früchten beladen ist, reichen sie vielleicht aus, um aus Apfel- oder Birnenmost einen Schweinekopf zu machen! Eine Szene voller Schönheit, Hoffnungen und Gewinn. " , und so! Es kann sich auf einem Boden befinden, der weniger als zwei Fuß im Durchmesser beträgt. Und vor allem: Welche Kontemplation bietet es, wenn wir unsere Gedanken zu einem einzelnen Apfel- oder Birnenkern hinabsinken lassen? Und wiederum, wie gesteigert, beim Anblick einer so großen Masse, die durch allmächtige Macht aus einem so kleinen Körper erhoben und bewahrt wurde.

[53] Der Gedanke, die Ränder öffentlicher Straßen zu bepflanzen, wurde zuerst von dem großen *Sully vorgeschlagen* .

[54] Herr Weston scheint in seiner Einleitung zu diesen Traktaten Freude daran zu haben, die folgende Anekdote von La Quintinye aus Hartes Essay aufzuzeichnen. „Der berühmte La Quintinie, Direktor der königlichen Gärten in Frankreich, verschaffte Ludwig Er wurde von einem benachbarten Herrn mit großer Freundlichkeit und Gastfreundschaft bewirtet und untergebracht. La Quintinie untersuchte, wie es selbstverständlich war, bald die Gärten seines Gastgebers; er fand die Lage schön und den Boden ausgezeichnet; aber alles war rau, wild und vernachlässigt: Die Natur hatte viel getan, die Kunst nichts. Der Gast, erfreut über seinen freundlichen Empfang, verabschiedete sich mit Bedauern und schickte einige Monate später einen der Gärtner des Königs und vier Untergärtner zu dem Herrn strikter Befehl, kein Trinkgeld anzunehmen. Sobald sie ankamen, nahmen sie sein kleines Gehege in Besitz, und nachdem sie es viele Male verdaut hatten, düngten sie es, pflanzten es neu und ließen einen von ihnen als festen Diener in der Familie zurück . Dieser junge Mann wurde bald gebeten, der Nachbarschaft zu helfen, und füllte ihre Küchen- und Obstgärten mit den *besten* Erzeugnissen aller Art, die bis heute erhalten und vermehrt werden."

Es ist angenehm zu fragen, wer Mons. des Quintinye war. *Perrault hat* in seinen *Hommes Illustres* sein Leben und sein Porträt dargestellt. Dr. Gibson nennt ihn in seinem Buch Fruit Gardener „einen wirklich originellen Autor"; und macht ihm außerdem große Komplimente.

Das neue Diktat. Hist. So spricht er über ihn: „Er kam nach Paris, um als Anwalt aufgenommen zu werden. Eine natürliche Beredsamkeit, die er sorgfältig kultivierte, ließ ihn in der Anwaltskammer glänzen und brachte ihm die Wertschätzung der ersten Richter ein. Obwohl er nur kurze Zeit Zeit hatte was er hätte haben können, fand er dennoch genug, um seine Leidenschaft für die Landwirtschaft zu befriedigen. Auf einer Reise nach Italien vertiefte er seine Kenntnisse im Gartenbau. Als er nach Paris zurückkehrte, widmete er sich ganz der Landwirtschaft und fertigte eine große Anzahl davon an merkwürdige und nützliche Experimente. Der große

Prinz von *Condé , der die Landwirtschaft liebte, hatte große Freude daran, sich mit ihm zu unterhalten, und Karl II., der König von England, bot ihm eine beträchtliche Rente an, um ihn für die* Bewirtschaftung seiner Gärten zu verwenden, aber er lehnte seine Vorteile ab Er bot aus Liebe zu seinem Heimatland Angebote an und fand in Frankreich den Lohn, der seinen Verdiensten zu verdanken war. Wir haben ein ausgezeichnetes Buch von ihm mit dem Titel „Instructions for Fruit and Gemüsegärten, Paris, 1725, 2 Bände". 4to.' *und mehrere Briefe zum gleichen Thema* ." Switzer sagt in seiner Geschichte der Gartenarbeit, dass er in Mons. de la Quintinyes „Zwei Reisen nach England" beträchtliche Freundschaft mit mehreren Herren schloss, mit denen er bis zu seinem Tod Briefbriefe pflegte. und diese Briefe, sagt Perrault, werden alle *in London gedruckt* ." Und er sagt später, als er von Lord Capels Garten in Kew spricht: „Der größte Fortschritt, den er hier gemacht hat, war die Überführung verschiedener Obstsorten aus Frankreich; und wir können annehmen, dass dieser edle Herr einer war, der viele Jahre lang mit Mons. in Briefwechsel stand. de la Quintinye." Solche Briefe zu einer solchen Korrespondenz, wenn sie jemals gedruckt werden, müssen es wert sein, gelesen zu werden.

[55] Lamignon de Malherbes (dieser ausgezeichnete Mann) hatte eine große Anzahl ausländischer Bäume eingebürgert und sah im Alter von vierundachtzig Jahren überall in Frankreich (wie Duleuze bemerkte) Pflanzen, die er selbst eingeführt hatte.

Der alte Earl of *Tweedale* unter Karl II. und sein unmittelbarer Nachfolger bepflanzte in Schottland mehr als 6.000 Hektar mit Tannen. In einer Tour durch Schottland aus dem Jahr 1753 wird erwähnt, dass „die Grafschaft Aberdeen für ihren Holzbestand bekannt ist, in dem es mehr als fünf Millionen Tannenbäume gibt, neben einer großen Anzahl anderer Arten, die in diesen siebzig Jahren vom Adel gepflanzt wurden." an und um ihre Plätze."

Herr Marshall erklärt in seinem Werk „Planting and Rural Ornament", dass „Seine Gnade, der Herzog von Athol (wir sprechen von höchster Autorität), im Jahr 1792 tausend Lärchenbäume besaß, die damals auf seinen Ländereien in Dunkeld und Umgebung wuchsen." Blair allein, von nicht weniger als zwei bis vier Tonnen Holz pro Stück, und zu dieser Zeit wuchsen auf seinem Anwesen schnell eine Million Lärchen unterschiedlicher Größe.

Der Pflanzeifer in Schottland wurde in den letzten Jahren durch die Schriften von James Anderson und Lord Kames angeregt.

Es ist angenehm, den folgenden Absatz aus einer Zeitung aus dem Jahr 1819 zu transkribieren: „Sir Watkin Williams Wynn hat in den letzten fünf Jahren auf den Berggebieten in der Nähe von Llangollen, 1200 bis 1400 Fuß über dem Meeresspiegel gelegen, Pflanzen gepflanzt." des Meeres, 80.000 Eichen, 63.000 spanische Kastanien, 102.000 Fichtentannen, 110.000 Waldtannen,

90.000 Lärchen, 30.000 Bergulmen, 35.000 Bergulmen, 80.000 Eschen und 40.000 Bergahorne, alle die sich zu diesem Zeitpunkt in einem gesunden und gesunden Zustand befinden blühender Zustand." Bei diesem Thema kommt man nicht umhin, der Erinnerung an diesen strahlenden Schmuck unserer Kirche und Literatur, des verstorbenen Dr. Watson, Bischof von Llandaff, dankbaren Respekt zu zollen, dessen ausgedehnte Plantagen in der Nähe von Ambleside diese längst bereichert haben gehen. Der verstorbene Richard Crawshay (der im Laufe seines sehr langen Lebens von keinem Wesen übertroffen wurde, weder an Integrität noch an Großzügigkeit) versicherte dem Autor, dass er ihm in einer frühen Phase von Dr. Watsons Amtsantritt seine Sicherheit angeboten habe Er habe nur eine Handnote erhalten, die nach eigenem Gutdünken zurückgezahlt werden solle, zehntausend Pfund, und dass er (mit dankbarem Dank an Mr. Crawshay) dies abgelehnt habe.

[56] Wie sehr unterschiedlich hat der liberale und klassische Geist von Dr. Alison die reichen Seiten von Mr. Whateley in seinen tiefgründigen und gelehrten Essays über Geschmack gesehen, die erstmals fast zwanzig Jahre nach Mr. Whateleys Tod veröffentlicht wurden. Man bedauert, dass es kein Porträt von Mr. Whateley gibt. Von Dr. Alison gibt es ein meisterhaftes Porträt von Sir Henry Raeburn, das 1823 von W. Walker aus Edinburgh bewundernswert gestochen wurde. Vielleicht ist es eines der schönsten Porträts der Gegenwart. Man ist froh, in seinem intellektuell beeindruckenden Gesicht Zeichen der Gesundheit zu erkennen.

[57] In Biographical Anecdotes, 3 Bde. 8vo. Es erscheint ein Briefwechsel in London mit Dr. Franklin, William Whateley und Joseph Whateley aus dem Jahr 1774. Dabei handelt es sich um ein Duell mit Mr. Temple durch einen Bruder von Thomas Whateley. In einigen Leben von Dr. Franklin scheint es, dass George Hutchinson und andere hetzerische und unüberlegte Briefe an *Thomas* Whateley, Esq., geschrieben haben. *Privatsekretär von Lord Grenville* , der einige Unruhen in Amerika im Zusammenhang mit Lord Grenvilles Stempelgesetz respektiert. Nach dem Tod von Thomas wurden diese Briefe in die Hände von Dr. Franklin gelegt, dessen Pflicht als Agent der Kolonie ihn dazu veranlasste, sie nach Boston zu übermitteln. Zwischen William Whateley und Mr. Temple kam es zu einem Streit darüber, wer von ihnen diese Briefe aufgegeben hatte, und es kam zu einem Duell. Dr. Franklin sprach diese beiden Herren sofort von jeglicher Anschuldigung frei. Über das berühmte Interview im Ratssaal zwischen Herrn Wedderburn und Dr. Franklin berichtet Dr. Priestley in Bd. xv. Seite 1 des Monthly Magazine, und dieser ehrliche Bericht spricht Dr. Franklin vollständig davon frei, die erbitterte politische Schärfe von Herrn Wedderburn verdient zu haben, dessen maßlose Sprache in einigen Leben von Dr. Franklin und in seinem Leben ausführlich beschrieben wird. herausgegeben und verkauft von G.

Nicholson, *Stourport* , 12 Monate. Preis 9d. und dazu gehört auch Dr. Priestleys Bericht.

Lord Chatham sprach in höchster Lobrede von Franklin, als er im Jahr 1777 auf seine abschreckenden Argumente gegen den amerikanischen Krieg hinwies.

William Whateley war Verwalter der Güter und Besitztümer seines Bruders Thomas, der natürlich ohne Testament starb.

In Bd. ii. von Sewards Biog. Bett. und Political Tracts, das neunzehnte Kapitel besteht aus seinem Bericht über zwei *Political* Tracts von Thomas Whateley, Esq. und er schließt dieses Kapitel damit ab: „Mr. Whateley hat auch einen Traktat über die Gestaltung von Vergnügungsgründen geschrieben." In Bd. iii. ist ein Bericht über den Streit und das Duell mit Mr. Temple und einem der Brüder. Es scheint, dass Thomas Whateley im Juni 1772 starb und zwei Brüder, William und Joseph, hinterließ. Thomas wird „Mr. Secretary Whatly" genannt.

Debrett veröffentlichte „Scarce Tracts" in 4 Bänden. 8vo. In Bd. ich. ist eines mit dem Titel „The Budget" von D. Hartley, Esq. Derselbe Band enthält eine Antwort darauf, nämlich. „Bemerkungen zum Haushalt, von Thomas Whateley, Esq. Finanzminister." Es gibt auch in Bd. ii. ein weiteres Traktat von Thomas Whateley, Esq. mit dem Titel „Überlegungen zum Handel und zu den Finanzen des Königreichs". Diese beiden Broschüren über Themen, die sich so sehr von der verlockenden über Landschaftsgärtnerei und seiner unvollendeten über Shakespeare unterscheiden, überzeugen uns davon, was für ein mächtiger Schriftsteller er gewesen wäre, wenn sein Leben länger verschont geblieben wäre.

[58] Der Leser wird sehr erfreut sein, wenn er Seite 158 des bekannten Briefes des verstorbenen Sir U. Price an Mr. Repton sowie Mr. Morris' Observations on Water bezüglich der Zierszenerie durchliest; eingefügt in das Gardener's Magazine für Mai 1827. Mr. Whateleys Unterscheidung zwischen einem Fluss, einem Bach und einem Bach bildet vielleicht fünf der verführerischsten Seiten seines Buches. Die Bilder unseres eigenen Shakespeare zu diesem Thema sollten nicht übersehen werden:

Der Strom, der mit sanftem Murmeln dahingleitet, Du weißt, dass er angehalten wird, ungeduldig tobt; doch wenn sein schöner Lauf nicht behindert wird, macht er süße Musik mit den emaillierten Steinen und gibt jedem Riedgras, das er überholt, einen sanften Kuss Seine Pilgerreise: Und so wandert er durch viele verwinkelte Winkel mit bereitwilligem Vergnügen zum wilden Ozean.

[59] Der wohlwollende Geist des Marquis strahlt sogar in seinem letzten Kapitel; denn er möchte „uns zu einer wahren Vorliebe für die schöne Natur zurückbringen – zu humaneren und heilsamen Vorschriften des Landes – um moralische *Landschaften* zu schaffen, die den Geist erfreuen. Seine Sicht auf die gute Mutter, die ihre Kinder um sich herum spielen sieht." in ihrem Häuschen, in der Nähe des Gemeinschaftsgartens, und so „ihr Zuhause liebenswert machen und sogar die Luft, die sie atmete, für sie angenehmer machen, machen diese Art von Gemeinschaftsgärten für mich zu den entzückendsten aller englischen Gärten . " Bald würden inmitten kompakter Bauernhöfe die Behausungen der glücklichen und friedlichen Landwirte entstehen. Kann es für den Menschen eine schönere Behausung geben als ein gepflegtes Bauernhaus inmitten einer angenehmen Landschaft? Indem wir Krankheit und Müdigkeit, nutzlose Ausgaben und die Verschwendung von Land in großen und trostlosen Parks vermeiden und vor allem Elend verhindern und Glück fördern, werden wir in der Tat den Preis gewonnen haben, das Angenehme mit dem Nützlichen vereint zu haben. Vielleicht wird, wenn jede Torheit erschöpft ist, eine Zeit kommen, in der die Menschen so weit aufgeklärt sein werden, dass sie die wahren Freuden der Natur der Eitelkeit und der Chimäre vorziehen.

[60] Vielleicht ist es für diejenigen, die aufgrund ihrer Verbundenheit mit Gärten nach Gesundheit streben, erfreulich, das Alter zu beachten, das einige unserer englischen Gärtner erreicht haben: – Parkinson starb im Alter von etwa 78 Jahren; Tradescant, der Vater, starb als alter Mann; Schweizer, etwa 80; Sir Thomas Browne starb im Alter von 77 Jahren; Evelyn, 86; Dr. Beale, 80; Jacob Bobart, 85; Collinson, 75; ein Sohn von Dr. Lawrence (der Gärten genauso liebt wie sein Vater) im Alter von 86 Jahren; Bischof Compton, 81; Bridgman, im fortgeschrittenen Alter; Knowlton, Gärtner von Lord Burlington, 90; Miller, 80; James Lee, im fortgeschrittenen Alter; Lord Kames, 86; Abercrombie, 80; der Schiedsrichter. Herr Gilpin, 80; Duncan, ein Gärtner, über 90; Hunter, der *Sylva veröffentlichte* , im Alter von 86 Jahren; Speechley, 86; Horace Walpole, 80; Mr. Bates, der berühmte und alte Gärtner aus High Wickham, der dort im Dezember 1819 im hohen Alter von 89 Jahren starb; Marshall, im fortgeschrittenen Alter; Sir Jos. Banken, 77; Joseph Cradock, 85; James Dickson, 89; Dr. Andrew Duncan, 83; und Sir U. Price, auf Seite 83. Mr. Loudon, auf Seite 1063 seiner Encyclop. Teilen Sie uns mit, dass eine Gärtnerei und Baumschule in der Nähe von Parson's Green seit mehr als zwei Jahrhunderten von einer Familie namens Rench bewohnt war; dass einer von ihnen (der die erste jährliche Blumenausstellung ins Leben rief) im Alter von neunundneunzig Jahren starb, nachdem er dreiunddreißig Kinder hatte; und dass sein Sohn (von Collinson als berühmt für Waldbäume erwähnt) die Moosrose einführte, die Ulmen, die jetzt im Bird-Cage Walk im St. James's Park wachsen, aus Bäumen pflanzte, die in seiner eigenen Baumschule gezüchtet wurden, und zwei Frauen heiratete Er hatte

fünfunddreißig Kinder und starb 1783 im Alter von einhundertein Jahren im selben Zimmer, in dem er geboren wurde. Wenn ich über das hohe Alter einiger der oben genannten nachdenke, fällt mir ein, was ein „Journal Encyclopédique" über Lestiboudois sagte, einen anderen Gärtner und Botaniker, der im Alter von neunzig Jahren in Lille starb und (denn er lebt fast in unserer Asche) . *ihre gewohnten Feuer*) hielt im allerletzten Jahr seines Lebens Vorträge. „Als er (sagt ein alter Freund von ihm) nur noch ein paar Stunden zu leben hatte, ließ er sich Schneeglöckchen, Veilchen und Krokusse ins Bett bringen und verglich sie mit den Figuren in Tournefort. Sein ganzes Dasein." war dem Wohl der Allgemeinheit und der Linderung des Elends geweiht worden; so sah er seiner Auflösung mit einer Seelenruhe entgegen, die nur aus einem rechtschaffenen Leben resultieren kann; er erwarb nie ein Vermögen und hinterließ kein anderes Erbe gegenüber seinen Kindern, sondern Integrität und Tugend."

[61] Ungefähr achtzig Jahre vor Hylls „Abhandlung über Bienen" lebte Rucellai, ein angesehener Italiener, der einen Kardinalshut anstrebte und mit Eifer und Geschmack arbeitete (ich kopiere aus De Sismondis „View of the Literature of the South of Europe")), um die italienische Poesie klassisch oder eine reine Nachahmung der Antike zu machen, veröffentlichte sein berühmtestes Gedicht über Bienen. „Es erhält (sagt De Sismondi) ein besonderes Interesse an der echten Vorliebe, die Rucellai für diese Kreaturen hegte. Es liegt etwas so Aufrichtiges in seinem Respekt für ihre jungfräuliche Reinheit und in seiner Bewunderung für die Ordnung ihrer Regierung er weckt in uns echtes Interesse für sie. Alle seine Beschreibungen sind voller Leben und Wahrheit."

[62] Ben Jonson hält in seinen *Diskursen* die folgende Lobrede auf diesen berühmten Autor: „Kein Bestandteil seiner Rede, sondern bestand aus seinen eigenen Gnaden. Seine Zuhörer konnten nicht husten oder von ihm wegschauen, ohne Verlust zu erleiden. Er befahl, wo er wollte." sprach, und seine Richter waren verärgert und erfreut über seine Hingabe: Keiner hatte ihre Zuneigung mehr in seiner Macht; die Furcht eines jeden, der ihn hörte, war, dass ihm ein Ende gemacht werden könnte. Als Herr Loudon sich mit dem Studium der Pflanzen befasst, stellt er fest: „Dieser wunderbare Philosoph erforschte und entwickelte die wahren Grundlagen des menschlichen Wissens mit einer Scharfsinnigkeit und Durchdringung, die in der Geschichte der Menschheit ihresgleichen sucht." Was Clemens VIII. Auf die acht Bücher von Hookers Ecclesiastical Polity angewendet, kann es durchaus auf die Schriften von Bacon zutreffen: „Es gibt keine Lehre, die dieser Mann nicht erforscht hätte. Seine Bücher werden mit zunehmendem Alter Ehrfurcht erlangen, denn in ihnen stecken solche Samen der Ewigkeit." , dass sie weitermachen werden, bis das letzte Feuer alle Gelehrsamkeit verschlingt." Monsieur Thomas sagt in seiner Laudatio auf Descartes:

„Bacon erforschte jeden Weg des menschlichen Wissens, er saß als Richter über vergangene Zeitalter und nahm die kommenden vorweg." Der Leser wird erfreut sein, wenn er sich den zweiten Band von Mr. Malones Veröffentlichung von „Aubreys Briefen" in der Bodleian Library sowie die reich verzierten und unterhaltsamen „Beauties of England and Wales" und „Pennants Tour von Chester nach London" auf einige kuriose Hinweise ansieht des alten Herrenhauses, Gartens und Obstgartens in Gorhambury.

[63] Der Leser wird über Mr. Johnsons Überblick über den allgemeinen Zustand des Gartenbaus zu dieser Zeit in seiner „History of English Gardening" und über den Eifer, mit dem er die Verbundenheit von James I. und Charles dazu aufzeichnet, äußerst erfreut sein Wissenschaft; und wo er in einem späteren Kapitel einen Blick auf den Fortschritt unserer Botanik wirft und stolz einen höchst verdienten und großzügigen Kranz um die Stirn des bescheidenen, aber unsterblichen Ray windet.

[64] Ich füge einige Auszüge aus dem ersten Buch seines English Husbandman, 4to, bei. 1635: „Ein Garten ist so nützlich, notwendig und ein solcher Schmuck und eine solche Anmut für jedes Haus und jeden Haushälter, dass die Wohnung lahm und verstümmelt ist, wenn sie diese schöne Geschmeidigkeit und Schönheit will. Ich wundere mich auch nicht darüber." Kunstwerk oder Natur, wenn ich in einem guten, reichen und fruchtbaren Boden einen Garten sehe, der mit allen Freuden und Köstlichkeiten geschmückt ist, die im Verständnis des Menschen liegen, weil die natürliche Güte der Erde (die es nicht erträgt, untätig zu bleiben) es tun wird Wer etwas hervorbringt, wird in sie hineingeworfen; aber wenn ich auf eine karge, trockene und karge Erde schaue, wie die Peake-Hills, wo ein Mann den ganzen Sommer über Schnee sehen kann, oder auf die East-mores, deren bestes Gras nichts ist Aber Moos und Eisenstein, an einem solchen Ort, sage ich, einen zarten, reichen und fruchtbaren Garten zu sehen, zeigt große Würde des Besitzers und unendliche Kunst und Fleiß des Arbeiters und lässt mich sowohl bewundern als auch Ich liebe die Erzeuger solcher Exzellenz.

Und noch einmal: „Bezüglich der Lage des Gartengrundstücks zum Vergnügen müssen Sie verstehen, dass es immer so nah wie möglich an das Wohnhaus gelegt werden muss, sowohl weil das Auge des Besitzers ein Wächter sein kann als auch Unterstützung vor Unannehmlichkeiten, denn alles, damit die besonderen Räume und Ausblicke des Hauses geschmückt, parfümiert und bereichert werden können mit den zarten Proportionen, wohlriechenden Gerüchen und der wohltuenden Luft, die aus demselben aufsteigen und verdunsten soll.

Dann führt er verschiedene Schnitte von Knoten, Labyrinthen und Labyrinthen an, von denen er bemerkt, dass es „viele andere Verzierungen und Verschönerungen gibt, die zur Gestaltung eines seltsamen Gartens gehören, aber keines davon ist seltener." oder wertvoller als diese, die ich aufgeführt habe, da sie die besten Zierden der besten Gärten dieses Königreichs sind, und ich denke, sie schmecken jedem Landwirt oder anderen von besserer Qualität, der sich an der Schönheit und dem guten Schnitt seines Bodens erfreut." Er bemerkt dazu: „Wie in der Komposition einer zarten Frau ist die Anmut ihrer Wangen die Mischung aus Rot und Weiß, das Wunder ihres Auges Schwarz und Weiß und die Schönheit ihrer Hand geblasen und Weiß, alles in allem." Man sagt nicht, dass es schön ist, wenn es aus einzelnen oder einfachen Farben besteht; und so kann man in diesen Spaziergängen oder Gassen nicht sagen, dass das ganz Grüne oder das ganz Gelbe am schönsten ist, sondern das Grün und Gelb (das heißt, Das unbefestigte Gras und der gut geknüpfte Kies sind gleichmäßig gemischt und verleihen dem Auge unvergleichlichen Glanz und Freude."

Seine Beschreibung der folgenden Blume ist einzigartig: „ *Die Crowne Emperiall* ist von allen Blumen, sowohl einheimische als auch selbstgezüchtete, die zarteste und seltsamste: Sie hat die wahre Form einer Kaiserkrone und wird in verschiedenen Farben sein. nach der Kunst des Gärtners. In der Mitte der Blüte sehen Sie eine runde Perle stehen, in Proportion, Farbe und Orientierung, wie eine echte natürliche Perle, nur dass sie aus einer weichen, flüssigen Substanz besteht: diese Perle, wenn Sie Schütteln Sie die Blume niemals so heftig, sie wird nicht abfallen, und auch wenn Sie sie niemals so lange stehen lassen, wird sie weder an Größe zunehmen noch abnehmen, sondern ganz eins bleiben; doch wenn Sie sie mit Ihrem Finger nehmen und wegwischen, in Weniger als eine Stunde später wird eine andere an derselben Stelle und von derselben Größe aufgehen. Diese Perle, wenn du sie auf deiner Zunge schmeckst, ist angenehm und süß wie Honig: Diese Blume, wenn die Sonne aufgeht, wirst du sehen Sie blickt direkt nach Osten, wobei der Stiel nach unten gebogen ist, und je höher die Sonne steigt, desto höher wird auch die Blume aufsteigen, und wenn die Sonne in den Meridian oder Nullpunkt gelangt, der direkt darüber liegt Wird es aufrecht auf dem Stiel stehen und direkt nach oben schauen, und wenn die Sonne untergeht, wird es ebenfalls sinken und bei Sonnenuntergang nur direkt nach Westen schauen.

Seine Erwähnung einer anderen Blume ist attraktiv: „Nun zu Ihrer *Wall Gilliflower* , sie erfreut sich an hartem Schutt, kalkhaltigen und steinigen Böden, woher sie am liebsten auf Mauern, Gehwegen und ähnlichen Barrainenplätzen wachsen. Das mag sein." zu jedem Zeitpunkt und zu jeder Jahreszeit gesät werden, denn es ist ein Samen von solcher Härte, dass er zwischen Winter und Sommer keinen Unterschied macht, sondern in beiden gleichermaßen gedeiht und das ganze Jahr über seine Blüten trägt, weshalb der Landwirt ihn am meisten bewahrt in seinem *Bienengarten* , denn es ist *wunderbar süß* und liefert viel Honig. Es würde in sehr kleinen Mengen gesät werden, denn nachdem es einmal Wurzeln geschlagen hat, wird es von selbst von selbst viel Boden ausbreiten, und kaum jemals, nachdem es ausgewurzelt wurde . Es hat von sich aus einen so überaus starken und *süßen Geruch* , dass es nicht gezwungen werden kann, einen anderen zu nehmen, und daher immer in seiner eigenen Natur erhalten bleibt."

[65] Herr Loudon, in seiner Enzykl. of Gardening, bespricht liebevoll die Vorliebe für Blumen, die zur Zeit von Elizabeth und Evelyn in den meisten Rängen vorherrschte.

Das *Spectacle de la Nature* , von dem wir 1740 eine Übersetzung haben, enthält ein reichlich diffuses Kapitel über Blumen. Ich transkribiere hier einen kleinen Teil davon:—

Vor. „Die Schönheit der Blumen erfüllt uns immer wieder mit Freude; und wenn wir die Schönsten ausreichend begutachtet haben, merken wir, dass sie nur dazu geeignet sind, den Anblick zu erfrischen; und in der Tat ist die Aussicht, die sie bieten, so rührend, und wir erleben sie." Die Macht ist so wirksam, dass die Allgemeinheit jener Künste, die den Ehrgeiz haben zu gefallen, am erfolgreichsten zu sein scheint, wenn sie sich ihre Hilfe leihen. Die Bildhauerei ahmt sie in ihren sanftesten Ornamenten nach; die Architektur verleiht den Säulen und Fronten Verzierungen aus Blättern und Girlanden sonst wären sie zu nackt. Die reichsten Stickereien sind kaum mehr als Blattwerk und Blumen; die prächtigsten Seidenstoffe sind fast mit diesen bezaubernden Formen bedeckt und gelten als schön, je mehr sie dem lebhaften Farbton natürlicher Blumen ähneln.

„Dies waren schon immer Symbole oder Darstellungen der Freude; früher waren sie untrennbarer Schmuck von Festen und werden immer noch mit Applaus am Ende unserer Unterhaltungen vorgestellt, wenn sie mit den Früchten hereingebracht werden, um das Fest zu beleben." beginnt zu schmachten. Und sie eignen sich so besonders für Szenen des Vergnügens, dass sie immer als unvereinbar mit Trauer angesehen werden. Der von der Natur geprägte Anstand lässt sie niemals an Orte, an denen Tränen und Kummer vorherrschen.

Gräfin. „Die Feste auf dem Land werden nie ohne Girlanden gefeiert, und die Unterhaltungen der Höflichen werden mit einer Blume eingeläutet. Wenn ihnen der Winter diese Befriedigung verweigert, haben sie auf Kunst zurückgegriffen. Eine junge Braut in der ganzen Pracht ihrer Hochzeit." Ich könnte mir vorstellen, dass sie einen notwendigen Teil ihres Schmucks haben wollte, wenn sie ihn nicht mit einem Blumenzweig verschönerte. Eine Königin hat inmitten der größten Feierlichkeiten, obwohl sie mit den Juwelen der Krone bedeckt ist, eine Vorliebe für dieses Ländliche Ornament; sie gibt sich nicht mit bloßer Größe und Majestät zufrieden, sondern möchte durch die Vermittlung von Blumen einen Hauch von Sanftheit und Fröhlichkeit annehmen.

Vor. „Die Religion selbst, mit all ihrer Einfachheit und Abstraktion, und inmitten der Abscheu, die sie vor theatralischem Pomp hegt, der eher dazu neigt, das Herz zu zerstreuen, als ihm die gebührende Ehrfurcht vor heiligen Mysterien und die Sensibilität für menschliche Bedürfnisse einzuflößen, lässt einiges zu von seinen Festen, die mit Zweigen und Blumenkränzen gefeiert werden."

[66] In seinem Tagebuch steht folgender Eintrag: „1658, 27. Jan. Nach sechs Altersanfällen starb mein Sohn Richard, erst fünf Jahre und drei Tage alt, aber in diesem zarten Alter ein Wunderkind für Witz und Verstand Verständnis; für die Schönheit des Körpers ein wahrer Engel; für die Begabung des Geistes, mit unglaublichen und seltenen Hoffnungen. Er war ganz Leben, ganz Hübschheit. Was soll ich zu seinen häufigen erbärmlichen Ausrufen sagen, die er von sich selbst ausstieß: Süßer Jesus, rette mich, erlöse *mich Mir, vergib mir meine Sünden, lass deine Engel mich empfangen!* So frühes Wissen, so viel Frömmigkeit und Vollkommenheit! Solch ein Kind habe ich noch nie gesehen! Für solch ein Kind preise ich Gott, in dessen Schoß es ist!"

Nanteuils Porträt ist seinem *Sylva* , 1664, vorangestellt; und eine schöne Kopie davon von Bartolozzi ist Hunter's *Sylva vorangestellt* . Worlidge gravierte ein schönes Porträt von ihm, das seiner *Sculptura vorangestellt war* . Gaywood gravierte sein Porträt für die Übersetzung von *Lucretius* . In Walpoles Anekdoten ist sein Porträt von Bannerman zu sehen.

[67] In „Eine malerische Promenade rund um Dorking" werden viele interessante Einzelheiten von Mr. Evelyn ausgewählt.

[68] Essex verlor den Verstand, weil er gesagt hatte, dass Elizabeth alt und kränklich geworden sei und dass ihr Geist genauso verdorben sei wie ihr Körper. Vielleicht ärgerte die Schönheit Marias Elisabeth.

Im „Quarterly Review" vom Juli 1828 heißt es: „Als Elizabeths Falten immer größer wurden, wurde berichtet, dass ein unglücklicher Münzmeister durch einen zu treuen Schilling Schande erlitt; Ihre Trauzeuginnen verstanden den Hinweis und achteten fortan darauf, dass in keinem Raum des Palastes ein Fragment eines Spiegels zurückbleiben sollte. Tatsächlich brachte es die löwenherzige Dame nicht übers Herz, sich selbst ins Gesicht zu schauen letzten zwanzig Jahre ihres Lebens.

Es scheint, dass Elizabeth Hinrichtungen liebte. Von allen Männern liebte sie Essex am meisten; und doch wurde dieselbe Achse, die Anne Bulleyn ermordete, benutzt, um sich an ihm zu rächen. Die blutige Aufgabe erforderte drei Schläge, die die Menge (die Essex liebte) so wütend machte, dass sie den Henker in Stücke gerissen hätte, wenn die Soldaten sie nicht daran gehindert hätten. Herr Hutton stellt in seiner „Reise nach London" fest, dass „ihre Rache sich gegen die Person hätte richten müssen, die ihn dazu veranlasst hat, sie anzuwenden." Was sie auf ihrem Sterbebett über diese beiden blutigen Taten dachte, wissen wir kaum. Ein moderner Autor über Gartenbau schließt ein sehr erfreuliches Werk fast ab, indem er (mit leichten historischen Anmerkungen) die verschiedenen Pflanzen aufzählt, die in unseren Gärten kultiviert werden. Damit schließt er seinen Bericht über eines ab: „Königin Elisabeth aß in ihrer letzten Krankheit nur noch Succory Pottage." Herr Loudon sagt, es werde „als Viehfutter" verwendet. Die Franzosen nennen es *Wild Chicoree* . Ihr Geschmack muss so etwas wie ihr Herz gewesen sein. Die arme Mary isst in der Nacht vor *ihrer* letzten Krankheit kein Abendessen. Wäre es für Elizabeth möglich gewesen, diese Seiten von Robertson zu lesen, die die lange Abfolge von Katastrophen schildern, die Maria ereilten, und die Unverschämtheit und Brutalität, die sie von Darnley erfuhr, und der so eloquent für ihre Schwächen plädierte, vielleicht hätten es sogar diese Seiten nicht geschafft haben ihr blutiges Gemüt gemildert, das sie offenbar von diesem unverschämten Monster, ihrem Vater, geerbt hat. „Marias Leiden (sagt dieser bezaubernde Historiker) übertreffen in Ausmaß und Dauer jene tragischen Nöte, die die Fantasie vorgetäuscht hat, um Trauer und Mitleid hervorzurufen; und während wir sie betrachten, neigen wir dazu, ihre Schwächen völlig zu vergessen; wir denken an sie." Wir begehen unsere Fehler mit weniger Empörung und billigen unsere Tränen, als wären sie für eine Person vergossen worden, die der reinen Tugend viel näher gekommen ist. In Bezug auf die Person der Königin sind sich alle zeitgenössischen Autoren darin einig, dass sie Maria die größte Schönheit des Gesichts und Eleganz zuschreiben Sie hatte eine Form, zu der die menschliche Gestalt fähig ist. Ihr Haar war schwarz, obwohl sie sich, der damaligen Mode entsprechend, häufig Locken in verschiedenen Farben lieh. Ihre Augen waren dunkelgrau, ihr Teint war außerordentlich fein und Ihre Hände und Arme waren bemerkenswert zart, sowohl in der Form als auch in der Farbe. Ihre Statur war von einer Größe, die geradezu majestätisch war. Sie tanzte, sie ging und sie ritt mit gleicher Anmut. Sie sang und spielte auf der Laute mit ungewöhnlicher Geschicklichkeit ."

[69] Ich werde lediglich diesen kurzen Auszug als einen von vielen von großer Stärke und Schönheit aus seiner *Salmonia wiedergeben* : „Wenn wir mit Staunen auf die großen Überreste menschlicher Werke blicken, wie etwa die Säulen von Palmyra, die in der ... zerbrochen sind." inmitten der Wüste die Tempel von Pæstum, wunderschön im Verfall von zwanzig Jahrhunderten, oder die verstümmelten Fragmente griechischer Skulpturen auf der Akropolis von Athen oder in unserem eigenen Museum als Beweise für das Genie der Künstler und die Macht und den Reichtum der Nationen Mit wie

viel tieferer Bewunderung müssen wir nun jene großartigen Naturdenkmäler betrachten, die die Umdrehungen des Erdballs kennzeichnen; Kontinente, die in Inseln zerbrochen sind; ein Land wurde geschaffen, ein anderes zerstört; der Grund des Ozeans wurde zu fruchtbarem Boden; ganze Tierrassen sind ausgestorben; und die Knochen und Exuvien einer Klasse sind mit den Überresten einer anderen bedeckt, und auf den Gräbern vergangener Generationen – sozusagen dem Marmor- oder Felsgrab einer ehemals belebten Welt – entstehen neue Generationen, und Ordnung und Harmonie wurden geschaffen und ein System von Leben und Schönheit sozusagen aus Chaos und Tod hervorgebracht; Er beweist die unendliche Kraft, Weisheit und Güte der GROSSEN URSACHE ALLES SEINS !" Ich muss meinen Leser verletzen, indem ich noch einmal aus *Salmonia zitiere* : „Ich beneide andere um keine geistige oder intellektuelle Qualität; nicht Genie, Macht, Witz oder Phantasie; aber wenn ich wählen könnte, was mir am meisten Freude bereitet und meiner Meinung nach am nützlichsten für mich ist, würde ich *einen festen religiösen Glauben* jedem anderen Segen vorziehen; denn es macht das Leben zu einer Disziplin des Guten – schafft neue Hoffnungen, wenn alle irdischen Hoffnungen verschwinden; und wirft über den Verfall, die Zerstörung der Existenz das prächtigste aller Lichter; erweckt das Leben auch im Tod und ruft aus Korruption und Verfall Schönheit und Göttlichkeit hervor; macht ein Instrument der Folter und der Schande zur Leiter des Aufstiegs zum Paradies; und ruft, weit über alle Kombinationen irdischer Hoffnungen hinaus, die entzückendsten Visionen von Palmen und Amaranthen hervor, die Gärten der Seligen, die Sicherheit ewiger Freuden, wo der Sensualist und der Skeptiker nur Düsternis, Verfall, Vernichtung und Verzweiflung sehen! "

[70] In diesem entzückenden Aufsatz sagt er: „Die erlesensten Freuden der Sinne werden bei der Anlage und Bepflanzung von Gärten verfolgt, die mit Früchten, Blumen, Schatten, Springbrunnen und der Musik der Vögel bestückt sind, die sich an so glücklichen Orten aufhalten." , scheinen alle Freuden der verschiedenen Sinne zu bieten."

[71] Herr Johnson bestätigt in seiner Geschichte des englischen Gartenbaus dieses Feuersbrunst-Argument bewundernswert, indem er die Meinung oder Aussage des berühmten Goethe zitiert.

[72] Diesem interessanten Thema ist ein Teil von Herrn Loudons prägnanter und leuchtender Rezension „Über den Aufstieg, den Fortschritt und den gegenwärtigen Stand der Gartenarbeit auf den britischen Inseln" gewidmet; ist Kapitel IV. seiner Enzyklopädie.

[73] Vielleicht gibt es nur wenige Seiten, die die Heiligkeit dieses Ortes schrecklicher darstellen als Seite 36 in der fünften Auflage von Dr. Alisons Essays on Taste.

[74] Ich möchte die Zeilen von Peter Pindar nicht auf den gastfreundlichen Tisch dieses ehrwürdigen Herrn anwenden:

Ein Stück *Wildbret* kann zum Herzen sprechen,
Stärker als zehn Zitate aus dem *Griechischen* .

[75] Ich kann es mir nicht verkneifen, einen sehr kleinen Teil der lebhaften Ansprache eines anderen Geistlichen, des Pfarrers, zu zitieren. JG Morris, als Vorsitzender der Wakefield Horticultural Society. Ich bin mir sicher, dass jeder meiner Leser mir Vorwürfe machen wird, dass ich diesen beredten Appell nicht vollständig wiedergegeben habe. Ich kopiere es aus dem Gardener's Magazine vom August 1828: „Ich bin mir bewusst, dass ich nicht über die Qualifikationen verfüge, die mich für diese Aufgabe geeignet hätten, und habe das Gefühl, dass es mir nicht zusteht, sie anzunehmen, da ich unter euch noch fast ein Fremder bin; bewusst." Auch dass ich von Menschen umgeben sein sollte, die weitaus geeigneter sind, da sie hervorragend mit botanischen Wissenschaften und praktischem Wissen ausgestattet sind, das Ergebnis ihrer gärtnerischen Aktivitäten und Fähigkeiten, die mir völlig fehlen; ich wünschte und bettelte darum, abzulehnen Die angebotene Ehre. Es scheint jedoch, dass meine Bitten nicht erhört werden und dass Ihre Freundlichkeit und Voreingenommenheit weiterhin darin bestehen, jemanden für Ihren Vorsitzenden auszuwählen, der der Situation so ungeeignet ist. Meine Herren, ich übernehme den Vorsitz mit großer Zurückhaltung, aber ich werde davon ausgehen Ich kann sagen, dass ich, mangels anderer Qualitäten, eine leidenschaftliche Liebe zu Pflanzen und Blumen, zu den Süßigkeiten und Schönheiten des Gartens mitbringe und nicht unerhebliche Vorliebe für seine substantielleren Produkte. Gartenarbeit als Erholung und Entspannung Aufgrund strengerer Studien und wichtigerer Nebenberufe hat es für mich exquisite Reize; und ich bin bereit, mit dem alten *Gerarde* zu bekennen, dass „die größte Freude im Geist liegt, der durch das Wissen über diese sichtbaren Dinge auf einzigartige Weise bereichert wird; Er stellt uns die unsichtbare Weisheit und die bewundernswerte Arbeit des allmächtigen Gottes vor." Mit solchen Vorlieben werden Sie mir leicht die Ehre zusprechen, meine Herren, dass ich mich in dieser Versammlung an den aufrichtigen Wünschen für die vollständige und dauerhafte Gründung einer Gesellschaft unter uns beteiligt habe, deren Ziel es sein soll, im umliegenden Bezirk die Einführung verschiedener zu fördern Blumensorten, kulinarisches Gemüse, Obst, verbesserte Kultur und Bewirtschaftung im Allgemeinen und *eine Vorliebe* für Botanik als Wissenschaft. Das sind Beschäftigungen, meine Herren, die Gesundheit und Unschuld, Vergnügen und Nützlichkeit zugleich vereinen. Wakefield und seine Umgebung scheinen über Einrichtungen für die Durchführung eines solchen Projekts zu verfügen, die keinem Bezirk innerhalb dieses großen Reiches, ja sogar kaum einem anderen im

Königreich nachstehen. Das Land ist wunderschön und reizvoll vielfältig und aufgrund der Vielfalt des Bodens für vielfältige Produktionen geeignet. das Ganze ist dicht mit Sitzen und Villen wohlhabender Personen durchsetzt, die ihre Wintergärten, Treibhäuser und Öfen, ihre Obstgärten, Blumen- und Küchengärten besitzen: Während sich nur wenige Städte (wie Wakefield) mit so vielen Gärten innerhalb ihrer Umzäunung rühmen können, mit so viel Fleiß und Geschick, so viel Geschmack und verdientem Erfolg kultiviert. Vor sieben Jahren hatte ich die Ehre, ein ähnliches Projekt in Preston, Lancashire, ins Leben zu rufen, und das mit großem Erfolg. In diesem Bezirk, der über weitaus weniger Vorzüge als Wakefield verfügt, wurde eine Gartenbaugesellschaft gegründet, die in ihren vier jährlichen Versammlungen alle angesehenen Vertreter eines Kreises von mehr als zehn Meilen versammelt und mehr als einhundertzwanzig Abonnenten zählt zu seinen Mitteln. Diejenigen, die den interessanten Anblick nicht miterlebt haben, können sich nur eine schwache Vorstellung von der belebenden Szene machen, die in einem geräumigen und hübschen Raum präsentiert wird, der geschmackvoll mit den erlesensten Exoten aus verschiedenen Wintergärten geschmückt ist, und noch mehr Auswahl, weil er mit einem ausgewählt wurde Blick auf den Wettbewerb: geschmückt mit den vielfältigen Schönheiten des Parterres, die in Duft, Farbton und Feinheit der Textur miteinander leben; während die Tische unter der Last köstlicher Früchte und seltener Gemüsesorten in endloser Vielfalt ächzen, dem gemeinsamen Produkt von Treibhäusern, Öfen, Obstgärten und Gemüsegärten. Stellen Sie sich vor, meine Herren, dieses Elysium, das von einigen Hunderten unserer schönen Landsfrauen geschmückt wird, eine absolute Galaxis voller belebter Schönheit, und dass die Musik dabei ihre Hilfe leistet, und Sie werden mir zustimmen, dass es kaum ein faszinierenderes Vergnügen geben könnte. Auf diese Weise werden neue Blumen, neue Früchte und neuere Sorten eingeführt, die sich seit langem bewährt haben und sich durch herausragende Qualität auszeichnen, anstelle derjenigen, deren Minderwertigkeit nicht mehr zweifelhaft ist. Neues kulinarisches Gemüse oder, durch bessere Behandlung oder Anbauweise, gesünder und von exquisitem Geschmack gemacht, wird die Stände unserer Gärtner füllen. Dann rufe ich Sie, meine Herren, zu Ihrer eifrigen Unterstützung auf. Sagen Sie nicht, dass Sie keine Gärten haben oder dass Ihre Gärten unbedeutend sind oder dass Sie keine Landwirte sind; Sie alle sind daran interessiert, gutes und köstliches Obst, nahrhaftes und delikates kulinarisches Gemüse zu haben und diese zu einem angemessenen Preis zu beschaffen, was das Ergebnis eines verbesserten und erfolgreichen Anbaus sein wird. Lassen Sie auf unseren verschiedenen Ausstellungen jeden das einbringen, worin er sich auszeichnet, und unser Ziel wird erreicht. Meine Herren, ich fürchte, ich habe zu viel Zeit mit Ihrer Geduld und Nachsicht verbracht. Ich möchte nur noch einen weiteren Grund für Ihre herzliche

Unterstützung unserer geplanten Gesellschaft nennen; Es geht darum, dass Sie, indem Sie die Liebe zu Pflanzen und zur Gartenarbeit verbreiten, wesentlich zum Komfort und Glück der mühsamen Klassen beitragen. denn die Freude an solchen Beschäftigungen stellt eine außergewöhnliche Entspannung von den Mühen des Geschäfts dar, und jede so verbrachte Stunde wird von der Bierstube und anderen Orten des Müßiggangs und der Verschwendung abgezogen."

[76] Auf dem Gelände von *Hagley* waren einst folgende Zeilen eingraviert:

Hier, Papst! – ach, niemals darf dieser schwankende Geist zu seinen Lieblingsplätzen oder seinem lieberen Freund zurückkehren; was für eine Kunst, was für Freundschaften! Oh! Welchen Ruhm hat er aufgegeben: Auf der Lichtung verfolge ich seine traurige Urne.

[77] In Holm-Lacey ist eine Bleistiftskizze von Pope (als wir dort waren) von Lord Strafford von Vandyke erhalten. Es ist bekannt, dass Pope Betterton in Ölfarben malte und es Lord Mansfield schenkte. Der edle Herr bedauerte den Verlust dieses Denkmals, als sein Haus zur Zeit der schändlichen und unwissenden Aufstände zerstört wurde.

[78] Sir Joshua Reynolds pflegte die folgende Anekdote über Pope zu erzählen: „Als Reynolds ein junger Mann war, nahm er an einer Auktion sehr seltener Bilder teil, die eine große Schar von Kennern und anderen anzog; als *im* In dem Augenblick, in dem ein sehr interessantes Stück aufgestellt wurde, betrat Mr. Pope den Raum. Alles war in einem Augenblick, aus einer Szene der Verwirrung und Hektik, einer toten Ruhe. Der Auktionator ließ wie instinktiv seinen Hammer hängen. Das Publikum, „Ein Einzelner erhob sich wie aus dem gleichen Impuls heraus, um den Dichter zu empfangen, und setzte sich erst wieder, als er das obere Ende des Raumes erreicht hatte."

Eine ähnliche Ehre wurde dem Abbé Raynal zuteil, dessen Ruf so groß war, dass der Sprecher des Unterhauses, der *ihn* unter den Zuschauern beobachtete, die Geschäfte des Hauses unterbrach, bis er gesehen hatte, dass der beredte Historiker auf einem bequemeren Platz Platz genommen hatte. Es ist schmerzhaft zu erzählen, dass dieser mächtige Schriftsteller und gute Mann, der nur knapp der Guillotine entgangen war, im Alter von vierundachtzig Jahren in einer Dachstube in äußerster Armut starb; Der einzige Besitz, den er hinterließ, war ein Assignat von fünfzig Livres, das nicht drei Pence Bargeld wert war. Vielleicht hätte man die folgende Anekdote (die Dr Diese Stadt wurde Opfer eines schweren Unglücks. Er war so mittellos, dass er nur von einer Zuwendung der Pfarrei ernährt werden konnte. Jede Woche wurde ihm genug Brot geschickt, um ihn zu ernähren, und doch verlangte er schließlich mehr. Darauf der Pfarrer ließ ihn rufen. „Lebst du allein?" sagte der Pfarrer. „Mit wem, Herr, sollte ich leben? Ich bin elend, weil ich auf diese Weise um Almosen bitte, und werde von der ganzen Welt im Stich gelassen." „Aber, Herr, wenn Sie allein leben, warum verlangen Sie dann mehr Brot, als für Sie selbst ausreicht?" Der andere gestand schließlich mit großem Widerstreben, dass er einen Hund habe. Der Pfarrer forderte ihn auf, darauf hinzuweisen, dass er nur der Verteiler des Brotes sei, das den Armen gehöre, und dass es unbedingt notwendig sei, dass er sich seines Brotes entledige Hund. „Ah, Sir!" rief der arme Mann weinend, „und wenn ich meinen Hund verliere, wer ist dann da, der mich liebt?" Der gute Pfarrer nahm seinen Geldbeutel und reichte ihn ihm. „Nimm das, Herr", sagte er; „das ist meins – das *kann ich* geben."

[79] Wie zutreffend sind Grays Zeilen jetzt auf Lord Byron selbst!

Kann eine geschichtsträchtige Urne oder eine belebte Büste den flüchtigen Atem in ihre Villa zurückrufen? Kann die Stimme der Ehre den stillen Staub hervorrufen oder Schmeicheleien das stumpfe, kalte Ohr des Todes beruhigen? Vielleicht liegt an diesem vernachlässigten Ort ein Herz, das einst mit himmlischem Feuer schwanger
war!

[80] In einigen Strophen, die seit Byrons Tod geschrieben wurden, apostrophiert Mr. Bowles seinen edlen Geist gefühlvoll:

Aber ich werde die Welle der arkadischen Zypresse befehlen, den grünen Lorbeer von Peneus' Seite zu pflücken, und beten, dass dein Geist so ruhig sein möge, dass niemand, der es für unfreundlich hält, über dein Grab gemurmelt wird.

[81] Vielleicht ein Motiv (zweifellos gab es unzählige andere), das Herrn Mason dazu veranlasst haben *könnte*, *das Andenken des Papstes zu ehren*:

—— *ließ kalte Tränen seine silberne Urne benetzen*,

Vielleicht lag es an der Erinnerung an seine Verbundenheit zu dem, was Mr. Mason ebenso bezauberte – der Liebe zu Gärten.

[82] Ich weiß nicht, ob Miltons Porträt hier hätte beachtet werden sollen. In einer Notiz an die eloquente, talentierte und anmutige „Installationsrede, gehalten von M. le Vicomte H. de Thury, Präsident der Société d'Horticulture de Paris", wird wunderschön festgestellt, dass „Personne n' dies beschrieben hat." köstlicher Garten besser als Milton. Die Engländer betrachten Miltons Beschreibung des Gartens Eden als Typus aller angelegten und malerischen Gärten und bezeugen, dass dieses erhabene Genie auch ein Dichter, Maler und Landschaftsgestalter war. Ich habe nach

den Porträts von Mr. George Mason und Mr. Whateley gesucht und bin auf die von Launcelot Brown und Mr. Walpole, Mr. Cradock, MRP Knight und Sir U. Price aufmerksam geworden, die alle Landschaftsgärtner *waren* ; Sicherlich war unser großer und strenger Republikaner einer.

Der Prince de Ligne spricht über Milton: „Die bezaubernden Verse dieses Königs der Dichter und *Gärtner* … "

Ich weiß nicht, ob jeder Switzer im Schlussteil seiner Aussage über Milton in der seiner Iconologia vorangestellten Geschichte des Gartenbaus zustimmen wird: „Aber obwohl die Dinge in dieser schrecklichen Verbrennung lagen, dürfen wir den berühmten Mr . John Milton, einer von Cromwells Sekretären; der durch sein ausgezeichnetes und beispielloses Gedicht „Paradise Lost" die Gartenarbeit besonders hervorgehoben hat, indem er sie zum Thema gemacht hat; und zeigt, dass, obwohl seine Augen ihn davon beraubten Obwohl er den Vorteil des Sehens hatte, war sein Geist wunderbar berührt von der Philosophie, der Unschuld und der Schönheit dieses Mitarbeiters; seine Bücher, obwohl mit anderen Themen vermischt, stellten eine Art philosophisches Werk der Gartenarbeit und der Göttlichkeit dar. Glücklicher Mann! *Hatte Seine Feder wurde zu keinem anderen Thema verwendet .*

Ruhms gebracht wird .

Es ist erfreulich festzustellen, dass nun eine Ausgabe von Paradise Lost zur Veröffentlichung angekündigt ist, in der der Eifer seiner temperamentvollen Besitzer beschlossen hat, dass jedes Wort in goldenen Buchstaben gedruckt werden soll. Die Zustimmung einiger unserer angesehensten Geistlichen und hochrangigen Männer vertreibt den Stolz, mit dem wir alle den frommen Eifer und die mächtigen Kräfte des blinden Dichters anerkennen.

[83] Mr. Garricks Vorliebe für Ziergärten veranlasste ihn, diese Erfindung in seiner unnachahmlichen Darstellung von Lord Chalkstone zu nutzen.

[84] Dr. Pulteney erzählt diese Anekdote von Mr. Miller: „Er war der einzige Mensch, den ich je kannte, der sich daran erinnerte, Mr. Ray gesehen zu haben. Ich werde die Freude, die sein Gesicht erleuchtete, nicht so schnell vergessen, es drückte so stark das Virgilium aus. "*tantum vidi* , als er mir, als er von diesem verehrten Mann sprach, den Vorfall aus seiner Jugend erzählte." Ich bedaure, dass Herr Ray nur über ein Werk nachdachte, das den Titel „*Horti Angliæ*" tragen sollte . Hätte er es geschrieben, hätte ich einen besonderen Stolz empfunden, als ich seinen geschätzten Namen in den vorliegenden unvollkommenen Band einführte.

[85] Der großzügig gesinnte Leser wird erfreut sein, wenn er sich auf die freundliche Hommage bezieht, die Herr Loudon dem Andenken an Shenstone gezollt hat, auf S. 76 seiner Enzyklopädie. Über diese

Enzyklopädie sagt Herr Johnson in seiner Geschichte des Gartenbaus folgendermaßen: „Insgesamt ist es das umfassendste Buch über Gartenbau, das jemals veröffentlicht wurde" – und dass, mit Ausnahme der Chemie, „jede Kunst und…" Die Wissenschaft, die sich überhaupt mit der Gartenarbeit befasst, ist dazu aufgerufen, ihre Hilfe beizutragen."

[86] In seinen „Unverbundenen Gedanken" bewundert er die *Eiche* für „ihre majestätische Erscheinung, die raue Erhabenheit ihrer Rinde und den umfassenden Schutz ihrer Zweige: Eine große, verzweigte, alte Eiche ist vielleicht die ehrwürdigste." aller unbelebten Objekte.

[87] Tee war das Lieblingsgetränk von Dr. Johnson. Als Hanway sein Anathema dagegen aussprach, erhob sich Johnson zu seiner Verteidigung und erklärte sich selbst „in diesem Artikel zu einem verhärteten Sünder, der jahrelang meine Mahlzeiten mit dem Aufguss dieser faszinierenden Pflanze verdünnt hatte; mein Teekessel hatte keine Zeit zum Abkühlen; Mit Tee habe ich die Mitternachtsstunde getröstet und mit Tee den Morgen begrüßt. Mr. Pennant war ein großer Teeliebhaber; Als ein zäher, ehrlicher Welch-Pfarrer hörte, dass er sich gewöhnlich nachmittags in sein Sommerhaus zurückzog, um dieses Getränk zu genießen, war er empört darüber, dass dort etwas schwächeres als Bier oder Wein getrunken werden sollte; und indem er sich an die guten Jagdzeiten der alten Zeit erinnerte, rief er leidenschaftlich aus: „Sein Vater hätte es verschmäht."

[88] So drückt Sir Uvedale seine eigenen Empfindungen beim Betrachten einiger dieser Plantagen aus: „Das Innere entspricht voll und ganz dem trostlosen Aussehen des Äußeren; von allen düsteren Szenen scheint es mir die wahrscheinlichste zu sein, dass sich ein Mann darin erhängt; Er würde jedoch einige Schwierigkeiten bei der Ausführung finden, denn inmitten der endlosen Vielzahl von Stämmen gibt es selten einen einzigen Seitenast, an dem ein Seil befestigt werden könnte. Der ganze Wald ist eine Ansammlung hoher, nackter Stangen ... Sogar seine Düsternis ist ohne Feierlichkeit; es ist nur trüb und düster; und was für ein Licht es gibt, wie das der Hölle,

Dient nur dazu, Szenen des Leids,
Regionen des Kummers, traurige Schatten zu entdecken. "

[89] Diese Beobachtung bestätigt, was Sir U. Price in seinem gesamten bissig-sportlichen Brief an Herrn Repton so deutlich betont: „Dass die besten Landschaftsmaler die besten Landschaftsgärtner wären, wenn sie sich auf den praktischen Teil konzentrieren würden." ; folglich ist ein Studium ihrer Werke das nützlichste Studium für einen Verbesserer." – Und dass „Van Huysum die Vorzüge und Mängel der am meisten gekleideten Szene – eines bloßen Blumengartens – viel besser beurteilen würde als a halten."

[90] Herr Browne war kein Autor; Dennoch lautet der Titel des vorliegenden Bandes „On the Portraits of English *Authors* on Gardening". Weder die alten Bridgman- noch die Kent- *Autoren befassten* sich mit diesem Thema; Dennoch konnte ich mich nicht dazu durchringen, solche Namen mit völligem Schweigen zu übergehen.

[91] Herr Clive wohnte in Moreton-Say, in der Nähe von Market-Drayton. Er war ein Pfründe von Westminster. Integrität prägte jede Handlung seines Lebens. In seinem Dorf gab es kaum einen armen Mann. Seine Freundlichkeit und sein Wohlwollen gegenüber den Armen konnten nur durch seine freundliche Gastfreundschaft und sein freundliches Gefühl gegenüber den Wohlhabenderen in seiner Nachbarschaft übertroffen werden:

Deine Werke und Almosen und all deine guten Bemühungen
folgen dir in ewiger Freude und Glückseligkeit.

So schließt Miss Seward einen ihrer Briefe an ihn: „Ich wünschte, niemand dürfe in die Liste der Kritiker aufgenommen werden, außer denen, die poetische Schönheit so intensiv empfinden wie Sie selbst und die den gleichen großzügigen Wunsch haben, dass andere sie fühlen sollten." Ich erwähne Mr. Clive mit Dankbarkeit, da ich mich an die Freundlichkeiten erinnere, die er in einer sehr frühen Zeit meines Lebens erhalten hat und die so beschaffen waren, dass sie den Geist eines jungen Mannes zu fleißigen Anstrengungen animieren mussten. Erzdiakon Plimley (heute der wirklich ehrwürdige Erzdiakon Corbet, der seiner Heimatgrafschaft so lange eine Ehre erwiesen hat) stellt in seinem Agricultural Survey of Shropshire respektvoll Herrn Clives Namen vor; und als er 1793 seinen Auftrag an die Diözese Hereford richtete, kann man wirklich nicht anders, als auf Mr. Clive anzuwenden, was er in diesem Auftrag jedem Geistlichen so eloquent auferlegt: „einen reinen Geist in der eigenen Brust zu kultivieren; Seien Sie in jedem Fall die rechte Hand jedes Gemeindemitglieds, ihr privater Berater, ihr öffentlicher Überwacher, ihr Vorbild im christlichen Verhalten, ihre Freude an der Gesundheit, ihr Trost in der Krankheit." In der gleichen Gruft wie Herr Erzdiakon Clive liegt Robert Lord Clive begraben, der Eroberer von *Plassy*. Bei dessen Tod erschienen diese improvisierten Zeilen von einem angesehenen Mann, einem Freund von Lord Clive: –

Das Leben ist eine Oberfläche, rutschig, glasig, woraufhin Clive von Plassy stürzte; der ganze Reichtum, den der Osten geben konnte, hat den Tod nicht bestochen, um ihn am Leben zu lassen: Im Grab gibt es keinen Unterschied zwischen dem Nabob und dem Sklaven.

Der Tod Seiner Lordschaft im Jahr 1774 war auf dieselbe Ursache zurückzuführen, die auch den Tod des würdigsten aller Männer, Sir Samuel Romilly, beschleunigt hatte: an zerrütteten und erschöpften Nerven, an strengen Studien in letzterem und an dem brennenden Klima des Ostens in der ehemaligen. Hätte Lord Clive ein paar Jahre länger gelebt, hätte er die ganze Nachbarschaft rund um seinen Heimatort bereichert. Sein kraftvoller, leidenschaftlich begabter und durchdringender Geist plante Plantagen und andere Verbesserungen, die nur von Geistern wie Olivier de Serres, Sully oder unserer eigenen Evelyn hätten erdacht werden können. Er war im Privatleben beliebt. Er war großzügig, gesellig und freundlich; und wenn jemals die Nächstenliebe für die Armen die Brust eines Sterblichen erwärmte, dann wärmte sie die von Lord Clive. Nur wenige Männer hatten eine größere Zuneigung als Lord Clive.

[92] Die folgende Passage aus einem Lieblingsbuch von Dr. Darwin (Das System der Natur von Linné) trifft gut auf den forschenden und durchdringenden Geist zu, der ihn sein ganzes Leben lang so stark beherrschte: „Wie klein ein Teil des Große Werke der Natur werden uns vor Augen geführt, und wie viele Dinge gehen im Verborgenen vor sich, von denen wir nichts wissen! Wie viele Dinge gibt es, mit denen dieses Zeitalter zuerst vertraut war! Wie viele Dinge, von denen wir nichts wissen, werden geschehen Licht, wenn jede Erinnerung an uns nicht mehr sein wird! Denn die Natur offenbart nicht sofort alle ihre Geheimnisse. Wir neigen dazu, uns selbst als bereits in das Heiligtum ihres Tempels eingelassen zu betrachten; wir sind immer noch nur in der Veranda.“ Wie voller Anmut, Zärtlichkeit und Leidenschaft ist diese Elegie, die er in der Nacht komponierte, in der er fürchtete, ein Leben, das er so leidenschaftlich liebte (Mrs. Pole aus Radburn), sei in unmittelbarer Gefahr, und als er träumte, sie sei tot:

Auf ihrer Zobelbahre ausgestreckt, das Grab daneben, ein schneeweißes
Leichentuch um ihren atemlosen Busen gebunden, über ihre weiße Stirn
war die *mimische Spitze* gebunden,
und Lieben und Tugenden hingen ihre Girlanden um.

Aus diesen kalten Lippen flossen die sanftesten Akzente? Um diesen
blassen Mund spielten die süßesten Grübchen? Auf dieser stumpfen Wange
wehte die Rose der Schönheit, und diese trüben Augen zerstreuten
himmlische Strahlen?

Wollte diese kalte Hand, ohne zu fragen, Erleichterung, oder weckte sie die
Leier zu jedem hinreißenden Ton? Wie traurig konnte sich diese Brust für

das Leid anderer heben! Wie leicht war dieses Herz, das für das Leid anderer gebunden war!

[93] In dieser Zeit seines Aufenthalts in Lichfield hörte der Autor, wie er sich energisch für den Anbau von *Papaver somniferum einsetzte* . Was er möglicherweise auch anderen aufgezwungen hat, könnte möglicherweise Anlass zu einigen dieser genialen Schriften über seine Kultivierung gegeben haben, die nicht nur in den Transaktionen der Society for the Encouragement of Arts, Manufactures and Commerce enthalten sind; in anderen Veröffentlichungen, aber im ersten und fünften Band der Memoirs of the Caledonian Horticultural Society. Die Unterlagen von Mr. Ball und Mr. Jones über seine Entwicklung bei der ersteren dieser Transaktionen sind besonders unklar und wertvoll. Sie werden in Dr. Thorntons „Family Herbal" ausführlich erwähnt. Die beigefügte Tafel ist eine Kopie der Titelseite von „ *Opiologia* oder eine Abhandlung über die natürlichen Eigenschaften, die wahre Zubereitung und die Natur des Opiums", einem Lieblingsband von Dr. Darwin, gedruckt in *Den Haag* , 1614, 12 Monate. Dr. Darwin spricht in seinem Botanischen Garten von Opium: „Das feinste Opium erhält man, indem man die Köpfe großer Mohnblumen mit einem dreischneidigen Messer verletzt und Muskelschalen daran festbindet, um die Tropfen aufzufangen. In kleinen Mengen." es erheitert den Geist, weckt die Leidenschaften und belebt den Körper; in großen Fällen folgt darauf Rausch, Trägheit, Benommenheit und Tod."

[94] *Sterne* erwähnt einen Reisenden, der sich immer mit Milz und Gelbsucht auf den Weg machte – „ohne eine großzügige Verbindung oder eine angenehme Anekdote zu erzählen –, der geradeaus reiste und weder auf seine rechte noch auf seine linke Hand blickte, damit ihn weder Liebe noch Mitleid verführten." von der Straße weg." Mr. Loudon scheint eine ganz andere Art von Reisenden zu sein: Sein gärtnerischer Geist und seine wohlwollenden Ansichten prägen fast jede Seite seiner letzten Reise durch *Bayern* . Man wünscht sich seine Gefühle auch bei einem anderen ländlichen Ausflug durch die romantische Landschaft von *Bury* , bei Mr. Barclay und bei Mr. Hope in *Deepdene* ; und vor allem, wenn er seine eigenen Emotionen beim Betrachten des Skulpturenraums dort malt. Er konnte im Oktober letzten Jahres nicht einmal seine ländliche Fahrt von *Edgware* nach *St. Alban's* antreten, ohne dadurch in jedem Reisenden die Liebe zu Gärten zu wecken und einem ehrlichen Wirt diesen sanften Hinweis zu geben: „Ein neues Gasthaus am Stadtrand von …" *St. Alban's* in der *Dunstable* Road hat einen weitläufigen Garten, der nicht optimal genutzt wird. Ein solches Stück Land und ein Gärtner mit Geschmack würden einem Gasthaus mit einer solchen Lage und einer so großen Überlegenheit einen Vorzug geben, dass jeder es tun *würde Ich bin versucht, hier aufzuhören* ; aber der Garten dieses Bonifatius zeigt nur den Anfang einer guten Idee. Wenn er auf unseren englischen

Straßen unterwegs ist, fallen ihm zweifellos häufig die Gärten am Straßenrand in den Niederlanden ein, auf die er in S. 32 seiner Encyclopædia: „Die Gärten der Häusler in diesen Ländern sind zweifellos besser bewirtschaftet und produktiver als die in jedem anderen Land; kein Mann, der eine Hütte hat, hat keinen angeschlossenen Garten; oft klein, aber für die Armen nützlich." Familie, durch den hohen Grad an Kultur, der ihr verliehen wurde. Linnæus unterstreicht in seiner beredten Rede in Upsala die Freude am Reisen im eigenen Land, durch seine Felder *und Straßen* . Mr. Heath, der eifrige und liebevolle Historiker von Monmouth, lässt in seinem Bericht über diese Stadt und ihre romantische Nachbarschaft (veröffentlicht im Jahr 1804) keine Gelegenheit aus, die vielen gepflegten Gärten zu erwähnen, die zu den anderen ländlichen Reizen ihrer reichen Landschaft beitragen So erwähnt ein anderer Bonifatius: „Der verstorbene Thomas Moxley, der das Wirtshaus in Manson Cross betrieb, war ein Mensch, der große Freude an Obstbäumen hatte und sich ein großes Stück Land zum Zweck der Bepflanzung überließ es mit Apfelbäumen; aber sein Tod (der bald darauf folgte) verhinderte, dass der Plan in dem von ihm beabsichtigten Ausmaß umgesetzt werden konnte, obwohl ein Teil des Landes Zeugnisse seines Eifers und seiner Arbeit trägt. Mr. Heath kann nicht einmal die Autobahn von Monmouth nach Hereford entlangfahren, ohne wohlwollend zu bemerken, dass „eine Reihe mühsamer Familien kleine Mietshäuser mit jeweils einem Garten errichtet haben, von denen die meisten dicht mit Apfelbäumen bepflanzt sind." die produzieren, tragen erheblich zur Unterstützung des Eigentümers bei."

[95] Sir W. Scott beschreibt diesen berühmten Biographen von Dr. Darwin (dessen Verse to the Memory of Mr. Garrick und dessen Monodie über Captain Cook so lange weiterleben werden, wie unsere Sprache gesprochen wird) so sein erstes persönliches Interview mit: „Miss Seward muss in jungen Jahren außerordentlich schön gewesen sein; denn im fortgeschrittenen Alter verliehen ihr die Regelmäßigkeit ihrer Gesichtszüge, das Feuer und der Ausdruck ihres Gesichts das Aussehen von Schönheit und fast von Jugend. Ihre Augen." Sie waren kastanienbraun, hatten den gleichen Farbton und Farbton wie ihr Haar und besaßen einen großartigen Ausdruck. Beim Rezitieren oder beim lebhaften Sprechen schienen sie dunkler zu werden und sozusagen Feuer zu blitzen. Ich hätte gezögert, das zu sagen Den Eindruck, den diese Besonderheit damals auf mich machte, wäre meine Beobachtung nicht durch die der ersten Schauspielerin dieses oder eines anderen Zeitalters bestätigt worden, mit der ich mich kürzlich zufällig über die Ausdrucksfähigkeit unseres verstorbenen Freundes im Gesicht unterhielt.

[96] Aus einer dieser erfreulichen Predigten entnehme ich diese wenigen Zeilen: „Zu den erfreulichsten Anblicken eines Dorfes auf dem Land gehört der Anblick eines Vaters und einer Mutter, gefolgt von ihrer Familie

unterschiedlichen Alters, die aus ihrer kleinen Behausung auf einem ... hervorgehen." Sonntagmorgen, wenn die Glocke zur Kirche läutet. Die Kinder mit ihrem rötlichen, gesunden Aussehen sind alle ordentlich und sauber. Ihr Verhalten in der Kirche zeigt, welchen Eindruck ihre Eltern ihnen von der Heiligkeit des Ortes und von den Pflichten vermittelt haben Sie müssen Leistung erbringen. Obwohl sie von ihren reicheren Nachbarn unbeachtet nach Hause zurückkehren, tragen sie den Segen Gottes mit in ihre bescheidene Hütte. – Fromme Eltern! Führe deine Kinder von der Kirche in den Himmel. Du hast recht Straße. Dein himmlischer Vater sieht deine Herzen.

[97] Herr Cradock veröffentlicht in 8vo. im Jahr 1777, Preis 2s. 6d. ein Bericht über einige der bemerkenswertesten Orte in Nordwales.

[98] Mons. de Voltaire war vom Geschmack, den Talenten und den höflichen, einnehmenden Manieren von La Fage so begeistert, dass er ihm das folgende Kompliment machte: was sehr zu Recht auf Herrn Cradock angewendet werden kann:

Er erhielt zwei Geschenke von den Göttern,
die schönsten, die sie machen konnten;
Das eine war das Talent zu gefallen,
das andere das Geheimnis, glücklich zu sein.

[99] Im Quarterly Review vom April 1821 heißt es: „Die Gesamtzahl der in dieses Land eingeführten Exoten scheint 11.970 zu betragen, von denen die ersten 47 Arten, darunter Orangen, Aprikosen, Granatäpfel usw. wurden vor oder während der Herrschaft Heinrichs VIII. eingeführt, und nicht weniger als 6756 unter der Herrschaft Georgs III. Für diesen stolzen Zugang zu unserer exotischen Botanik im letzten Jahrhundert ist die Öffentlichkeit vor allem Sir Joseph Banks und den Herren zu Dank verpflichtet. Lee und Kennedy von der Hammersmith-Gärtnerei.

[100] Die Berufung auf dieses Tal erinnert an die Beschreibung von Herrn Repton: „Downton Vale, in der Nähe von Ludlow, eines der schönsten und romantischsten Täler, die sich die Fantasie vorstellen kann. Es ist unmöglich, durch Beschreibung eine Vorstellung davon zu vermitteln." seine natürlichen Reize, oder um dem Geschmack gerecht zu werden, der diese Reize am besten zur Geltung gebracht hat,

Mit geheimer Kunst und verborgenem Design.

Ein schmaler, wilder und natürlicher Pfad, der manchmal unter dem Käferfelsen entlang schleicht, dicht am Rande eines Gebirgsbaches. Manchmal steigt es zu einem schrecklichen Abgrund hinauf, von wo aus man das schäumende Wasser im dunklen Abgrund unten rauschen hört oder sieht, wie es wild gegen die gegenüberliegenden Ufer stürzt; Während an anderen Stellen der Lauf des Flusses *Teme* durch natürliche Felsvorsprünge behindert wird, bietet das Tal einen ruhigen, glasigen Spiegel, der das umgebende Laubwerk widerspiegelt. Der Weg überquert an verschiedenen Stellen das Wasser auf Brücken mit den romantischsten und kontrastreichsten Formen; und es verzweigt sich in verschiedene Richtungen, einschließlich einiger Meilen Länge, und wird gelegentlich durch Höhlen und Zellen, Hütten und überdachte Sitzplätze oder andere Gebäude variiert und bereichert, in perfekter Harmonie mit den wilden, aber angenehmen Schrecken der Szene."

[101] Foxley, dieser weithin berühmte Sitz eines würdigen und wohlwollenden Ruhestands, ist bei vielen Gelegenheiten interessant geworden. Ich werde nur eines erwähnen. Es gab Benjamin Stillingfleet ein friedliches Asyl, als sein Geist von Enttäuschung bedrückt war. Der damalige Eigentümer, Robert Price, Esq. und seine sanfte und liebenswürdige Frau drängten ihn beide freundlich, ein Bewohner ihres häuslichen Rückzugsortes zu werden, damit seine Gesundheit wiederhergestellt und sein Geist beruhigt werden könne; und obwohl er sich bescheiden weigerte, ein ständiger Eindringling zu sein, ließ er sich doch in einem Häuschen in ihrer Nähe nieder und genoss es, seine Freizeit in ihrem glücklichen häuslichen Kreis zu verbringen, indem er „seine fleißigen Beschäftigungen mit ländlichen Beschäftigungen" und insbesondere mit Gartenarbeit vermischte . Zweifellos war dieser schützenden Güte an dieser Stelle seine große Verehrung für Theophrast zu verdanken; und hier muss er den Grundstein für jene Errungenschaften gelegt haben, die ihm in den späteren Phasen seines Lebens die hohe Anerkennung der zu Recht gefeierten Frau einbrachten. Montagu, die in ihren Briefen von „diesem unschätzbar wertvollen Freund" spricht, lobt ihn in höchsten Tönen. In diesem friedlichen und tröstenden Rückzugsort wurde seine originelle und meisterhafte Hommage an die Talente Xenophons niedergeschrieben; und hier entfachte sich erstmals sein tiefer, enthusiastischer Eifer für die klassischen Autoren der Antike; und die Materialien für seine damals geplante Ausgabe von Milton (von dem er sagt, dass er allen Alten gleichkam, die er nachahmte: die Erhabenheit von Homer, die Majestät von Sophokles, die Sanftheit von Theokrit und die Fröhlichkeit von Anakreon), angereichert mit parallelen Passagen aus der Heiligen Schrift Schriften, die Klassiker und die frühen italienischen Dichter; und hier verfasste er seine unvergleichliche Abhandlung über die Kraft und Prinzipien von Tartinis Musik (denn es scheint, dass Mr. Price selbst „ein Meister der Kunst" war). Auch hier skizzierte er höchstwahrscheinlich seine frühen Memoranden oder sammelte sie zum ersten Mal seine zukünftige allgemeine Geschichte der Tierhaltung, von den frühesten Zeitaltern der Welt bis zu seiner Zeit; und förderte einen

hingebungsvollen Eifer für Linnaeus, der diese temperamentvolle Lobrede auf ihn hielt, die das Vorwort zu seiner Übersetzung von „Miscellaneous Tracts on Natural History" durchdringt.

[102] Sir Uvedale übersetzte vor etwa fünfzig Jahren *Pausanias* aus dem Griechischen. Man kann das Gefühl, mit dem er auf den Seiten dieses Buches verweilte, anhand dessen beurteilen, was er in Bd. 1 über diese Nation sagt. ip 65 seiner Essays, in denen er davon spricht, dass er vom außerordentlichen Reichtum einiger Fenster unserer Kathedralen und zerstörten Abteien beeindruckt war: „Ich hoffe, man wird nicht meinen, dass ich es mit der Bewunderung der malerischen Bauten der Gotik meine Unterschätzen Sie die Symmetrie und Schönheit griechischer Gebäude: Was auch immer von den Griechen zu uns kommt, hat einen unwiderstehlichen Anspruch auf unsere Bewunderung; dass angesehene Menschen die wahren Punkte sowohl der Schönheit als auch der Erhabenheit in allen Künsten aufgegriffen haben und ihre Architektur zu Recht die Auszeichnung erhalten hat den gleichen hohen Stellenwert wie ihre Bildhauerei, Poesie und Beredsamkeit."

[103] Über den Prunk der Frömmigkeit in unseren alten Abteien interessiert Herr RP Knight seine Leser im Kapitel „Vom Erhabenen und Erbärmlichen" in der Untersuchung über die Prinzipien des Geschmacks: „Jede Person, die die besucht hat." Wer in irgendeiner bedeutenden kirchlichen Einrichtung ein Hochamt feiert, muss gespürt haben, wie sehr die Pracht und Herrlichkeit des römisch-katholischen Gottesdienstes dazu neigt, den Geist der Frömmigkeit zu erhöhen und die Seele mit Verzückung und Begeisterung zu erfüllen. Nicht nur die beeindruckende Melodie des Vokal- und Instrumentalmusik und die imposante Feierlichkeit der Zeremonien, aber auch der Prunk und Glanz der Priestergewänder und die reiche und kostbare Verzierung des Altars heben den Charakter der Religion und verleihen ihr einen Hauch von Würde und Majestät, die man sonst nicht kennt irgendeine der reformierten Kirchen.

[104] In S. 130 und 179 von Bd. ii. Er weist somit auf die Auswirkungen des Nivelliersystems von Launcelot Browne hin: „Aufgrund dieses Einflusses der Mode und des besonderen Einflusses von Mr. Browne sind Modelle alter Gärten in diesem Land in der Natur immer noch seltener als in der Malerei; und deshalb was." Gute Teile, die in solchen Gärten vorhanden sein mögen, seien sie nun auf der ursprünglichen Gestaltung beruhend oder auf durch Zeit und Zufall hervorgerufene Veränderungen zurückzuführen, können nicht mehr beobachtet werden; und doch sind diese Exemplare antiker Kunst, so altmodisch sie auch sein mögen, nicht mehr zu erkennen. Viele Hinweise könnten sicherlich aufgegriffen und mit modernen Verbesserungen kombiniert werden, die diesen Namen wirklich verdienen. wäre, *eine Kaution* zu hinterlegen und dazu beizutragen, einige der wenigen

Überreste alter Pracht, die noch vorhanden sind, zu erhalten, indem der Eigentümer weniger bereit ist, auf einen Professor zu hören, dessen Interesse darin besteht, den völligen Abriss zu empfehlen. Herr RP Knight bemerkt in einer Anmerkung zu seinem *Landschaftsbericht* zu diesem Thema: „Ich erinnere mich an einen Uhrmacher auf dem Land, der mit der Reinigung einer komplexeren Maschine beschäftigt war, als er es gewohnt war, und diese sehr selbstbewusst in Stücke zerlegte; Aber als er es wieder zusammenbaute, fand er einige Räder, deren Verwendung er nicht entdecken konnte, und trug sie ganz diskret in der Tasche fort. Die einfache Kunstfertigkeit dieses umsichtigen Mechanikers kommt mir immer wieder in den Sinn, wenn ich das beobachte Auf die Art und Weise, wie unsere modernen Verschönerer alte Orte reparieren und verschönern, wissen sie nicht, wie sie die Terrassen, Hügel, Alleen und andere Merkmale, die sie dort vorfinden, nutzen sollen, nehmen sie alle weg und bedecken die Plätze, die sie besetzt haben, mit Rasen. Das ist es eine kurze und einfache Vorgehensweise; und wenn ihre Arbeitgeber damit zufrieden sind, kann es ihnen nicht vorgeworfen werden, daran festzuhalten, da die Ausführung sowohl durch einen Bevollmächtigten als auch persönlich erfolgen kann.“

Das zu allgemein glatte und eintönige System von Herrn Browne wurde streng (und zweifellos zu Recht) verurteilt, dennoch muss er großes Verdienst gehabt haben, die vielen Lobpreisungen erhalten zu haben, die er von einigen unserer ersten Adligen und Adligen erhalten hat. Das *Böse*, das er in vielen ihrer veränderten Vergnügungsstätten tat, *lebt nach ihm – das Gute wird oft in seinem Grab beigesetzt*.

[105] Herr George Mason bemerkt zu Recht: „Der Lieblingsplatz der Natur ist die Gartenschule.“

[106] Dion. Chrysostomus sagte über Xenophon, dass „in seinen Schriften etwas von Hexerei zu finden war“. Es wäre nicht übertrieben, dasselbe über diesen Dichter zu sagen.

DAS ENDE.